日中新時代の基本的視座
――教育・環境・文化から

桜美林大学・北京大学
学術交流論集編集委員会 編

はる書房

刊行にあたって

佐藤東洋士
学校法人桜美林学園理事長・桜美林大学総長

　この度、本学と北京大学との学術交流を記録した4冊目の論集を刊行する運びとなった。3冊目の論集を出した2014年からは4年の歳月が流れているが、本学と北京大学との学術シンポジウムがスタートした1998年から数えれば、今年は20周年の節目の年である。この20年間、多くの方々の高論卓説を拝聴し、多くの意見交換、議論が行われてきた。また、多くの方々にご支援を賜ってきた。深い感慨を覚えると同時に、感謝の念に堪えない。

　北京大学と交互に年1回の開催を継続してきたこのシンポジウムで発表された高論卓説をより多くの方々に共有していただき、後世にも伝えていくために、4年ごとに論集を刊行してきた。既刊の論集を紐解いてみると、1冊目と2冊目は「環境」「共生」「新人文主義」、3冊目と今回の4冊目は「環境」「教育」「文化」をキーワードとしている。環境はこの20年間変わることなく議論を続けてきたテーマである。環境問題は国境を越えた人類共通の関心事であり、最も重大な課題であることを力説し、このシンポジウムのキーワードの一つに据えてくださった、国際政治、中国政治史の大家であられた故衛藤瀋吉先生の卓見には敬服の念を禁じ得ない。今後も議論を続けていくべきテーマの一つである。

　このシンポジウムがスタートした当初は、中国において改革・開放政策

の実施が始まってから約20年を経過した頃であったが、拝金主義の台頭を警戒し、新人文主義を提唱して警鐘を鳴らしつづけた何芳川先生は、そのときからすでに高度成長のもたらす中国国民の価値観の歪みに憂慮の念を抱いていた。豊かになった一方、拝金主義が蔓延し、様々な社会問題を引き起こす原因の一つとなった今の中国では、伝統文化の再評価、思想と価値観の模索が国民レベルで行われているという。何先生も故人となられたが、中国史研究を専門とする歴史学者であった何先生の鋭い洞察力と先見性には驚嘆するほかない。

　グローバリゼーション、国際化の進む今日の世界で不可欠な「共生」の観点は、多くの方々に共感され、様々な視点から議論が行われた。国境のない環境問題もそうであるが、輸送や通信の手段が日進月歩の勢いで加速度的技術発展を続けるこの地球上に生きる人類には、「共生」の道を歩むしかない。だが、昨今の国際関係を見れば、グローバリゼーション、国際化に乖離するものと思われる動きが経済の分野を中心に緊張感を高めつつある。「共生」の思想を共有し、それが浸透していくまでにはまだ長い道のりがあるといわなければならない。

　2006年に急逝された何芳川先生の後を継いで、呉志攀先生が北京大学側の代表となられた。呉先生は著名な法学者であるが、北京大学の副学長を長年務められ、大学教育と大学運営に心血を注がれてきた。「環境」「新人文主義」「共生」の示す方向に沿いながら、大学教育と文化における実践を中心とする議論を進めてきた。3冊目とそれに続く今回の4冊目にはそれらの論考が収録されている。3冊目と4冊目の議論を比べてみると、環境、大学教育、文化の各方面において、日本と中国の問題意識が次第に接近してきていることに気づく。先進国の日本とその後を追う中国という構図が段々とその影を薄くしてきた一面が3冊目と4冊目との間に見て取れる。瞠目すべき中国の近代化の速さのために、日中関係がもはやこれまでと違った新たな時代を迎えようとしているのではなかろうか。その歴史の転換期に時代が差し掛かってきている兆候を4冊目に収録されている論考が示しているように思われるのである。

　中国の漫画に詳しく、ご自身も多くの私家版漫画本を出版されている呉

刊行にあたって

志攀先生の中国の漫画についての論考もそのような兆候を示す一例といえよう。呉先生によれば、中国語における「漫画」という言葉は日本語の「マンガ」に由来するが、中国の漫画は、日本の漫画の原点ともいえる「鳥獣戯画」がそうであったように、主に風刺漫画を指す。日本のストーリー漫画に相当するのは「連環画」という絵本であったが、近年日本の「マンガ」の影響下で新世代の漫画家、中国の「マンガ」が長足の成長を遂げているという。このような新しい文化は日中の若い世代に共有されるものを生み出してくれるに違いない。

　ここ数年、上海の同済大学や北京大学で公演した本学の学生が演じる京劇が中国で大きな反響を呼んだ。また 2018 年には、夏期休暇を利用して中国戯曲学院の学生が来日し、本学で歌舞伎を学んだ。伝統文化の交流も若い世代の間で始まっている。中国にルーツを持つ本学は、2021 年に創立 100 周年を迎える。この 1 世紀の歩みを振り返り、新たな歩みを踏み出す大きな節目を目前にしている本学であるが、これからも北京大学はじめ、中国の大学との交流、とりわけ大学で学ぶ若者間の交流をさらに広げ、深めていきたい。

2018 年 9 月

刊行にあたって

呉　志攀
北京大学アジア太平洋研究院院長

　1998 年にスタートした北京大学と桜美林大学の交流は、両大学間の協定によって毎年 1 回シンポジウムを行い、4 年ごとに論集を刊行してきた。これまでに 3 冊を編集刊行したが、この度お届けするのは 4 冊目の論集である。この論集には第 13 回（2013 年）から第 16 回（2016 年）までのシンポジウムで発表された 23 の論文が収録されている。

　これらの論文を見ればわかるように、この 4 回のシンポジウムのテーマもそれまでのシンポジウムのメインテーマ「日中関係の現状と展望」の延長線上に位置するものである。教育、環境、文化の各分野に関する研究も、それまでの新人文主義、共生、環境と密接に関わるものである。

　（1）　教育分野に関する論考はいずれも時代の変化に即応している。当面の問題と向き合うとき、先のことも視野に入れているのである。例えば日本の高等教育の変化を論じる佐藤東洋士の「高等教育の変化と日中の相互理解」では、日本の変化、世界の変化、科学技術の進歩に伴う大学教育の変化を論議する際、変えなければならないものは何か、変えてはいけないものは何かを整理し、よく考えなければならないと指摘している。呉志攀の「中国の大学の改革——学生の成長を中心に」では、大学改革の方向は「人を原点とし、学生を中心とし、若者を尊重し、若者により多くの資源と機会を与える、創新の活力が発揮できるものでなければならない」と

指摘している。

（2）　環境分野における論文は実践と対策の議論を中心に論じられている。謝紹東の「中国大気汚染の現状と特徴」では、大都会を中心に生まれる地域性の大気汚染の特徴と対策について述べている。藤倉まなみの「持続可能な社会に向けた日本の取り組み」では、違法投棄への対応についての考察を通して、日本の廃棄物の違法投棄の対策に関する立法と行政管理などの措置について述べている。

（3）　文化に関する論考は伝統や人文的価値への関心を示し、当面の問題と結びつけて論じている。程郁綴の「中国の古代詩歌に見られる自然観について」では、中国古代詩歌に見られる人間の自然に対する認識と美意識について考察し、今の人間にも有益な参考価値を認め、人間が自然と共生する望ましい光景への回帰を呼び掛けている。寺井泰明の「日本における漢字・漢語の現状と将来」では、漢字がいかに過去および現在の日本に溶け込んでいるのかを考察し、日本の教育政策と漢字教育、漢字の生命力から漢字と漢語の未来について述べている。

収録論文全体を通していえることだが、学術研究に対する責任感と畏敬の念、学術交流への情熱と執着の思いが読む者に伝わってくる。これが緻密な論考、独自の視点が生まれる源泉であり、学術交流に積極的に参加する原動力となるのであろう。シンポジウム開催の成功、厳粛かつ活発な議論、研究成果を集めた論集の刊行といった結実を見ることができたのもそのおかげである。この4冊の論集はささやかなものではあるが、ますますの発展を見せている中日民間交流への寄与の一つといえる。微小ながらも中日の民間交流の大きな流れに加わっていることに、無視できない役割を自負し、誇りを抱くのである。こういう思いが両校間の学術交流を後押ししてくれるのである。

中日関係はいくらかの紆余曲折を経て今ようやく軌道に乗ろうとしているが、民間交流は中日関係の発展に重要な役割を果たしている。中日友好の根は民間にある。民間の文化交流の果たす役割は、両国民の相互認識と理解を促進するうえで代替できないものである。今後より一層着実に両校間の学術交流を推し進め、中日の民間交流のために微力を尽くし、中日関

係の健全かつ安定した発展に少しでも貢献できればと願っている。

　この論集の刊行にあたって、両校間の学術交流促進のためにご尽力いただいた学者諸先輩、シンポジウムに加わってくださった専門家、学者の皆さんに深く感謝申し上げる次第である。

2018 年 9 月

＊目　　次＊

刊行にあたって　佐藤東洋士 ・・・・・・・・・・・・・・・・・・・・・・・・・・・・3

刊行にあたって　呉　志攀 ・・・・・・・・・・・・・・・・・・・・・・・・・・・・・7

緒言　本書の内容と構成　張　平／李　玉 ・・・・・・・・・・・・・・・・・・17

第一部　社会のニーズと大学教育の多様化

e ラーニング　佐藤東洋士 ・・・・・・・・・・・・・・・・・・・・・・・・・・・ 23
――遠隔教育 MOOC の国内外の動きと桜美林大学の取り組み
　1 MOOC の歴史と特色 /23　　2 わが国における e ラーニングの歴史と現状 /28
　3 e ラーニングに対する桜美林大学の取り組み /30　　4 今後の課題と展望 /34

現代大学制度的 "本土資源"（現代的大学制度の「地元資源」）

　　　　　　　　　　　呉　志攀 ・・・・・・・・・・・・・・・・・・・・・・ 37

高等教育の変化と日中の相互理解　　佐藤東洋士 ・・・・・・・・・・・・・ 43
　1 戦後 70 年間の高等教育の変化 /43　　2 日中間の相互理解――歴史認識と立場の
　違いを超えて /45　　3 これからの高等教育機関の役割 /48

第二部　時代の変化と大学教育の質保証

学术理想还是职业训练：消费社会的大学生时间安排的叙事（学問探求
か職業訓練か――消費社会における大学生の時間の使い方を事例に）

　　　　　　　　　　林　小英／呉　霞 ・・・・・・・・・・・・・・・・・・ 51
　1 大学的使命：学术理想还是职业训练？/52　　2 学生的典型叙事：学术重要还是求
　职优先？/53　　3 消费时代的悖论：学生想着就业，大学想着一流 /59　　4 理论的
　批判和现实的出路 /62

ビジョン（Vision）の交代　　田中義郎 ・・・・・・・・・・・・・・・・・・・・・ 65

――今、大学の責務とは？　質保証を再考する

　1 ビジョン（Vision）の交代 /65　　2 クオリティ・テスティングが導く学力観の未
来――ボリューム大学からクオリティ大学への移行を支援する /68　　3 高大接続問
題の新たな展開に向けて――「選択のための支援基盤」の創造 /72　　4 大学入学考
査再生への議論――スタンダードとベンチマークの共有の必要性 /74

中国大学的改革：以学生发展为中心（中国の大学の改革――学生の成長を
中心に）　呉　志攀 ・・・・・・・・・・・・・・・・・・・・・・・・・・・・・・・・・ 77

　1 从比尔·盖茨退学说起 /78　　2 中国大学的传统模式 /79　　3 信息科技革命将使传
统的高校师生关系模式发生 180 度大转变 /79　　4 中国的大学资源，分配在学生发展
方面的还较少 /80　　5 研究生是教授在实验室中的助手 /81　　6 中国大学的改革方
向 /82

第三部　　大気と水資源と建造物

中国传统水文化的时代价值（中国伝統的な水文化の現代的意義）

　　　　　　　　　　　宋　豫秦 ・・・・・・・・・・・・・・・・・・・・・・・ 87

中国农村水环境问题及治理技术（中国農村部の水環境と保全技術）

　　　　　　　　　籍　国東／張　岩／王　紅雷 ・・・・・・・・・・・・・・ 93

　1 引言 /94　　2 农村水环境污染构成分析 /94　　3 农村水环境污染成因分析 /96
　4 农村水环境治理技术对策 /97　　5 结语 /100

日本の大気汚染の改善の歴史　　秀島武敏 ・・・・・・・・・・・・・・・・・・・ 103

　1 小学生時代の思い出 /103　　2 日本の四大工業地帯 /105　　3 日本の大気汚染の
歴史 /107　　4 北九州市の汚染対策 /108　　5 大気汚染物質とは /111　　6 大気汚
染対策 /114　　7 大気汚染の現状と対策 /117

中国大气污染的现状特征（中国大気汚染の現状と特徴）

謝　紹東 ･･････････････････････ 119

1 前言 /120　　2 以 SO₂ 为特征污染物的传统煤烟型大气污染依然严重 /120　　3 酸沉降污染有所改善但远未解决 /121　　4 可吸入颗粒物污染严重，细粒子污染日趋凸现 /122　　5 部分城市 NO₂ 污染严重 /126　　6 有机污染物的危害潜势令人担忧 /127　7 城市和区域大气光化学污染日益严重 /128　　8 区域性大气污染影响 /130　　9 结论 /132

地球温暖化と気候変動　坪田幸政 ･･････････････････････ 135
──その考え方と理解増進活動

1 はじめに /135　　2 北京と東京の気候 /137　　3 気温の経年変化 /138　　4 降水量の経年変化 /140　　5 気候変動の考え方 /142　　6 おわりに /156

教育设施材料中阻燃剂对人体健康的影响（教育施設の建材などに含まれる難燃剤の人体に与える影響）　張　剣波 ･･････････････････････ 161

1 前言 /162　　2 材料与多溴联苯醚（Poly Brominated Diphenyl Ethers，PBDEs）/163　3 材料与六溴环十二烷（Hexabromocyclodocanes，HBCDs）/171　　4 小结 /177

日本の公共施設における建築材料の安全性に関する配慮の歴史と現状
片谷教孝 ･･････････････････････ 185

1 はじめに /185　　2 建築物から人体への化学的な影響の仕組み /186　　3 シックハウス症候群 /187　　4 アスベスト問題 /193　　5 おわりに /199

第四部　環境保全の取り組みと意識

持続可能な社会に向けた日本の取り組み　藤倉まなみ ･･････ 203
──不法投棄対策を例に

1 はじめに /203　　2 不法投棄等の発生状況とその要因 /204　　3 産業廃棄物の不法投棄等の対策 /213　　4 不法投棄等の対策の効果 /217　　5 おわりに /219

大学と東京都との連携による環境保全および環境人材の育成

小礒　明・・・・・・・・・・・・・・・・・・ 221

1 環境保全における人材育成の意義 /221　　2 東京における自然環境の保全 /222
3 自然環境保全を担う人材の育成　227　　4 環境人材の育成に向けた今後の展望
/232

前近代日本における自然環境と人間社会

ブルース・L・バートン ・・・・・・・・・・・・・・ 233

1 はじめに /233　　2 前近代日本の環境史に関する研究 /234　　3 環境史の研究が教
えてくれるもの /239　　4 おわりに /247

中国古代诗歌中的自然观浅探（中国の古代詩歌に見られる自然観について）

程　郁綴・・・・・・・・・・・・・・・・・・ 249

1 将自然作为崇拜和敬畏对象的自然观 /250　　2 将自然作为审美和欣赏对象的自然
观 /251　　3 将自然作为亲近和启迪对象的自然观 /253　　4 余论 /256

第五部　日中文化の交流──今と昔

日本における漢字・漢語の現状と将来　　寺井泰明・・・・・・・・・・ 261

1 古代における漢字・漢語の受容と受容史研究の現在 /261　　2 西欧近代文明の受容
と漢字・漢語 /266　　3 現代日本の漢字・漢語研究 /267　　4 日本の教育政策、漢
字政策──漢字・漢語の文化を支えたもの /269　　5 国際情勢と漢字・漢語 /271
6 漢字の魅力／漢字への親近感 /275　　7 漢字・漢語の将来 /277

日本版古籍与北京大学图书馆（日本刊行の漢籍と北京大学図書館）

王　燕均・・・・・・・・・・・・・・・・・・ 281

1 日本版古籍的由来及其西渐中土的概况 /282　　2 北京大学图书馆所藏日本版古籍的
来源与沿革 /285　　3 北京大学图书馆所藏日本版古籍的地位与价值 /287

上世紀中国経典漫画与其特色（前世紀中国名作漫画とその特色）

呉　志攀・・・・・・・・・・・・・・・・・・・・・・・ **29I**

1 漫画、幽黙讽刺画和连环画/292　　2 上世纪经典连环画/295　　3 上世纪80年代
前经典漫画/299　　4 多才多艺的丰子恺先生/303　　5 中国漫画的特色/305
6 现今的中国漫画家/308

宮崎駿アニメのメッセージ　　太田哲男・・・・・・・・・・・・・・・・・ **309**

──「環境」・「平和」

1 日本のアニメの開始時期と歴史/309　　2 日本社会におけるアニメの位置/310
3 アニメの外国への広がり/311　　4 宮崎駿フィルモグラフィーとその人気/312
5 世代を超えた・国境を超えた観客層──桜美林大学の学生アンケートから/314
6 なぜ宮崎アニメが好まれるか/318

日本の茶文化　　高橋静豪・・・・・・・・・・・・・・・・・・・・・・・・・・・ **325**

1 茶の歴史（茶の起源）/325　　2 日本の喫茶の歴史/326　　3 茶の功能/328
4 日本の茶道/328　　5 茶礼と茶儀の流れ/329　　6 そして今日へ/330

论中国茶文化的精神起源（中国茶文化の発生とその心）　　滕　軍・・**33I**

1 气与传统医学/332　　2 气与养生思想/335　　3 气与茶/338

桜美林大学・北京大学シンポジウム◎プログラム

（第13〜16回）・・・・・・・・・・ 349

執筆者紹介・・・・・・・・・・・・・・・・・・・・・・・・・・・・・・・・・・・・・・・ **35I**

編集後記・・・ 357

緒言
本書の内容と構成

張　平
桜美林大学教授

李　玉
北京大学教授

　本書は桜美林大学と北京大学が 2013 年から 2016 年の間に開催した 4 回（第 13 回〜第 16 回）の学術シンポジウムの成果をまとめた冊子である。これまで 1998 年にスタートした年 1 回のシンポジウムで発表された議論を 4 年ごとに 1 冊の論集にまとめてきた。2004 年刊行の『新しい日中関係への提言──環境・新人文主義・共生』、2009 年刊行の『日本と中国を考える三つの視点──環境・共生・新人文主義』、そして 2014 年刊行の『教育・環境・文化から考える日本と中国』に続く今回の『日中新時代の基本的視座──教育・環境・文化から』である。

　3、4 冊目のキーワード「教育」「文化」は 1、2 冊目のキーワード「新人文主義」「共生」を受け継いで、より具体的な議論に機軸を移したものである。このことについては『教育・環境・文化から考える日本と中国』の緒言に述べられているので、参照されたい。

　本書は 5 つの部分から構成されている。「教育」については第一、二部、「環境」については第三、四部、「文化」については第五部にそれぞれの議論が収録されている。第一部「社会のニーズと大学教育の多様化」に収められている 3 篇はインターネットを利用した社会向けの遠隔教育（MOOC）、中国における現代の大学制度、日本の高等教育の変遷に関す

る議論である。

　第二部「時代の変化と大学教育の質保証」の3篇は大学教育をめぐる議論であるが、大学における職業教育と大学教育の社会的責任、大学教育の質保証、および学生を中心とする大学の改革を取り上げている。

　第三部「大気と水資源と建造物」に収められた7篇は、中国の伝統的な水文化、中国の水資源の問題と対策、日本の大気汚染とその対策の歴史、中国の大気汚染の現状と対策、地球温暖化と気候変動の関係、中国の教育施設の建材などに含まれる有害物質の問題、日本の公共施設の建材の安全性配慮の歴史と現状について論じている。

　第四部「環境保全の取り組みと意識」には4篇の論文が収録されているが、日本の環境保全の取り組みについて取り上げた、日本における立法と行政管理による不法投棄の対策、東京都と桜美林大学が連携する環境保全事業と環境保全人材の養成のほかに、歴史上における人間と自然との関係およびその意識について論じた日本の環境史、古代詩歌から見た古代中国人の自然観についての論考である。

　第五部「日中文化の交流──今と昔」に収録されているのは、日本の漢字・漢語の変遷、北京大学図書館所蔵日本刊行中国古典籍について報告した2篇、中国の漫画史とその特徴、宮崎アニメにおける環境・平和のモチーフを考察した2篇、日本と中国の茶文化を論じた2篇の計6篇である。

　本書に収録されている論文は、学術論議の自由と筆者の観点の尊重という考えに基づき、編集者による加筆は一切行われていない。それぞれの論文の主張はすべて筆者個人のものであり、北京大学と桜美林大学を代表するものではない。

　3冊目『教育・環境・文化から考える日本と中国』に倣って、本書も中国側の論文については翻訳せずに原文で掲載し、日本での出版を考慮して日本語の要約を付すこととした。

　本書の刊行にあたり、貴重な原稿を寄せてくださった皆様方、ご協力を賜った方々に心から感謝を申し上げる次第である。特にPPT（パワーポ

緒言　本書の内容と構成

イント）で発表された方にはご多忙にもかかわらず新たに原稿を作成していただいた。心より深謝申し上げる。はる書房の佐久間章仁氏には従前同様多大なご尽力をいただいた。厚く御礼を申し上げる。

　本書の不備にお気づきがあれば、ぜひご指摘いただければ幸いである。

2018 年 8 月

張　平（ちょう　へい）
1957 年生まれ。桜美林大学日本言語文化学院長、グローバルコミュニケーション学群教授。専門は日本語学。
主要論著：「『古事記』の文体をめぐって」（桜美林大学紀要『桜美林論集』Vol. 29、2003 年）、「中国語の非限定的連体修飾節──日本語との対応関係を手がかりに」（共著、『日中言語対照研究論集』第 13 号、2011 年）他。

李　玉（り　ぎょく）
1940 年生まれ。北京大学アジア太平洋研究院副院長、北京大学国際関係学院教授。専門は国際政治、日本政治、中日関係や日本近現代史。
主要著書：『中国の日本史研究』（共著、世界知識出版社、2000 年）、『中国の中日関係史研究』（共著、世界知識出版社、2000 年）他。

第一部
社会のニーズと
大学教育の多様化

eラーニング
──遠隔教育 MOOC の国内外の動きと桜美林大学の取り組み

佐藤東洋士

　本章は、昨今急激に発達している遠隔教育 /e ラーニングについてその歴史と現状を明らかにし、桜美林大学の取り組みと今後の課題について述べることを目的とする。

　最初に、2010 年代に入ってアメリカで急速に発展し、今や世界の高等教育に大きな影響を与えつつある「MOOC（Massive Open Online Courses）」、日本語では「大規模公開オンライン講座」にまつわる話題に触れ、次に日本の遠隔教育 /e ラーニングの歴史と桜美林大学の取り組みを説明し、最後に今後の展望・課題について述べたい。

1.　MOOC の歴史と特色

　はじめに WISE（The World Innovation Summit for Education）について説明したい。WISE は、2009 年に "Qatar Foundation" の議長である "Her Highness Sheikha Moza bint Nasser" によって設立され、"innovation（革新・刷新）" によって教育の未来を構築することを目的とした、国際的でマルチ・セクターの、創造的考察・議論・目的志向の行動、のためのプラットフォームである。

　WISE の年次サミットとして WISE Summit が開催されているが、これ

第一部　社会のニーズと大学教育の多様化

は教育における "innovation" に奉仕し、教育問題に対して "collaborative solutions（協働的解決）" を喚起するためのフォーラムである。このフォーラムには、100 か国以上にわたる 1000 人以上の教育、産業、政治・社会のリーダーが参加しており、2013 年 10 月 29 日から 31 日まではカタールのドーハで The 2013 WISE Summit—Reinventing Education for Life が開催された。筆者も世界大学総長協会（IAUP）次期会長としてこの会合に参加した。

　ここで、WISE が 2013 年に WEB 上で実施した調査の結果を紹介したい。「MOOC（大規模公開オンライン講座）は、根本的に伝統的な高等教育世界を破壊するのか」という問いに対して、「MOOC は伝統的な高等教育と同様の価値を提供することはできない」という回答は 54％であったが、「最上層部の教育機関を除き、伝統的な大学はあまり長く存続できない」との回答が 46％でこれに迫っているのは、MOOC の持つ影響力の大きさが相当に感じられているという現実の表れであると言えるのではないか。

　では、それほどの大きな影響力をもたらすと予想されている MOOC とはどのようなものなのだろうか。MOOC とは、インターネット上で誰でも無料で受講できる形で公開されるオンライン授業である。MIT が 2001 年に導入したオープンエデュケーションのような授業資料の公開だけではなく、授業内の学習活動支援や履修認定も含み、無料で公開されていることが特徴となっている。

　MOOC は、既存のオンライン大学とは以下の点で異なる。まず、個々の大学組織の枠を超えた、複数の大学による講座提供を行う世界規模のプラットフォームを展開するということである。既存のオンライン大学では学生が受講できる講座の選択肢も限定されているが、MOOC を活用すれば、複数の大学による多様な講座を受講できるので、学生の興味・関心に応えるだけの選択肢を設けられる。

　2 点目として、入学試験などの選考なしで、誰もが無料で受講が可能であるということである。既存のオンライン大学では、従来型の大学と同様、各大学ごとに入学試験などによる選考を経て、なおかつ、受講料を納入す

eラーニング

表1　主な MOOC プラットフォームの概要（2013 年 5 月時点）

名　　称	開　設	設立主体	主な参加大学と 提供科目数	登録者数
Udacity （ユーダシティ）	2012 年 2 月	スタンフォード大学の教員 3 名が設立した企業（ベンチャーキャピタルより資金調達）	• スタンフォード大、ヴァージニア大他の教員個人 • 25 講座	70 万人以上
Coursera （コーセラ）	2012 年 4 月	スタンフォード大学教員 2 名が設立した企業（ベンチャーキャピタルより 1,600 万ドル調達）	• 世界 70 大学・機関（スタンフォード、デューク、プリンストン、ペン、イェール他） • 380 講座以上	360 万人以上
edX （エデックス）	2012 年 5 月	MIT とハーバード大学が約 6,000 万ドルを投資して共同設立した非営利プロジェクト	• 世界 27 大学（MIT、ハーバード、カリフォルニア大学バークレー他） • 50 講座	90 万人以上
Future Learn （フューチャー・ラーン）	2012 年 12 月	英国オープンユニバーシティが設立した非営利組織	• 英国 24 大学・機関（オープンユニバーシティ他）	サービス 開始前

出典：藤本徹「世界的な大規模公開オンライン講座（MOOC）の動向と東京大学の取り組み」:JUCE Journal 2013 年度 No.1

るだけの経済的基盤のある者のみが履修をすることができる状況となっている。その結果、高等教育へのアクセス機会の均等が実現されていない。MOOC により、こうした不均等を解消し、潜在的な学生層のすそ野を広げることができるのである。

　3 点目として、一講座で 10 万人規模の受講者に対応できるということである。既存のオンライン大学は、講座を提供する対象が個々の大学に所属する学生に限定されるという点では従来型の大学と大差はないが、MOOC では、そうした制約なく世界規模で受講者を集めることができる。

　現在の主な MOOC プラットフォームは 2012 年に相次いで開設されたものであり、2 月の Udacity（ユーダシティ）を皮切りに、Coursera（コーセラ）、edX（エデックス）、Future Learn（フューチャー・ラーン）と続いた（表 1）。参加大学数、提供科目数、登録者数では、スタンフォード大学を中心としたコーセラが群を抜いている。

第一部　社会のニーズと大学教育の多様化

　こうした MOOC の現状に対して日本の大学はどのような取り組みを行ってきたのかというと、東京大学が 2013 年 2 月、アジアの大学を含む世界 13 か国、29 大学とともにコーセラへの参加を表明した。これはアジアでは香港科技大学に次ぎ、日本の大学としては最初の MOOC プラットフォームへの参加である。続いて 5 月には、京都大学が中国の清華大学、北京大学、韓国のソウル大学など 15 大学と同時にエデックスに参入した。そして 2013 年 11 月 1 日、日本初の MOOC となる、日本オープンオンライン推進協議会（JMOOC）が設立された。

　JMOOC の基本理念は、第一に、日本人による日本とアジアのための「学びによる個人の価値を社会全体の共有価値へ拡大する MOOC」の実現を産学の連携によって強力に牽引することである。日本とアジアをベースにした MOOC を立ち上げることの意義として、"coursera" や "edX" において講座を提供する場合には英語での講義が必須であり、大学側が講座を提供したくても MOOC 側に断られる場合も多いため、英語での受講が難しい日本人に対して日本語で講座を提供することや、"coursera" や "edX" には掲載されないような大学の講座を提供することがある。

　2 点目に、大学にとっての MOOC の役割として、「反転学習の活用などによる効果の高い教育への転換」「アジアを中心とした日本をより深く理解してもらえる留学生の増加」を掲げている。「反転学習」は、10〜15 分程度の短い講義映像と課題で構成される MOOC のコンテンツを利用して、対面授業の質を上げることが期待されているものである。この点については、米国教育省が実施したオンライン教育の効果に関する先行研究調査によると、対面授業のみより、一部またはすべてオンライン授業を受講した学生の方が成績が高い傾向が見られることや、オンラインと対面を組み合わせた授業は、対面授業のみかオンライン授業のみよりも効果が高い傾向があることが示されている。こうして講義が教室外で受けられるようになることで、学習者が事前に講義ビデオを視聴し、対面で講師による個別指導や学習者同士の議論などインタラクティブな学習活動が可能になるのである。

　また、JMOOC を通じて日本の大学の国際的なプレゼンスを高める狙

いもあり、日本の大学を特にアジアにアピールする場所として、JMOOC
で無料公開講座を提供し、授業に興味を持ったアジアの生徒を留学につな
げたいとしている。

　3点目に、企業にとってのMOOCの役割として、「効果的・効率的な
人材育成／任用／採用手段」「アジアを中心とした優秀な人材の確保」が
挙げられる。例えば、現在コーセラでは、既に一部の講座で導入している
個人認証付きの有料履修証について、受講者が承諾すれば求人中の企業が
閲覧して、優秀な成績の受講者にコンタクトを取れる法人向けの「人材紹
介サービス」提供の準備が進められている。この動きが本格化すると、企
業にとっては、学生が学位を取得せずとも、有名大学が提供する各分野の
質の高い講座を優秀な成績で修了したということを採用の際の手段とする
可能性も生まれてくる。

　飯吉透氏によると、Udacityの共同創設者で元スタンフォード大学教授
のセバスチャン・スランは、米メディアによるインタビューの中で、「50
年後には、高等教育機関は10にまで減るだろう」と語っている。オープ
ンエデュケーションやMOOCをめぐって今現実に起こっていることを考
慮すると、もしこれが予測ではなくビジョンなのだとしたら、「50年後に
は、高等教育機関は10にまで減らせる」可能性はあるが、そうすべきか
どうかはわれわれの判断に委ねられているのかもしれない。また、大学な
どの高等教育機関の増減にかかわらず、米国内では、例えばフルタイムで
テニュア付きの大学教員ポストは減少の一途を辿っており、米国の高等教
育界では、「向こう10〜20年の間に、その数が半減することもあり得る」
という見方も少なくない。そのような中で、飯吉氏は、教育の質を高める
ことを疎かにすれば、大学も教員も生き残ることは難しいのは明白だと述
べている。

　こうした状況は今後の日本においても例外ではない。ただ、MOOCは、
既存の大学への脅威とのみとらえられるものではなく、個々の大学が強み
を活かして提供価値を高める機会となる可能性も秘めているものである。
例えば、特定分野で世界の名門大学に負けない個性的な強みを持つ大学に
とっては、得意分野の授業を海外に向けて公開することで、その価値をグ

第一部　社会のニーズと大学教育の多様化

ローバル展開して、今まで接点を持てなかった学習者層へアピールする手段とすることもできるだろう。地域に根ざした価値を持つ大学にとっては、むしろ従来はアクセスできなかった世界の名門大学の授業を教育リソースとして活用し、その地域ニーズに合わせた教育的価値を提供する方向に進むこともできるとの見方もある。いずれにせよ、日本の高等教育界では、世界的なMOOCの急速な展開に対して各々の大学が立ち位置を認識した上で、どのような価値を発揮できるのかを考えていく時期が訪れていると言えるのではないだろうか。

2.　わが国におけるeラーニングの歴史と現状

それでは、日本ではそうした世界的なめまぐるしい変化に対応できる土壌は整っているのだろうか。以下では、主に制度面を中心に、日本の高等教育における遠隔教育/eラーニングの歴史を概観したい（表2）。

わが国の遠隔教育の起源は、明治10年代後半、1880年代に制定された「校外生制度」にまで遡る。大学当局は、郵便制度の充実と私立学校の勃興を背景に、講義後に「講義録」を刊行、毎週受講生に郵送していた。校外生の就業年限は約3年で、校内生への編入制度もあった。戦後、1947年の「学校教育法」において、初めて「通信制大学」が制度化された。さらに、1950年より通信制大学は正規大学として認可されたが、当時の卒業要件124単位中、30単位は面接型授業（スクーリング）を必要とするものであった。1983年には「放送大学」が開学し、テレビ・ラジオメディアの利用による講義の提供を行いつつ、スクーリングは温存されている。当初は関東地方でのみ受信可能であったが、1998年にはCS放送により全国がカバーされるようになった。

また、同じく1998年には「大学院設置基準」が改正され、通信制大学院の開設が可能となった。さらに2001年の「大学設置基準」改正により、通信制大学は「メディアを利用した授業のみで卒業可」となり、同年、早稲田大学でオンデマンド授業が開講された。この改正では、教室を用いない場合であっても、「担当教員から学生に教材や課題の提示がある」「学生

eラーニング

表2 日本の高等教育における遠隔教育/eラーニングの歴史

明治10年代後半（1880年代）	「校外生制度」 郵便制度の充実と私立学校の勃興。講義後に「講義録」を刊行、毎週郵送（就業年数約3年、校内生への編入も）
1947年	「学校教育法」→「通信制大学」の制度化 1950年より正規大学として認可：124単位中30単位は面接型授業（スクーリング）
1983年	「放送大学」開学→テレビ・ラジオメディアの利用 スクーリングは温存。当初関東のみ受信可能（1998年にCS放送により全国カバー）
1998年	「大学院設置基準」改正→通信制大学院が開設可能となる
2001年	「大学設置基準」改正→通信制大学は「メディアを利用した授業のみで卒業可」 ⇒早稲田大学で、オンデマンド授業を開講
2004年	「八洲学園大学」創立→面接授業もすべてインターネットによるメディア授業のみ
2004年	構造改革特別区域特例措置（校舎等施設に関する基準緩和）施行→試験も含め通学の必要なし
2007年	「サイバー大学」創立→設置者：株式会社日本サイバー教育研究所
2010年	「ビジネス・ブレークスルー大学」創立→設置者：株式会社ビジネス・ブレークスルー
2013年10月11日	「一般社団法人 日本オープンオンライン教育推進協議会（略称：JMOOC）」設立
2013年11月	インターネット大学（特区832）の全国展開に伴う大学通信教育設置基準の在り方に関する検討結果とりまとめ、中央教育審議会に報告 ⇒2014年4月にインターネット大学が全国展開（見込み）

からの課題提出の機会、および提出課題に対する担当教員からのフィードバックがある」「学生の意見交換や質問の機会が確保されている」、以上の3要件を満たしていれば、教室授業（面接授業）に相当する教育効果を有するとし、授業1回分として扱うことを認めている。2004年には通信制大学「八洲学園大学」が創立されたが、そこでは面接授業もすべてインターネットによるメディア授業のみで行われることが特色となっている。

　また、同年、構造改革特別区域特例措置（校舎等施設に関する基準緩和）が施行され、教育研究に支障がないと認められる場合に限り、インターネットのみを利用して授業を行う大学については、大学通信教育設置

第一部　社会のニーズと大学教育の多様化

基準の校舎等面積の基準によることなく設置が可能となった。対象校として、2007 年株式会社日本サイバー教育研究所により「サイバー大学」が、2010 年株式会社ビジネス・ブレークスルーにより「ビジネス・ブレークスルー大学」がそれぞれ創立された。

2013 年 10 月 11 日には、前述の「一般社団法人　日本オープンオンライン教育推進協議会（略称：JMOOC)」が設立された。そして同年 11 月、文部科学省に設置された「大学通信教育等における情報通信技術の活用に関する調査研究協力者会議」が、インターネット大学（特区 832）の全国展開に伴う大学通信教育設置基準の在り方に関する検討結果をとりまとめ、中央教育審議会に報告した。2014 年 4 月には、インターネット大学の全国展開がなされる見込みである。

3.　e ラーニングに対する桜美林大学の取り組み

本節では、こうした日本の遠隔教育 /e ラーニングをめぐる状況の中で、桜美林大学が行ってきた 5 つの取り組みを紹介したい（表 3）。

最初に e ラーニングを導入したのは「大学間連携による教養教育への総合的取組」であった。これは、本学も加入している「首都圏西部大学単位互換協定会（28 大学）」が、オンデマンド方式の e ラーニングによる「教養科目」の提供・単位互換を行うものであり、「共同授業」の開講や、高校生に対する「大学前教養導入教育」も実施されている。

続いて 2006 年からは、"OBIRIN e-Learning" を稼働した。これは、オープン・ソフトウェア "moodle" をコース管理システムとして適用した e ラーニングであり、2006 年 4 月から主に英語系の授業で利用を開始し、大学院大学アドミニストレーション専攻（通信教育課程）授業なども含め、2012 年秋学期の利用授業数は 353 授業に上る。現在、対面授業の補完、研究指導、研究会・FD、教員・職員間の情報交換、などに利用されている。

2007 年からは、深刻な社会問題となっている不登校について、町田市教育委員会と桜美林大学が協力し、地域貢献として、町田の公立小・中学

eラーニング

表3 桜美林大学のeラーニングの取り組み

大学間連携による教養教育への総合的取組（2004年度～）

「首都圏西部大学単位互換協定会（28大学）」がオンデマンド方式のeラーニングによる「教養科目」の提供・単位互換、「共同授業」の開講、高校生に対する「大学前教養導入教育」の実施。

OBIRIN e-Learning（2006年～）

オープン・ソフトウェア"moodle"をコース管理システムとして適用したeラーニング。2006年4月から主に英語系の授業で利用を開始し、大学院大学アドミニストレーション専攻（通信教育課程）授業なども含め、2012年秋学期の利用授業数は353授業。対面授業の補完、研究指導、研究会・FD、教員・職員間の情報交換、などに利用。

不登校支援（2007年～）

深刻な社会問題となっている不登校について、町田市教育委員会と桜美林大学が協力し、地域貢献として、町田の公立小、中学校の不登校児童・生徒の学習支援を、eラーニングのドリル学習を用いて行う。具体的には、本学の「大学での学びと経験（不登校生学習支援）」の授業を実施し、ケーススタディー、トレーニング後に不登校生の学習支援を行う。

"さくら～にんぐ"（2009年～）
（2009年度：平成21年度「大学教育・学生支援推進事業【テーマA】」の採択）

eラーニングによる「層の厚い学士力醸成のための自修システム："さくら～にんぐ"」を構築
1. リメディアル学習教材の提供（全在学生約8,000人受講可能）
2. プラス学習（家庭学習）教材の提供
3. FD（授業参観・授業アンケート）の実施
4. 教養教材の提供（全在学生約8,000人受講可能）
5. 就職対策教材の提供（全在学生約8,000人受講可能）
6. 単位認定教材の提供（2013年度～）
7. 反転授業の実施 2014年度より新規開設予定

教員免許状更新講習（2008年～）

全国の現職の幼稚園、小学校、中学校、高等学校教員を対象に、10年ごとに必要な講習・修了確認試験による免許状更新を、本学独自のe-ラーニングシステムにより提供。2012年度の受講者数は、1,868人（延べ6,580人）。

校の不登校児童・生徒の学習支援を、eラーニングのドリル学習を用いて行っている。具体的には、本学の「大学での学びと経験（不登校生学習支援）」の授業を実施し、ケーススタディー、トレーニング後に不登校生の学習支援を行うものである。

2009年度には、eラーニングによる「層の厚い学士力醸成のための自修システム："さくら～にんぐ"」を構築した。このシステムは、「リメディアル学習教材の提供」「プラス学習（家庭学習）教材の提供」「FD（授業参観・授業アンケート）の実施」「教養教材の提供」「就職対策教材の提

供」に加え、2013年度からは「単位認定教材の提供」、2014年度から「反転授業の実施」を予定している。「さくら〜にんぐ」は、文部科学省により2009年度「大学教育・学生支援推進事業【テーマA】」に採択された。

最後に、教員免許状更新講習について紹介する。これは、2008年より、全国の現職の幼稚園・小学校・中学校・高等学校教員を対象に、10年ごとに必要な講習・修了確認試験による免許状更新を、本学独自のe-ラーニングシステムにより提供するもので、2012年度の受講者数は1,868人（延べ6,580人）に上った。

以下では、本学のeラーニングシステムの画面の例を見てみよう。

図1は、「首都圏西部大学単位互換協定会」の画面例である。

図1　首都圏西部大学単位互換協定会（28大学）オンデマンド方式eラーニングの画面例

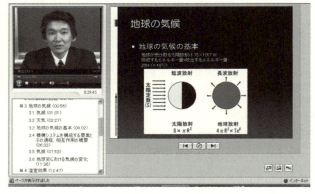

図2は、「不登校児童・生徒へのeラーニング自宅学習支援システム」の画面例である。

図2 不登校児童・生徒へのeラーニング自宅学習支援システムの画面例

図3は、「さくら～にんぐ」の画面例である。

図3 さくら～にんぐの画面例（単位認定科目：「キリスト教と芸術」）

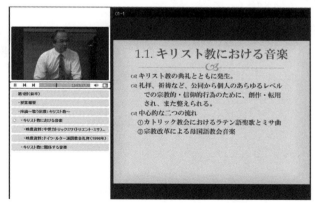

第一部　社会のニーズと大学教育の多様化

図4は、「教員免許状更新講習」の画面例である。

図4　教員免許状更新講習の画面例（「子どもたちに伝えたい宇宙のはなし」）

4.　今後の課題と展望

　本章では桜美林大学のeラーニングについて紹介してきたが、まず課題として挙げられるのがe-School化の推進である。例えば、大学院大学アドミニストレーション研究科（通信教育課程）や老年学研究科などを検討対象としている。ただし、e-School化の推進をめざす方向性ではあっても、現在、既存の大学で提供しているすべてにe-Learningが取って替わることはできないとも考えている。

　もう一つの課題としては、海外の大学との協力関係の構築が挙げられる。既にMOOCの急速な展開に対する日本の大学の方策について触れたが、本学もその例外ではなく、「本学が世界の名門大学に負けない個性的な強みとなる特定分野は何か？」を認識した上で、海外の大学の学習者層へアピールすることが必要となっていくだろう。そのためには、eラーニング

eラーニング

の推進と同時に海外の大学との協力関係を構築していく必要があると言える。また、本学が東京都町田市・多摩市、神奈川県相模原市などをはじめとする地域に根ざした大学として、地域ニーズに合わせた教育リソースとして活用できる多様な授業へのアクセスを可能にすることも、海外の大学との協力関係が前提となる。創立以来国際交流を推進してきた本学が、eラーニングの領域でもその歩みを進めていくことの重要性を最後に強調しておきたい。

現代大学制度的 "本土資源"

現代的大学制度の「地元資源」

呉　志攀

【日本語要約】近年中国の大学は、中国独自の道——「中国的特色」を持つ高等教育発展の道を歩もうとしている。「中国的特色」とは何か。現代的大学制度を、大学と政府との関係、大学と市場との関係を明確に規定し、大学内部の権力構造を科学的合理的に設計し、健全なガバナンスを実現する制度体系を有するものとすれば、先進国の一流大学に学ぶ一方、中国の大学が持つ「地元資源」の発掘と活用により一層の力を注ぐことこそが「中国的特色」を持つ中国の現代的大学制度を実現する道であろう。本稿ではこれらのテーマを、中国の大学と広汎な社会的責任、道徳的理念と管理制度、中国における大学と国と地方の発展戦略の関係の3つの視点から論じる。

第一部　社会のニーズと大学教育の多様化

　　中国的大学正在走一条"中国特色"的高等教育发展道路。但是，什么是"中国特色"？如何体现"中国特色"？为什么要强调"中国特色"？我想要从大学的制度这个角度，来做一些解释。

　　近年来，中国的高等教育在快速发展的同时，也面临许多难题。比如，大学管理体制存在许多弊端，大学缺少办学自主权，在很多方面缺乏必要的规范，法制不健全；在一些高校，行政化倾向比较严重，学术风气不够纯正，办学质量不高，原始创新能力不强，等等。

　　我们必须正视这些问题。而且，我们还必须老实承认：在一个发展中大国来发展现代高等教育，实在还没有太多成熟的经验。从 1898 年京师大学堂成立算起，中国建设现代大学的时间才一百多年，这一百多年间也几经曲折，真正静下心来埋头办教育的时间并不长。与欧美国家相比，我们的大学发展还处于初级阶段，许多问题的解决需要时间，需要积累，很难一蹴而就。我们要有这个心理准备，急不得。

　　同时，上述的那些问题或许也并非中国大学所独有的，家家都有本难念的经。全世界的大学，都正在面临着一些挑战。比如大学与市场的关系。在发达国家，有一些大学与市场走得太近，市场的逻辑影响了学术的独立，大学沦为经济力量的附庸，这也是值得警惕的。

　　现在，我们需要回答的是：解决这些问题的办法是什么？怎么样让大学真正成为研究高深学问、培养创新人才、孕育时代精神、引领社会风气的机构，而不是一个官僚机构或者公司？

　　回答这个问题并不容易，但可以肯定的是，建立和健全"现代大学制度"是其中非常重要的因素。

　　这是一个很热门的词，但什么是"现代大学制度"？我认为，简而言之，现代大学制度，就是能够明确界定大学与政府、大学与市场之间的关系，科学合理地设计大学内部的权力结构，保证大学实现良好治理的制度体系。

　　为了建设现代大学制度，我们一方面需要学习、借鉴发达国家一流大学的经验，另一方面，我们还应该特别注意中国大学制度的本土资源。这些本土资源，才是我们建设现代大学制度最重要的基础。我们要认识到，这些资源并非一无是处，恰恰相反，尽管有些东西形成于计划经济时代，带着"土"或者"苏联模式"的印记，但其中蕴含着一定的合理性，甚至有着丰富的智

38

慧。我们应该充分利用这些本土资源，渐进地、稳妥地推进改革，从而真正建立起适合中国国情的现代大学制度，而非简单地从西方移植。

我们都有哪些本土资源呢？我想举一些例子，比如：

第一，中国的大学承担着更广泛的社会责任。直到目前，中国的大学仍然保留着计划经济时代的"单位"性质，一所大学就是一个大家庭。我们不仅要管理教学事务，为老师的科研提供服务，还常常要负责教师的住房、医疗和养老，甚至我们还可能需要安排教师家属的工作，为教师子女提供优质的初等和中等教育等等。这些在西方的大学里是无法想象的。

这种单位制度，看起来是比较落后的，因为大学提供了过多的福利，没有引入市场模式，效率并不高。但对于中国的大学而言，这些制度可能却是非常合理的、甚至是至关重要的。因为中国仍然是一个发展中国家，我们人均拥有的财富还在一个很低的水平上，尽管最近十年，一部分大学获得了国家的特别财政支持，在某些领域"不差钱"了，但与西方的大学相比，中国大学所拥有的资源还很少，大学的薪酬水平还很低，我们还很差钱。要确保师资队伍的稳定，留住和吸引宝贵的人才，我们就必须继续提供全面的福利。

我还想举一个类似的例子，日本的企业，实行"年功序列制"，在上个世纪的80、90年代，曾经有很多人批评这种制度，认为这一制度不能带来充分的竞争，会导致僵化。但是，日本的许多大企业，比如丰田公司，仍然坚持了年功序列制，事实也证明，这一制度适合日本的社会文化，有着强大的生命力。

现在，中国的大学都在努力引进高端的学术领军人才，而这个方面的国际竞争非常激烈。中国的大学暂时还很难提供西方大学那样高的报酬，所以我们更必须保持其它方面的福利。

第二，毋庸讳言，中国的大学经常被一些负面新闻所困扰，个别大学教师的道德水准下降。尽管如此，我认为并不能因此否认中国大学在思想道德领域有着比较有效的管理制度，大学强调崇高的理想与信念教育，要求大学的师生在精神道德方面成为模范，要求大家吃苦在前、享受在后、严于律己、乐于助人。

我们办大学有两个口号，一是要办世界一流大学，另一个口号则是要办"人民满意的大学"。大学特别重视社会舆论的监督，特别重视教育公平，我

第一部　社会のニーズと大学教育の多様化

们千方百计地为贫困的学生提供资助，为遇到困难的师生解决问题，甚至在北大，还专门办有平民学校，为学校的服务人员，比如保安、清洁工、厨师等提供免费的培训。尽管现在中国的大学出现了道德滑坡现象，但有关的理念、制度仍然在发挥作用，不能否定这些制度，而是应该继续改进和加强这些制度。

第三，中国大学努力服务国家与地方的发展战略。比如，国家要求北大对西部地区的新疆石河子大学和西藏大学进行对口支援，我们将最优秀的教师和干部派到那里进行服务，帮助他们建设先进的实验室，帮助他们培养博士等等，这一切都是北大无偿提供支援，对于志愿到边疆地区的学者，我们还要进行奖励。在西方国家，当然也有很多很伟大的志愿者，但是作为一项正式的国家制度，作为国立大学的一项基本职能，恐怕是没有的。而我认为，这种制度确实是值得肯定的。通过这样的制度，大学为促进社会的公平做出了贡献，大学的师生也通过志愿服务得到了道德的升华。中国社会是对公平特别敏感，公平是我们社会价值观的基石，所以大学必须成为促进公平的一个机制，而不能固化阶级、助长不公。

此外，中国大学内部的一些管理决策制度也是有优点的。我们与西方大学存在着许多不同，比如我们的校长往往并非职业教育家，未必是教育家办学，这可能导致了一些不太好的后果。但我们也有一些长处，比如，我们特别强调大学内部决策的民主化，对任何重大的事宜，都必须在学校的党委常委会、校长办公会上进行集体决策；又比如，中国的大学管理要求紧密依靠广大师生，任何决策都是"从群众中来，到群众中去"，学校的领导层一般都有在院系工作的经验，必须经常到课堂上听课，到学生食堂用餐，与师生一起座谈等等，这有利于大学学术共同体内的非领导成员顺畅地表达他们的意见，反映他们的诉求；还比如，中国的大学越来越强调依法治校，在北大，任何一项规章制度的出台，都必须符合一套严格的程序，我们特别强调程序正义。北大制订了自己的"立法法"——《规章制度管理办法》，我们推出新的制度，必须进行多次论证，征求教师和学生的意见，然后由学校的法律顾问进行合法性审核，最后才提交校长办公会讨论通过，应该说，从程序上是非常严格的，能够尽可能地吸收大家的意见和建议。

综上所述，我认为，在中国建设现代大学制度，包括现在制订大学章程，

当然首先要学习国际上的先进经验，要尊重高等教育发展的普遍规律。但我们又不应该对西方大学制度抱有迷信，因为世界上并没有完美的制度，也不可能放之四海而皆准。我们不能指望，仅仅靠引进和移植了一套西方的大学制度，就能够一劳永逸地解决中国大学的所有问题。

我是学法律的，法要运行良好，不仅要立法质量高，更在于这个法是良法，是符合"地方性知识"的可行之法。对于中国大学来说，建设现代大学制度，应该是一个渐进的、改良的过程，制度的形成需要长期的付出，需要与中国具体的国情相契合，要在中国大学自己的土壤里自然生长出来，要与中国的传统、中国的文化以及剧烈变迁中的中国经济社会环境结合起来，这样的制度才会真"管用"。大学章程的起草，立意高远很重要，但更要紧的是"管用"，讲自己的话，讲实在的话，能解决中国大学实际面临的真问题。

高等教育の変化と日中の相互理解

佐藤東洋士

　2015 年は、日本から見れば第 2 次世界大戦終戦 70 周年であり、また中国側から見れば抗日戦争勝利 70 周年にあたる。本章では、この 70 年の間の高等教育の変化ということについて、またそれに関連して、日中関係における相互理解をどのように考えるべきか、という点について取り上げたい。

1.　戦後 70 年間の高等教育の変化

　最初に、第 2 次世界大戦後の高等教育の変化について述べてみよう。

　2015 年 5 月、イギリス・オックスフォード大学のトリニティーカレッジで、IAUP（世界大学総長協会）設立 50 周年の記念学術討論会が行われた。世界大学総長協会は、高等教育の世界的ビジョンの構築に貢献し、教育機関の国際的ミッションを世界的に推進するために 1965 年に創設され、持続可能な能力開発の支援と、教育を通じて平和と国際理解を促進することなどを目的としている。

　2015 年の IAUP50 周年記念討論会の大きなテーマは "Higher Education in 2065"、すなわち「2065 年の高等教育像」で、高等教育の過去 50 年を振り返り、現在、そしてこれからの 50 年間をどのように考えるか、とい

第一部　社会のニーズと大学教育の多様化

うことであった。その中で、バース大学の学長である Professor Dame
Glynis Breakwell は、「高等教育というものは非常に複雑な過程のものであ
り、政治、観念、社会人口統計、経済、テクノロジー、そして学術といっ
た一連の事柄に左右される」と言っている。そして、現在の高等教育に影
響を与えた過去50年間のさまざまな出来事に言及した。

　例えば、1966年における中国の文化大革命、1967年に南アフリカの
Christina Barnard が世界初の心臓移植に成功したこと、1968年のアメリ
カ・Martin Luther King Jr. 牧師の暗殺、そして同年の当時ソ連の当時の
チェコスロバキア侵攻。また、1969年にはアメリカのニール・アームス
トロング宇宙飛行士が人類初の月面着陸に成功し、1975年にはベトナム
戦争が終結、1976年には後のアップル社のアップル I　50台が発売開始
された。さらに、1978年に最初の試験管ベビーが生まれ、1981年にアメ
リカで初めてエイズ患者が発見、報告された。

　1986年には旧ソ連・チェルノブイリ原子力発電所の事故があり、1989
年にはベルリンの壁が崩壊、1991年には旧ソ連が崩壊した。その前年
1990年には Timothy John Berners-Lee によって World Wide Web が発明
されており、1993年には EU（欧州連合）が設立、1994年には南アフリ
カのアパルトヘイトが撤廃された。1996年には世界で初めてのクローン
羊ドリーが誕生、1997年国際連合の京都議定書採択、そして1998年に
はグーグルが誕生した。

　21紀に入ると、2001年には Wikipedia が誕生、同じ年の9.11にアメ
リカ同時多発テロがあり、そしてその後の対テロ戦争と2003年の有志連
合によるイラクへの侵攻に発展した。2004年にはソーシャルメディアと
いうコンセプトが生まれた。ちなみにフェイスブックを始めたマーク・
ザッカーバーグは1984年生まれである。2008年にはリーマン・ショッ
クにより株式市場が暴落、それから世界的な不況が始まり現在にまで尾を
引いている。

　Breakwell 学長は、「このように過去50年の間に起こった主な出来事を
見ると、これらが政治的経済的にも大きく変化した時期に起こったもので
あり、それは加速度的技術発展と密接に関わりがあるとともに技術の発展

によってもたらされた変化でもあることが分かる」と述べている。学生数の増加と地球規模での学生たちのモビリティーは高等教育に大きな影響を与えている。高等教育機関にとって特に重要な変化は、実際に学位を授与する自立した機関としての大学数の増加、また私立、公立、単科あるいは総合大学など、多様性がさらに増したこと、そして大学が、過去50年間に起こった数多くの変化を実際に促進した場でもあるということである。高等教育を受ける人々の増加は、大学の役割がますます重要になっていることを示している。

さて、こういったさまざまな出来事をわれわれは予測しえたであろうか。Breakwell 学長によれば、現在実際に起こっていることを分析することも難しいが、地球規模でこれから高等教育に何が起こるかということを予測するのはほぼ不可能であり、そして過去50年の激しい変化を見ると、2065年時点の大学像を今予測することはまったく不可能と言ってよいということであった。筆者自身、日本の大学の変化、中国の大学の変化を考えると、大戦終結100周年となる2045年でさえ、かなり予測が難しいのではないかと思っている。

戦後、日本も世界も大きな変化を経験した。科学技術は人々の生活をより快適にし、大学などが提供する科目などにも変化がもたらされ、コミュニケーション技術の発達は学校の授業を含む情報の伝達方法をも変えてきた。科学技術が進歩すると大学の教育も変わっていくのである。ただし、変化には望ましいものとそうでないものがある。われわれは今も過去から多くのことを学んでいるが、教育者として、変えるべきものと変えてはいけないものを区別して考えていかなければならない、ということは常に思っている。

2.　日中間の相互理解——歴史認識と立場の違いを超えて

次に、日中の相互理解について考えてみよう。日中間では歴史認識について、差というか、違いがあるということがよく言われるが、どこかで双方の立場をきちんと理解する必要があると感じている。

第一部　社会のニーズと大学教育の多様化

　どのようなスパンで歴史認識を理解するか。過去の忌まわしい日中間の歴史について、中国が批判する日本側の見方を取り上げてみよう。日本人は、大陸を侵略して満州国を樹立した1932年以降の歴史を見ようとしないのではないか、また日中戦争についても、当初は北支事変や支那事変などと呼び戦争とは言わなかったし、「侵略」についても「進出」という言い方をする。こういった日本側の認識はどこに問題があるのだろうか。

　まず日本人は、日本の歴史を元号で理解、把握しているということである。記紀によれば日本の始まりは紀元前660年の神武天皇が即位した年であり、戦前は「皇紀」という言い方をしたが、2015年は神武天皇即位から数えると皇紀2675年となる。これは西暦ではない。われわれは日本の歴史について、例えば飛鳥時代、奈良時代、平安時代、……、明治時代、大正時代、昭和時代、平成時代、という捉え方をしている。しかしこの考え方では、それぞれの時代を分けてしまい、全体の歴史のつながりが薄れてしまう、ということになる。このことが表しているように、こうした区分の「時代」を超えたところでお互いを理解する、という点に関して日本は不得手だと思われる。

　しかし、日中関係を見たとき、どこにその起点があるのかということを振り返ると少し違うのかもしれないとも思う。中国側から見れば、1894年の日清戦争で日本の侵略は始まった。しかしながら、日本側の認識ではもっと遅く、例えば1937年に起こった盧溝橋事件の頃から始まったと思っているのではないか。それぞれの若者に対して、どちらの歴史認識が正しい、ということではなく、歴史の捉え方がそれぞれ違うということを互いに理解させることが重要だと思われる。

　尖閣諸島（中国語では、釣魚島およびその付属島嶼）に対しても別々の見方がある。日本の言い分では、日清戦争まで名前がなかった島を領有した、ということであるが、突然島がそのときに海中から出てきたわけではない。何千年にもわたって存在してきた島々である。この問題が広がるにつれ、多くの歴史的記述が双方の主張を正当化する証拠として出されてきた。しかし、現時点でどちらの主張が正しいのかの判断は難しいと思われる。

46

高等教育の変化と日中の相互理解

　桜美林大学でこの問題を研究している菅沼雲龍先生は、政治的経済的要因だけでなく、日中間の文化的、歴史的感情がこの問題を複雑にしている、と述べている。そして、なぜこのような領土の問題が起こったかを紐解くには歴史が最も参考になると言っている。両国が提示したこの島の領有権に関する資料には、それぞれの国の記述がある。そしてそれは、そのときの貿易や交流の状況によって異なっているのではないだろうか。

　1968年、国連・アジア極東経済委員会（ECAFE）が東シナ海で海底調査を行い、翌69年に出されたその報告の中で、「台湾と日本との間の浅海底は、世界的な産油地域となるであろうと期待される」として、石油有望地域と評価した。このあたりから、台湾も加えて、領有権の見方が大きく変わることとなった。例えば、あくまで仮の前提としてであるが、日本、中国、台湾いずれかの主張が正しかったとする。しかし明白な事実として、海底調査以前はどの国も領有権を重要問題として捉えていなかったということである。島は古くより沖縄（琉球王国）から中国大陸への航路上にあるので、例えば荒天時の避難先として存在そのものは知られていた。しかし、約150年前まで（1860年以前）は、漁業船のほとんどは動力船ではなく、島の近くまで漁に来たとしても水揚げした魚を自国にそのまま持ち帰れる距離になかったため、どの国も島そのものには価値を置いていなかったということは紛れもない事実である。

　乱暴な言い方になるかもしれないが、長い歴史的スパンで捉えてみると、これまでどの国もさして気にも留めていなかった島の海底に有望な海底資源があることが、つい最近分かった。そしてそれは莫大な石油資源かもしれない。このことが近代の歴史的感情を含め、領土問題を困難にしている一因であると言えよう。

　過去には、日中間のみならず世界各地で、人類は領土問題を起点とする戦争を幾度となく繰り返してきたが、現在では世界的平和を持続する努力とグローバル化を進展させる努力がどの国においてもなされていることは周知のことである。両国が譲らずに、領有権を守るために武力行使を含めた何らかの措置をとろうとするのか、または領有権は主張し続けるが衝突や紛争に至らぬように議論を続けていくことがよいのか。日本と中国の間

第一部　社会のニーズと大学教育の多様化

の2千年以上の歴史から考えれば、拙速に目先の経済的価値を奪い合うよりも、長い時間をかけてお互いが議論しながら解決方法を模索していくのが重要なことだと筆者は考える。

3.　これからの高等教育機関の役割

　高等教育機関は、立場が違っても意見を戦わせる、という環境を提供しなければならない。例えば学生たちに対しては、これまでの知識と既成概念を揺さぶるような様々な見解を示すことが必要である。また、大学ならではの直接的な交流機会を提供することで、自身とは全く違う歴史観を持つ両国の若者同士が実際に議論、対話の場を持つことも重要である。異なる立場と意見を尊重し、互いを理解し合う姿勢は、これから平和的な未来を築くために必要不可欠なことだからである。

　また研究者であれば、たとえ歴史観は違っても共通の課題解決のために協力をすることもできる。中国も日本も、少子高齢化などの課題を抱えているし、地球規模では気候変動や環境汚染などの問題がある。両国が研究活動を通して共に解決に向けての道筋を模索することは、お互いの国にとってだけでなく地球全体の将来にとって非常に意義深いことである。

　将来を予測することはできなくても、より良い平和的な未来を創造するための教育を目指していくことが大切なのではないだろうか。

第二部
時代の変化と
大学教育の質保証

学术理想还是职业训练：
消费社会的大学生时间安排的叙事

学問探求か職業訓練か
——消費社会における大学生の時間の使い方を事例に

林 小英 呉 霞

【日本語要約】大学は職業訓練の施設？ それとも学術の理想を求める共同体？ これはグローバル化、情報化、市場化の時代が高等教育につきつけた難問である。大学の管理者が、この2つの難問の間でどんな立場を取ろうが、高等教育の現場に身を置く学生たちはすでに時代の流れに順応した選択をし、その振る舞いにも同一化と平均化の傾向を見せている。大学生（大学院生を含む）の行動と集団選択はもはや消費主義に同調したものとなっている。現代の大学生は、師弟共に深遠なる学問探求に沈潜するという伝統から古典的大学の記憶を持ちつつも、日々繋がりを深める社会や市場に対し必要な対応を迫られている。一方、情報化に立脚する国際化のために、大学は空疎なスローガンたる「世界一流」を追い求め、大学運営の隅々まで指標化してしまっている。これは就職市場における大学生の苦戦と軌を一にするものである。

1. 大学的使命：学术理想还是职业训练？

古典大学观的渊源之一来自德国的洪堡（Wilhelm von Humboldt, 1767—1836），他指出，大学兼有双重任务，一是对科学的探求，一是个性与道德的修养。他所说的科学不追求任何自身之外的目标，只进行纯知识、纯学理的探求。修养是个性全面发展的结果，是人作为人应具有的素质，它与专门的能力和技艺无关。任何专业性、实用性学习会使人偏离通向修养的正途。唯有探求纯科学活动，才是达致修养的不二门径。（陈洪捷，2012: 2）在这种大学的使命之下，大学的教师和学生就应该甘于寂寞，不为任何俗务所干扰，完全沉潜于科学。洪堡常用寂寞或悠闲来刻画大学中的生活，把它看作从事学问的重要条件。对学生而言，大学的意义在于使其在中学和步入生活之间，在聚有许多教师和学生的地方，把数年的岁月完全地用于科学的思考。（陈洪捷，2012: 4）我们当然不会简单地认为现在的大学还沉醉在洪堡的大学理念中才是正途，但当把作为古典大学型态的"理想类型"放在眼前，就知道信息化时代的大学已经走出了多远的距离。

洪堡时代的大学，想尽各种办法让大学与社会保持距离，将大学里的教师和学生围拢在一个纯粹的氛围之中，从事着在当时同样看不到即刻效果的伟大事业。而现在，经历了工业社会、商品社会、知识经济和信息化时代甚至互联网＋时代不断迭代而构建的氛围所浸染的大学，恰好相反，想方设法与社会、企业、市场和政府建立和保持紧密的联系或者同步响应。我们可以看到，各级职业训练都希望能从各类大学中寻找培训者和受训者。人们不管是想当建筑师还是电工，医生还是洗牙师，律师还是法庭书记员，今天都必须先经过技术训练。几乎大部分非熟练的劳动工种，也都越来越以今天只能在学校中获得的知识为基础；为了供应这类知识，学院和大学为那些来学校学习经营和职业的人提供惊人的服务，并对经济做出巨大的贡献（克龙曼，2013: 25）。这种"立竿见影"的经济效果，让大学沉醉在实用性的价值之中，认为自己找到了新的方向。在历史上曾经是大学安身立命的博雅课程（liberal arts）仍然被师生所需要，但已经不是天经地义、理所当然，而是需要反复论证其努力存在的合理性和必要性。这些负责赋予学生以人生意义追问的

课程，被放置在弥补狭隘的职业训练过度以后所导致的精神空虚的位置上。在这个特定的时代，博雅课程几乎都没有空间去进行持久的、有组织的探索。许多通识课程甚至人文学科教师，在维护自己引导学生对此类问题进行有组织的探究方面的能力和权威性时都感到不自在。让人更为自在的话题反而是，询问学生未来的就业意向，如何填充求职简历，如何有目的地进行各种实习，甚至与学生协商在校学习时间与实习、工作找寻时间安排。

学校的教学时间已经让位于市场的公司时间。

2．学生的典型叙事：学术重要还是求职优先？

时间不会撒谎，一个人如何给自己的各项事务分配时间长度，反映了他真实的行为模式和思维方式。时间是最为公平的资源，每个人都具有平等的使用权利；如果时间与生活又有着如此紧密的关联，那么时间就是对于生活中的各种行动最为诚实的说理依据与衡量标的。因此我们可以有理由相信，透过时间可以反观社会和历史问题。我们更应该坚信时间的使用总是可以很清楚地说明问题。

从社会时间视角来看，学生是如何进行日常生活时间安排的？在传统意义上的心智训练和新时代下的职业训练上，分别分配了多少时间？为什么会形成这样的时间安排？这种时间安排体现着何种时代特征和倾向？通过8个北大文科研究生的真实时间安排的访谈，根据他们的行为中所表现出来的"典型性特征"合成了一个名叫"石页"（就是"硕士生"的"硕"拆开的两个字，姑且用之）的学生，来展现转型期中国大学使命在学生行为模式上投射的影像。

石页的典型一天。

8点30分，伴随着闹铃的咆哮声，石页睁开朦胧的双眼，挣扎着从温暖的被窝中缓缓爬出，极不情愿地挪着步子来到盥洗室刷牙、洗脸，哀怨地咒骂着昨夜快速流逝的睡眠时间，但心中却也闪过些许忏悔"要是昨晚不聊微信、不看小说到那么晚就好了。"慢慢悠悠地梳妆穿戴完毕之后，就已经大约9点30分了。来不及吃早餐，她抓起书包就向车站飞奔而去。是的，今天石页又要和往常一样去上班了。从学校到单位大约要半个小时的车程，

第二部　時代の変化と大学教育の質保証

10 点钟左右，她到达实习所在公司，开始一天的实习生活。11 点半她与同事准时到公司食堂共进午餐，并聊一聊近期的见闻。11 点半到 12 点半为午休时间，在和同事一起在公司园区散散步、聊聊天之后，12 点半准时开始下午的工作。下午的工作任务不轻，可她必须要在正式下班前完成所有的工作，因为晚上有更重要的事情等着她去做。在一下午的奋力拼搏之后，终于可以按时下班了。也只有按时下班，她才能保证在 7 点半准时到达学校体育馆参加她无比珍视的健身课。舒筋活血之后，大约 10 点半结束健身活动，返回宿舍。

洗漱完毕，就已经 11 点左右了，打开 QQ、人人、微信，看到一大堆的好友留言，一一回复之后，又开始了一天最为美好的时刻，"睡前小说时间"。躲在被窝里，借着幽暗的光线，进入到了虚幻的小说世界之中，当渐感眼睛疲劳的时候，再一抬眼已经凌晨一点多了。一想到明天还要上班，这才恋恋不舍地关上手机。

闭上眼睛，石页猛然想起上周习题课老师布置的作业还没有做，心理忽然觉得有点不安，已经从昨天拖到了今天，看来这是又要继续拖下去了。一想到今天一点"正事儿"都没干，心里突增了些愧疚，但又一想到自己充实的一天还是做了许多事情的，也便觉得安慰了许多。"哎，真不知道为什么要去实习，挤占了自己大把大把的空余时间。明天的事情就交给明天吧，晚安今天。"

石页将其一天中的大部分时间用于实习，早上 10 点到下午 7 点。并将本应属于学习的时间用娱乐活动（健身、QQ、微信、小说）来填充。她这一天是与传统意义上的学习生活无涉的。她将学校制度时间"摒弃"，选择去遵循公司制度时间或其他制度时间，将其凌驾于学校制度时间之上。在石页的时间优先级中，娱乐活动时间优先于实习时间，而实习时间优先于学校时间。

典型的第一年是这样的。石页之所以选择读研，也是严格遵循了父母的意愿，他们希望她在走入社会时，能够具有较强的竞争力，找到一份满意的工作。用她自己的话来说，就是"我爹妈觉得本科学生实在是太多了，所以你必须获得一个研究生的学位以 PK 掉一操场的本科生。"

抱着这种学习动机的她，原本希望可以轻松而又愉快地度过她三年的研

究生生活。可当研究生生活伊始，她便不得不忙碌起来。本来不想在第一年一下子修读太多课程的她，看到身边的同学一个一个像安了马达一般的疯狂修读学分，她能做得也只有紧跟大家的脚步了。于是在研究生的第一年，她就修读了大约 30 学分的课程，细算下来平均每学期修读 7 门课程，课业压力还是相对较大的。但比起那些在第一年就修完所有学分的人来说，已经算是轻松很多了。当然"聪明"的她在选修课程的之前也会做一番调研，比如哪门课程通过率高、哪门课程老师期末打分高、哪门课程付出的时间成本相对较小等等。在经过反复"计算"后，最终将目标锁定在那些"低成本、高回报"的课程上。上课时间大约占据了全部时间的 25%。

一下子选修太多课程的后果就是课后依旧不得清闲，堆积如山的课后作业扑面而来。尽管课业压力较大，她还是一直继续坚持去做从本科开始就热衷的团委工作，每周几乎有 2 天时间都扑在了这份工作上。虽然花费时间精力较多、虽然每天都很忙碌，但她知道这份经历可以在将来的求职简历上增加一条"工作经验"。

而对于学业，她总是可以轻松"应付"。通常来讲，她认为自己不管在什么样的情况下，都能"完成"自己想做的事情，只是完成的效果不同罢了。还记得一次小组作业，她和她的小组成员在距离作业截止日期的前两个小时才开始行动，不过最终还是按时提交了作业。在她的意识里，一项任务即使提前 20 分钟开始做，她也一定能把它完成，提前两天也能将其完成，只是质量不同而已。想做的事情就多花一点时间，不想做的事情只要应付过去就可以了，用最最少的时间。对她来讲，学习就算是一件需要应付的事情。当然她已经不记得是什么时候开始产生这种心理，形成这种习惯的了。即使是"习惯性应付"，课后作业时间也占据了大约全部时间的 35%。

除此之外娱乐活动也是研一生活的主要部分。生活中的一半时间都被她用来娱乐，例如和朋友见面聊天、健身活动、网上互动等活动。当然也穿插在她的上课时间之中。娱乐时间大约占据了全部时间的 40%。

研一的这个暑假石页没有回家，而是留在北京找份工作实习。和其他同学不同，她在本科的时候几乎没有参加过任何实习，虽然已经接受了五年高等教育，但是对于未来的职业规划却是一片茫然。看到身边的大多数同学都决定提前毕业，她也萌生了这个念头。如果决定提前毕业，那么这个暑假就

第二部　時代の変化と大学教育の質保証

是她的最后一个暑假。她需要用这个暑假来完成从新生到毕业生的转变，因此她希望可以通过暑期实习对职场有一个初步的了解和感受，虽然她知道不可能一下子找到适合自己的工作，但是至少可以通过使用排除法明确自己不喜欢的工作。而且身边的人无一例外地告诉她，要想找份好的工作就必须要有实习经历。于是在放暑假的前两个星期，她就开始搜寻实习职位，大约花了半个月的时间最终找到了一份比较满意的实习工作。她在这家世界500强公司里，花费了大约整整两个月的时间适应、熟悉，希望可以在这段时间中对于外企的工作节奏更为了解，并且提升自己的能力。当实习期结束时，她已经对这家公司的企业文化、公司结构、业务流程有了较为深入的了解，最主要的是她已经在实习经历方面有了"零的突破"，收获了一份"宝贵"的实习经历，一个对找工作较为有利的标签。

在研究生的第一学年中，石页的主要任务就只有三件：修学分、娱乐和实习。石页并非是一个学术取向的人，为了给找工作、实习留出充足时间，她将所有培养方案要求的课程几乎都塞进了研一这一年之中。并且在课程的选择上也有所偏重，选择时间成本最小且"风险"小、"收益"高的课程。由于她的非学术取向，她总是习惯性选择将娱乐时间（与人互动的时间）、其他时间穿插进或挤压课上时间和课下学习时间。

典型的第二年是这样过的。

经过研究生第一年的奋战，大部分学分已经修完。此时身边的同学已经开始逐渐分流，有的选择申请直博，有的选择提前毕业，还有一部分同学像她一样，最终留下来完成完整的三年硕士学业。由于还没有做好充分的就业准备，她最终还是打消了提前毕业的念头。看到身边即将毕业的同学在这个招聘季里四处奔波；看到准备申请读博的同学每天早出晚归地复习英语、准备申请资料，她告诉自己，再没有什么理由懒惰、懈怠。这一年她也给自己做了一个规划。

研二的上半学期主要任务三项：首先，完成所剩无几的培养计划所要求的课程；其次，在校内某部门担任助理；最后，准备托福、托业考试，为找工作以及下半学期的出国交流申请做准备。还记得在她初入大学校门的时候，就迫切地希望能够有机会出国留学，可以感受国外的文化气息，感受国外学校的学习氛围，说不定对自己以后的求职也是大有裨益的。

56

因为几乎所有必修课程几乎都在研究生第一年修完，所以余下未修的主要是数量、种类繁多的选修课。但是为了可以拥有整块儿时间做自己的事情，她决定把选修课统一集中到两天中。这样她就可以成功地将余下完整的五天时间"收入囊中、占为己有。"虽然收获了时间，但这同时也意味着，她所选的课程并非是对她帮助最大的课程，亦或是她感兴趣的课程，而是在向时间妥协之后，所选择的"随机"课程，共4节课，8个课时。

为了取得一个不错的英语成绩，她每天都会拿出一到两个小时时间学习英语。另外3天工作时间在校内做助理，一是想赚点零花钱，二是想感受一下学生助理工作。通过两个月的辛苦努力，她终于在托福考试中取得了不错的成绩，但是却因在申请的面试中败下阵来，而没能成功申请心仪的海外学校。心中的失落感、迷茫感一股脑儿的向她扑来。这种复杂的心理感觉主要来源于两个方面：第一先前的努力付之东流，第二下半个学期瞬间变为空档期。于是她不得不又给自己定了个学期计划。

第二学期伊始，她便又继续开始了实习之旅。身边越来越多的同学都加入到了实习行动中，因为这个学期大家都没有需要修读的学分了。除此之外，她还在学院开设的某门课中担任助教一职。当然也开始迷恋上健身活动。白天大部分用来实习，而晚上则是参加她最爱的健身课程。

在这一年中，她将修学分、课外英语学习、实习、健身等重要且必要的事项纳入其中，开始有意识地为自己制定详细的生活学习计划，并且按照计划实施行动。她将知识学习的重点放在对未来就业有用的英语学习上。

典型的第三年到来了。

步入研究生的第三年，身边同行的同学也越来越少。有的已经提前踏出了校门，走进社会；有的则坚定地迈入了学术殿堂，选择读博。对于她而言，看着身边大多数已经安定下来的同学，以及近在咫尺的校园招聘季，研三无疑是孤独与忙碌的。

伴随着九月校园招聘季的到来，刚刚升入研三的她便立刻进入战斗状态。几乎停止了手边的所有事务，将全副身心投入到求职当中去。用她自己的话来说，"我的求职观是'保一保、稳一稳、冲一冲'"。虽说她已经为自己设定了未来的职业目标，但由于就业形势的每况愈下，即使再优秀的学生也不敢将自己的目标公司框定在很小的范围之内，因此大部分研究生都开始了"海

第二部　時代の変化と大学教育の質保証

投"[1]，当然她也不例外。由于现在公司招聘流程极其繁琐，一个完整的招聘流程包括：网申、笔试、一面、二面……n 面、终面、体检、入职。这必将导致的结果是——找到一份满意的工作需要耗费极其昂贵的时间成本。可以说从九月份开始，一直到十二月底，每周七天，每天 12 个小时，她将全副身心投入到了求职工作中。当在没有"笔面"[2]的情况下，她会将大部分时间都用来瘫坐在电脑前做"网申"[3]，当有"笔面"机会幸运地砸中时，她则或用更多的时间准备笔面，或奔波于各大公司之间。运气好的时候，笔面机会甚多，一天需要"赶场"多次；运气差的时候，要么笔面连连撞车，要么几天都没有电话、邮件造访。身边有的同学甚至还要在不同的城市、国家间穿梭，就为了一份令人满意的工作。总之一个校园招聘季耗费功力甚多，不过她必须相信"阳光总在风雨后"。

　　寒假时期的主要矛盾已经从求职转变为攻坚毕业论文。自从毕业论文开题过后，她就再也没有碰过那个题目一下。这么久没有"学术"[4]，她心里对于能否攻克毕业论文，能否顺利毕业还是没有十足把握的。

　　她原本想在寒假期间就实行论文写作计划，但整个寒假都被各种走亲访友活动占据，直到寒假结束也没有写出一个字。回归校园后，她又不得不开始在即将任职的公司完成她的实习考核期，于是论文时间再一次被无情地挤榨了。她又开始计划着将每天实习后回到宿舍的首要任务定位"写论文"，可是实习后的第一天她便发现这是一个不可能完成的任务。每每拖着疲惫的身躯回到宿舍，便什么都不想做，更别提写论文了，唯一想做的事情就是睡觉。但是时间的紧迫感令她感到窒息。这是一种从未有过的对于时间紧迫感

1)　海投：通常指不加选择地海量投递简历。一些毕业生为了不错过好的就业机会，制作简历往往十分详细，而且"逢网必投"，这些人被称为"海投族"。为了增加找工作的"命中率"，很多人选择在招聘会上"海投"简历。"多投一份简历，就可能多一种选择。"
2)　笔面：笔试面试的统称。
3)　网申：即网络在线申请。特指通过公司官方网站的招聘页面，或者第三方的招聘网站开设的专门的在线申请页面，投递简历的求职方式。
4)　学术：当代人学家张荣寰将学术的概念界定为是对存在物及其规律的学科化论证。这个词对应的英文 Academia 更常见的意义是指进行高等教育和研究的科学与文化群体，在作这个意义用时对应于中文的学术界或学府。然而在研究生群体中，多被用作为动词和形容词，表示很久没有做学术方面的事情。常有的用法搭配"我不是一个学术的人"、"我很久没有学术了"。

58

的体验。有效时间资源的稀缺以及对于论文的毫无头绪让她感到恐惧，如临大敌一般。而此时她唯一能做的就是向用人单位请假，回学校专攻论文。好在经过时长一个月的艰苦奋战后，终将毕业论文完成。

在这一年中，她的所有时间几乎都被找工作、写论文所占据。当然在这二者中，找工作所花费的时间远远超过论文写作时间。当面临工作时间与论文写作时间相冲突的时候，她选择让论文时间向工作时间妥协，或者通过压缩自己的休息时间来弥补论文时间。直到万不得已时才谨小慎微地打破公司制度时间的束缚。到底这段时间是属于学校还是属于用人单位呢？在这里公司制度时间为何这般理直气壮呢？

从石页的在一天、一学期、一年以及整个研究生生涯的叙事中，我们可以这样来总结：在第一学年中，主要分布着以下几件较为重要的事情：上课、课后学习、娱乐。在不容受到破坏的强硬的课程时间中，将课后学习时间、娱乐时间嵌入其中；在非强制性的课后时间中，娱乐时间对课后学习时间进行挤压与渗透。

在第二学年中，主要分布的时间种类有：上课时间、课后学习时间、实习时间、与导师的互动时间、娱乐时间。时间种类较为丰富。从时间分布情况来看，娱乐时间、课后学习时间、实习时间依旧嵌入到课堂时间中；实习时间占据了课后时间的大部分，与导师的互动时间也渐渐多了起来，互动时间与实习时间交融在一起，娱乐时间则相对研一略微减少。

到了第三学年，重要的事情只剩下三件：找工作、实习、写论文。找工作时间占据了全部时间的一大部分，这其中穿插着一小部分的娱乐时间（非学习时间）；写论文时间受到了找工作时间、实习时间的严重挤压。

3. 消费时代的悖论：学生想着就业，大学想着一流

在当今中国，本科已经不算是一个终结性的学位，因为大量的人都追求更高一级的研究生学位，来延迟就业时间，抑或暂时逃避就业压力。研究生教育是当今中国教育系统中的最高层次学术训练，它的本身并不是生产方式，亦不是权利工具、增值工具，不能给"消费者"带来直接的欲望满足。但是它却通过职业筛选机制的作用，构建了它的符号意义。因此本文叙述了一个

第二部　時代の変化と大学教育の質保証

硕士研究生而不是本科生的时间安排的故事，来凸显他们所代表的在学术理想与职业训练之间挣扎状态。

研究生历来被赋予了"做学术"的权利与义务，这来自于既有的学校文化传统以及导师的要求。大部分导师认为研究生就是应该以学业为主。但伴随着高等教育大众化的到来，"就业难"已经成为一个再普遍不过的社会问题。在严峻的就业压力下，出于对现实的种种考虑，许多研究生选择读研，不再是为了寻求一种有意义的生活或升华与实现自我，而是希望通过选专业、选课程（选择对就业具有明显用处的课程、专业、知识）、修学分等，完成某种自我资格鉴定，从而为进入竞争激励的就业市场做好万全准备。他们必须要遵循一个新的游戏规则——读书即工作、实习即工作的敲门砖，不能像从前的研究生那样将全副身心投入到学习之中，享受纯粹的学习生活。仿佛在入学伊始，他们就背负着一个巨大的包袱。

在这种就业形势以及扩招的制度背景下，功利主义的读研动机和时间安排是不是应该受到责备？大可不必。首先，在扩招背景下，有志于从事学术工作的研究生，其比例也是少之又少的。当然这并不能被称之为"良莠不齐"，倒可以算是"动机多元化"。

其次，学术道路上所能容纳的"有志之士"也是有限的，并非所有致力于学术工作的人都会幸运地走上学术道路，有太多的研究生加入到"学术共同体"中，但是学术事业的上升路径毕竟狭窄，可以给予他们的研究席位同样也是稀缺的，"狼多肉少"的形势残酷地将研究生推出了校门、推向了市场。所以很多研究生在一开始就认定普通就业市场便是其最终归宿。

在新的社会形势的压力下，他们生活在时间的夹缝之中，不得不在各种时间制度的制约中、各种互动时间的影响下生活。如果他们只是生活在以一种制度时间为核心的环境下，也许还会乐得其所，但是如果两种不分伯仲的时间制度同时统治其生活，这便会带来强烈的撕扯感。因为不管是在内心中认同还是在行为上遵守两种或两种以上的核心时间制度时，这种撕扯感都会伴随而来。他们必须周旋于公司制度时间与学校制度时间之间，巧妙地组合课程、压缩论文时间、增加实习时间等等。每一种选择以公司制度时间为核

心的行为，都会让学校制度时间受到侵犯。

而主观上，学生们也不再将学校制度时间视为唯一一个支配学生时间的制度规则，不再战战兢兢地将学校制度时间视为神圣不可侵犯的。公司制度时间强硬地插入其中，甚至凌驾于学校制度时间之上。在公司制度时间与学校制度时间（包括与导师的互动时间）的推拉与撕扯中挣扎。

在这种时代背景下，他们中的一些人不可避免的具有较为明显的消费主义倾向。他们并不在乎研究生阶段可以学到什么东西，也不在乎培养方案如何设计，只在乎毕业时可以拿到的一纸文凭。当然还有另外一小部分人，他们拥有雄心壮志、为做学术披星戴月、踏实勤奋。但当理想触礁，现实赤裸裸地呈现在眼前时，他们不得不调转方向，迈入就业市场之中。一些学生的确带着功利的求学动机，而另一些则真的具有学术信仰，但却在"上升"时受到伤害选择离开。

在互动时间中导师对研究生时间的控制，在常规学校制度时间内培养规划规定的课程时间对学生的限制，以及插脚于其中的公司制度时间对学生的盘剥，都让其感受到一种被来自各方力量撕扯的感觉。也许他们并没有在意识层面上具有消费主义倾向，但是却在行为层面上，一步一步向此靠近。

有些人可能认为研究生阶段的任务就应该是让学生有雄心扩展知识面，有兴趣向往学术成就感，而不仅仅是一纸文凭。但这种讯息对今天很多在市场压力下成长起来的研究生来说都是令人无趣和伤感的。他们被这个时代的游戏规则裹挟着，无法在短暂的学生生涯中成为一个单纯的享受读书和学术乐趣、追寻人生意义的年轻人。

与学生忙碌的重点似乎完全不在一个维度，大学层面则忙着在国际性的声望等级市场中追求"一流"。"一流"正在迅速成为大学的口号。有学者早就发出警告，要想理解当代大学，需要反思一下追求一流可能意味着或不意味着什么。"追求一流"的观念在大学内部发展起来了，大学将一流确立为中心理念。我们听到过许多大学管理者关于一流的谈话，因为它已经成为当前大学统一的原则。实际上，作为一种综合的原则，一流唯一的优点是完全没有内在的意义，或更准确地说，没有所指。（雷丁斯，2008: 21）大学鼓励新的院长、系主任和教师为学院创造压力以争创一流。作为一个不容置疑的根据，一流在这里似乎是最容易获得广泛赞同的修辞武器。今天，可以催促

大学所有的院系和学科都要努力创一流，因为这个理念的普遍应用性正对应于它的空洞性。

然而，不论人们喜欢与否，一流是通用的等级标准。由各种不同的内容所做的各种分类，如学生类型、班级大小、资金情况、馆藏量等，都可以放到一起，用一流这个唯一的标准来衡量。其中，学生类型的划分标准是入学分数（越高越好）、学习过程中每学年的平均分数（越高越好）、非本国学生数（越多越好）、标准时间期限内毕业率（越高越好）、毕业生的起薪（越高越好）。对教师队伍的评价是看具有博士学位者的数量、正高职称的数量、国际期刊发表的数量、获奖者的数量、荣誉称号获得者的数量。所有这些都被认为是有价值的标志，然而这些价值与学生的追求和忧虑并不显得有什么相关。学生面对的问题是：他完全处于一个消费者的地位，而不是一个想思考的人。（雷丁斯，2008：25）

4．理论的批判和现实的出路

大学是追求高深学问、为学生提供人生意义还是进行职业训练？这个问题萦绕出理论的批判，也蕴含着现实的出路。一直以来，崇尚自由教育的教授们都视职业课程为"眼中钉"。博克说，60% 的文理学科教授认为，为学生未来的职业做准备并不是大学教育的重要目标之一。而学生对此的看法恰好相反，将近 75% 的大一新生选择大学教育的首要原因是出于对未来工作的考虑。不难理解为什么学生会有这样的想法，毕竟在今后漫长的日子里，他们需要靠职业谋生。此外，一个人所从事的工作的性质以及成功与否，将直接关乎他的身份地位、自我认可度、生活满意感和生活质量。因此，学生将未来职业看的如此之重，也不为奇。现在的问题是：与学生持相同观点的教授却寥寥无几。（博克，2012：191）

大学提供的是正统的高等教育还是仅仅提供了就业培训？今天，这个界限已经十分模糊。我们期望大学能完成更伟大的使命，实现一些"开启心智"的宗旨（鲁克，2006：126-127），但社会的消费主义倾向却已经成为大学生存环境的底色。大学还将受到传统学术理想和市场经济实用需求的双重拉扯——这与石页这种研究生的生存心态是多么的不谋而合。

知识的传承和生产，与知识的应用之间，并不一定是遥遥相望的。如果说"在大学教学中到底要不要开展职业教育"还是一个需要回答的问题，那么就说明二者之间的分野还在牢固地存在。对于如何为这个问题找到解决方案相比，更为迫切的也许是跳出这种问题所代表的思维惯性和逻辑约束，重新定义消费时代的大学的内涵、使命，换一副眼镜看待今天的大学生，重构大学与就业市场之间的关系——也许，它们本来就共生在一个真实的社会系统里面，区别只在于如何构建虚拟的理念。

参考文献

［美］克龙曼（Kronman, A.）. 教育的终结：大学何以放弃了对人生意义的追求［M］. 诸惠芳译. 北京：北京大学出版社，2013.

［英］杰勒德～德兰迪. 知识社会中的大学［M］. 黄建如译. 北京：北京大学出版社，2010.

［美］博克. 回归大学之道［M］. 侯定凯等译. 上海：华东示范大学出版社，2012.

［美］斯潘诺斯. 教育的终结［M］. 王成兵等译. 南京：江苏人民出版社，2006.

［美］理查德～鲁克. 高等教育公司：营利性大学的崛起［M］. 于培文译. 北京：北京大学出版社，2006.

［加拿大］雷丁斯. 废墟中的大学［M］. 郭军等译. 北京：北京大学出版社，2008.

陈洪捷. 观念、知识和高等教育［M］. 合肥：安徽教育出版社，2012.

ビジョン (Vision) の交代
——今、大学の責務とは？　質保証を再考する

田中義郎

1.　ビジョン（Vision）の交代

　大学の責務とは何か。2005 年、わが国では、「我が国の高等教育の将来像（答申）」（平成 17 年 1 月 28 日、中央教育審議会）が出された。その中で、人材養成に対する社会ニーズに対応すべく大学における教育および組織の改善が言及され、大学はもはや象牙の塔ではないことが宣言された。以来、今日に至るまで、20 を超える答申が大学教育の改善をめぐって中央教育審議会を中心になされてきた。

　20 世紀後半、高等教育は顕著に拡大し、同時にその性格を変えた。「ビジョンの交代」がダイナミックに展開する予感がする。社会の高等教育に対する認識が明らかに変わり、高等教育はわれわれの生活に織り込まれた。大学は、若者の技能を洗練し教養を高め思慮を深めるといった場から、期待を込めて、経済や国際競争力の原動力として人材育成を担う場へと急速に変化した。自ら変化を望んだかどうかはともかく、社会認識上、明らかに変化したのである。しかし、大学の内部変革は進むどころか、実際には、混沌と化した。大学を取り巻く社会状況は日々厳しくなっているという実感がある。高等教育への注目が集まる中、説明責任（アカウンタビリティ、Value For Money: VFM）の議論が主流となり、大学の責務への取り組み

第二部　時代の変化と大学教育の質保証

が社会的に注目されている。

　今日、大学は社会不信の対象のひとつであり、社会批判の的となっていることは不幸なことである。そのことは、予測が皆目一致しない学生の学業成績と彼らの将来の成功可能性との相関、そして、学習成果の曖昧すぎる定義にも起因している。今日大学が直面している大学と社会の関係は複雑で入り組んでいる。知識の生産、専門技術面での援助、そして、地域社会への手助けといった事柄が大学内で完結せず、社会、具体的には政府や産業界、さらには様々なステークホールダーとの関係の中で説明責任を伴って、効果的かつ効率的に機能することが求められているのである。今日、大学には多様な責務が求められており、その中には社会に対する責務が含まれていることに疑問の余地はない。サービスとか倫理性といった責務が注視されるようになったのも今日的である。

　今われわれは、緊急を要する次のいくつかの質問に回答を見つけなければならない。（1）個人、地域、価値、才能などに対し、それぞれの場面において、共通の部分を支援すべきか、むしろ、個別の部分を支援すべきか、（2）共通の部分と個別の部分を同時に支援することは可能か、（3）説明責任の過程で、より多くの選択肢と柔軟性を加えた場合、何が代償となるか、（4）失敗の可能性を検討しないで、選択肢を増やすことはできるのか。

　われわれのアカウンタビリティのシステムが、単に共通の成果の達成にのみこだわり続けたら、規定上設定されるものと学生たちが個別に将来に求めるもの、あるいは本当に必要とするものとの間に生まれる亀裂が広がり続けることになりかねない。「すべての子どもたちに大学教育を（Higher Education for All）」を実現しようとすると、横（入学者選抜の方法）の多様性ではなく、むしろ「縦（高大の教育接続）の多様性」をいかに内在化できるかがシステムの有効性を左右することとなる。手だてとしては、「個人の高みをめざす」を支援する仕組みを同時に満足させうる仕組みを構築することである。そのことは、個々人が自らの熟達度（パフォーマンス）を自ら設定した目標に照らして希望するときにいつでも確認ができる新たな仕組みを、伝統的な仕組みと共存できるように用意することでもある。

ビジョン（Vision）の交代

　ボローニャ・プロセスに象徴されるヨーロッパの革新的取り組みから学ぶこともできる。学生たちは皆、在学中に外国大学での学びを経験し、多元的な評価に身を晒し指導を受けることで、グローバリゼーションとローカリゼーションをほぼ同時期に体験することになる。いわゆる共同学位（Joint Degree）、協働指導（Collaborative Teaching）の発想である。こうした多元的育成方法は、ヨーロッパ・エリアの発展の将来に大きな貢献を成すと、ボローニャ・プロセスの構築に長年関わってきたパトリシア・ポル博士（Patricia Pol、パリ-EST 大学副学長）は言う。大学が直面する新たな局面とは、大学のレゾンデートルの今日的理解とステークホルダーへの説明責任のバランスに尽きるように思える。

　カリフォルニア大学の名学長といわれたクラーク・カー（Clark Kerr、1911-2003）は、大学改革が困難なことを嘆いて、次のように語っている。"Changing a university is difficult. It is like moving a cemetery."（大学を改革するのは、墓場の移転と同じだ。内発的な力に頼ることはできない。）ハーバードの学長であったローレンス・サマーズ（Lawrence Summers）は、ニューヨークタイムズ紙に、やはりハーバードの学長を務めたデレク・ボック（Derek Bok）の言葉を引用して、"famously compared the difficulty of reforming a curriculum with the difficulty of moving a cemetery."（よく知られ、比べられることとして、カリキュラムの改革は、墓場を移転するのと同じように困難である。）と語っている。

　認証評価活動を通じた大学の質保証においても、大学自身が主体的に責任を負うべきだという考えに立って、自己点検・評価が大学の主体的な・自律的な活動となるよう、認証評価との関係を再構築することが肝要である。そのために、認証評価の主たる狙いを「自己点検・評価の活動を点検・評価し、その質を高めることによって、大学の自律的な自己改善の努力を支援すること」にあると考え、そのような目的に即するように認証評価のシステムを整える必要があるのではないか。

　国際的水準の質保証が求められている中で、わが国の質保証のあり方や情報公開の促進について真摯にかつ率直に議論を深めたい。

第二部　時代の変化と大学教育の質保証

2. クオリティ・テスティングが導く学力観の未来
——ボリューム大学からクオリティ大学への移行を支援する

　「量による競争を超えて、ミッションに根ざした質による協奏へ」の革新が期待されている。この革新が達成されるには、入試開発の質的検討が必要である。量を測るボリューム・テスティングから質に寄り添うクオリティ・テスティングへの移行が重要である。ここでは「学力とは何か？」の検討から始める。大学生の学力の議論では、中等教育の学力観の検討が大切である。わが国の学力観を見渡してみると、大きく3つの学力観があるように思える。①政策に導かれる学力観、②ミッション（理念）に導かれる学力観、③市場（マーケット）に導かれる学力観、の3つである。政策に導かれる学力観は、学習指導要領に沿った学力観として広く全国に展開している。ミッションに導かれる学力観は、その多くは私学に見られ創立の理念の具現化と呼応した学力観である。市場に導かれる学力観は、いわゆるステークホルダーの影響を強く受ける学力観である。

　質的診断が量的評価を超える。クオリティ・テスティングのモデルはこれまでは欧米にあるとされ、ドイツのアビツーア、フランスのバカロレアなどが知られており、PISA（国際学習到達度調査）もまた、IB（インターナショナル・バカロレア）などが候補に挙げられてきたが、灯台下暗し、日本国内にもモデルは存在する。実際、ミッションに導かれてもっとも自由度の高い入試開発を行っているのは、大学入試ではなく、高校入試でもなく、私立中学の入試である。

　最近、麻布学園（中学校・高等学校）、武蔵高等学校・中学校、桐朋中学校・高等学校といった日本のリーダーを数多く輩出してきた私立学校を訪ね、学力観について意見交換する機会を持った。麻布学園は、入試は可能性の発掘である、と言う。武蔵は、入試は未来（その後の6年間）からのメッセージである、と言う。そこでは事実の再現ではなく、子どもたちが事実の背景を探る姿勢に関心がある。もちろん小学校での学習指導要領や教科書で扱われている知識を超えて問うことはない。入試開発の過程では、まず、普通の小学生が知識として持っていることが前提となり、そ

の上で、彼らが、閃き、創造力、論理的思考、etc. にチャレンジすること
を期待する。開発の前提として、「きっと困難に直面するかも？」、「この
問題ではおそらく困難に直面するに違いない！」が、でも、自分自身の課
題として考え、閃き、創造力、論理的思考、etc. で乗り切ることにチャレ
ンジしてほしい。そのためには、大設問開発を中心とし、ストーリーの中
に様々なヒントをちりばめ、丁寧に読み解けば、自らの結論が導き出せる
ように設計することが重要に違いない。現実社会の情勢を自分自身の課題
として咀嚼する力も大切である。読み、書き、自分の言葉で表現すること
が大切である。社会に出たとき、重要な判断を担える力を育みたい。詰め
終えることも大事だが、詰め進む過程にはもっと意味がある。桐朋は、考
えなくても、教えられた通りに解いていくと自ずと解けてしまう問題はむ
しろ避けたい！ "アレ⁉"と思う感覚に着目し積極的に論述することを大
切にしたい、と言う。もちろん、知識の量を問う問題もあるが、入試開発
が教育理念からのメッセージによって裏付けられる学力観でありたい。日
本の私立中学の入試開発は、極めて自立性の高い学力観が活きている事例
である。そこには、クオリティ・テスティングが導く学力観の未来がある。

　日本の大学では、Ready to College（RtC）と Ready to Future（RtF）の
議論が噛み合わなくなって久しい。前者は、「大学入学への準備が整って
いる状態」の議論であり、政策学力との関わりが深い。後者は、「未来へ
の準備が整っている状態」の議論であり、市場学力との関わりが深い。
もっとも、学歴や学校歴の文脈で、大学入学が未来準備であると社会的に
認識されたことはあっても、学習の連接性という文脈で、大学入学が未来
につながるという議論が登場したのは、最近のことである。そこで、入試
開発は何を目標とすべきか？　という議論を深めてみた。

　日本では、高大接続問題の新たな展開に向けて、大学の入試開発で目標
とされるべきものは何か。今日、高等教育機関は、21 世紀に社会に出る
すべての若者たちの準備をする装置となる、との認識が必要である。それ
は、高等教育の社会インフラ化の検討である。昨今、汎用的能力（Gener-
ic Skills）が注目されている。適応性のある専門知識、創造性、批判的思考、
メタ認知、チームワークなどである（図 1）。実際、多国籍企業の人事担

図1 学びの体系化をめざして：Cognitive Readiness Model

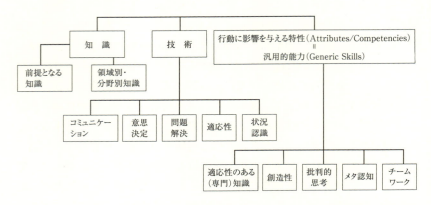

出典：Harry O' Neil, UCLA=CRESST（2012）を基に田中が作成

当者は、採用に際して重視する点として、自分とは違うものと自然体で向き合える能力はもちろん、(1) Read：自分の考えと結びつけながら読む（鵜呑みにしない）、(2) Question：自分の考えとの違いに対して質問や疑問を適切に設定する、(3) Analyze：自分の考えと他の考え・視点とを比較して分析する、(4) Communicate：比較や分析を通じて行った自分の判断を伝える、といった能力を挙げている。しかし、これらの能力は、いずれも文脈上（Contextuality）で成果を発揮するものばかりである。汎用的能力は行動に影響を与える特性であり、知識、技能といった量的に測定・評価されるものとは違った性質を持っており、社会環境格差の影響が大きい。そのため，量的な評価にはなじまず、むしろ成長診断の対象とするのが相応しい。日本では、現在、該当年齢人口の半数以上が大学・短大に進学する。その中で、学力試験を経て大学に入学する者は50％台に留まり、推薦・AO入試などの非学力型選抜の割合は43％（私立では50.5％）を超える。また、学力型入試を課していても、定員を充足できていない大学は4年制私大で46％あり、実質的に、無選抜入学の様相を呈している。少子化のなかで受験競争の緩和に伴い、競争の弊害を問う声は後退し、学

生の学力低下、進学準備不足を憂うる声がむしろ大きい。とはいえ、わが国では、大学受験に対応するカリキュラムの影響を強く受ける高校生は入試の準備はできていても大学教育を受ける準備はできていないと感じる。今や、大学での学びには知識や技術の獲得だけでなく相応の準備（College Readiness）が必要とされる。

アメリカでもっとも影響力のある評価の専門家の一人であるUCLA=CRESST のエバ・ベーカー博士のアメリカ教育研究学会長就任スピーチ（2008 年）の題目は、"The End(s) of Testing" であり、その意味するところは、知識量による選抜型テスト時代の終わりである。彼女は、「人はバランスのとれた人生を求めるけれども、現代社会では、そのようなバランスは、競争的価値、目前に立ちはだかる責務、満たされない野望、そして、不用意に騒ぎ立てるメディア等の犠牲となっている」、と言う。優秀な生徒と不出来な生徒との間の受け入れ難い格差がどの国にも存在し、グローバル化・多様化する社会で、共通の達成度の構築に向けて、組織的な動きがある。公教育は、組織的かつ周到に準備された政策準拠型テストを用いて、個々人の自己実現よりも教育活動に求められる社会的な説明責任（アカウンタビリティ）の構造と密接に関わっている。現代の教育では多くのテストが開発されている。平等性と公平性の実現を目指す測定精度の追求も大切だが、まず、「何に使うのか？」の視点が重要である。問題なのは、GPA や従来型のテストでは、学生個々人の進学適性や学習状況は分からないし、学業達成の予測はできない、という現実にいかに向き合うか、である。今や、大学生活の成功には、社会での成功と同様に、多様で、そして複雑な要素が含まれている。そうした時代には、クオリティ・テスティングが主流となる。大学では、あらゆる場面で、否応なしに、量（ボリューム）から質（クオリティ）へと関心が移行せざるを得なくなるだろうし、その対応が急がれる。

第二部　時代の変化と大学教育の質保証

3.　高大接続問題の新たな展開に向けて
——「選択のための支援基盤」の創造

　今や、「選抜」は機能しているとはいえないが、「選択」は常になされている。"選択のための支援基盤" の整備が急務である。大学入試で、変化すべきもの、日々改善の努力をし続けなければならないものは何か。高等教育機関は、21 世紀に社会に出るすべて若者たちの準備をする装置となる、との認識が必要である。

　「中等教育では、多くの若者たちが大学進学か、就職するのか、極めて限定された選択肢の中で育てられている。様々な職業で必要とされる知識や技能の間の関係は、今日、それほどに大きな隔たりがあるわけではない。専門職では、むしろ、相互横断的に似通った能力が期待されることも多い。それ故、彼らの学びは、結果的に似通っており、むしろその関係のつながりこそが重要である」と指摘するのは、2011 年 2 月にハーバード大学教育大学院が出した「繁栄への道（Pathways to Prosperity）」と題したプロジェクト報告書である。そこでは知識基盤社会人基礎力、つまり GPS（General Purpose Skills）の重要性が指摘されており、それは同時に、21 世紀に活躍する大多数の成人に必要とされるスキル（21st Century Skills）である。

　また、アメリカのテスト開発機関 ETS のエイミー・シュミット博士は、伝統的な学力検査で測れるもの以外の要因（独創力、コミュニケーション力、チームワーク、回復力（困難な状況にもうまく適応できる力：resilience）、企画・組織力、倫理性や誠実性）が、大学での成功には不可欠である、と言う。"大学全入時代" が現実味を増している中で、こうした発言の意味はますます重要性を増している（図 2）。そこでは、一つの試験に過剰な重きを置く High Stakes 型入試に依存する選抜型進学は徐々に後退し、文化的識字力の形成に支えられる教育接続による大学進学が重要性を増し、その場合、個々人の "高みをめざす" を支える多様な高大接続の工夫が、学校教育システムの有効性を後押ししなければならない。アメリカでは、College Board の Spring Board（6–12 年生対象）や ACT の EPAS：

ビジョン（Vision）の交代

図2　大学で活躍する力は？　学力以外の諸要因

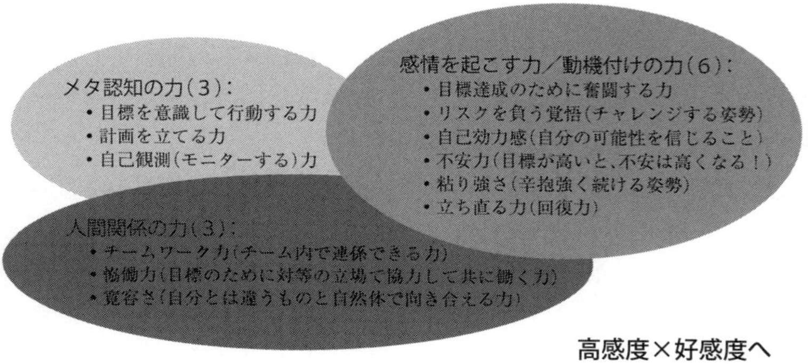

メタ認知の力（3）：
• 目標を意識して行動する力
• 計画を立てる力
• 自己観測（モニターする）力

感情を起こす力／動機付けの力（6）：
• 目標達成のために奮闘する力
• リスクを負う覚悟（チャレンジする姿勢）
• 自己効力感（自分の可能性を信じること）
• 不安力（目標が高いと、不安は高くなる！）
• 粘り強さ（辛抱強く続ける姿勢）
• 立ち直る力（回復力）

人間関係の力（3）：
• チームワーク力（チーム内で連係できる力）
• 協働力（目標のために対等の立場で協力して共に働く力）
• 寛容さ（自分とは違うものと自然体で向き合える力）

高感度×好感度へ

☆メタ認知とは？　自分の思考や行動そのものを対象として、客観的に把握し認識する力

出典：筆者作成

Educational Planning and Assessment System（8-12年生対象）等が作られ、4-6年間かけて中等教育から大学教育への有機的接続準備が工夫されている。

　わが国の高大接続問題は、多様化（ダイバーシティ）に対応できる新たなプラットフォームを選択する必要に迫られているのである。それは、入学者の選抜（Selection）から入学有資格者（College Eligibility）認定に移行することを意味しており、入学有資格者認定指標（College Eligibility Index）の開発と導入が急務である。"入学有資格者認定（College Eligibility）"とは、"大学進学の準備ができている状態"を認定することである。

　近年、わが国でも広がりを見せているインターナショナル・バカロレア（IB）は、「プログラムの教育力」を重視している。IB Diploma Programme修了は、"大学進学準備ができている状態"を認定している。すなわち、高大接続の新たなデザインを考えるに当たっては、High Stakes型入試のマイナスの連鎖から抜け出すという視点が大切なのではないか？"High Stakes"とは、「大変なものがかかっている」という意味である。

　一方、「日々の学習診断」のためのテストは、Low Stakes Testと呼ばれる。テスト理論の権威であるコロラド大学のロバート・リン博士等の指摘によれば、「High Stakes Testは、その社会的重要性故に、教師を学力競争

第二部　時代の変化と大学教育の質保証

に巻き込み（テストで高得点を上げるための準備に駆り立てるために）、学生たちの実際の学力を誇張しがちである。そして、基礎技能を軽視し、カリキュラムを意図的にテスト内容に傾斜して構成する傾向が生じる。テストの持つ否定的な側面を回避するには、できうる限り、様々な測定ツールが利用されることが求められる。学力診断はもちろん学生のパフォーマンス評価には、判断基準となる複数の指標が必要であり、複数の学習診断テストの継続的利用が有効である」。

　そして、シュミット博士が語る、「GPA とテストスコアだけでは、個々の学習者の大学進学適性は分からない」という現実とどのように向き合うのか？　実際、大学生活での成功には社会での成功と同様に多様な要素が含まれている。Low Stakes Test を活用すれば、学習活動がむしろ活発化するのではないか？　とも思える。少なくとも、Low Stakes Test は、教授活動に不可欠な効果的なフィードバックによって、選択と決定を可能にする。さらに、様々な Low Stakes Test や GPA 等の学習成果情報の組み合わせによる有資格者認定指標（Eligibility Index）を導入することで、High Stakes Test の過度の弊害を調整することが可能となるのではないか？

　「複数の Low Stakes テスト＋α（学力外諸要因）＞ 1 つの High Stakes テスト」という式が成り立つことができるはずである。多様な集団に応じて、複数の Low Stakes テストの開発と実施。大学入学有資格者認定指標（College Eligibility Index）の開発と採用。カレッジレディネス（College Readiness）の形成プログラムの開発と実施。グローバル化時代のプラットフォームの形成を念頭に置きつつ、高大接続の未来を具体的にシミュレーションすべきときであり、スピードが求められる。

4.　大学入学考査再生への議論
——スタンダードとベンチマークの共有の必要性

　高校教育の目的は大学入学後の準備だけではない、と多くの人は言う。高校は、高校教育の学びの性質を持ち、大学教育の予科ではなく、また、すべての卒業生が大学に進学するわけではない、と言う。仮に、高校教育

の目的が大学進学のための準備だとしたら、すべての卒業生は大学に進学する準備を整えることができることになる。高等教育への期待が拡大している今日、大学生はアイデア、希望、活力の開花と高い相関を持つように育てられねばならない。主体的に築く大学生活とその先の未来の創造的な人生をすべての若者が享受できてこその次世代の大学である。20年後、2036年に彼らはどんなふうに働いているだろうか？　中高生の多くが、高等教育への進学を近未来の選択として考慮していることを想定すれば、高校教育は大学進学のための準備を目的の本流に据えても何らおかしなことはないのである。高校生の期待が大学教育を経て社会での成功にあるのならば、そうした教育をすることは、ステークホルダーのニーズに応えることになる。

　昨今、グローバリゼーションとともに話題に上ることの多い高等教育の制度のチューニングの議論は、現在は、横軸にある水平的チューニングが中心であるが、縦の調整（Concordance）の議論もまた重要で必須である。

主たる参考文献等
　本章は、過去10年間に筆者が様々な機会に行った講演や以下の学会誌等に発表した論文、執筆した研究報告の中から、今回のテーマに添った内容を、この機会に整理し直したものである。
① 田中義郎「グローバルな文脈における日本の大学入試改革——ディスカッサントの論考」日本比較教育学会編『比較教育学研究』53号、東信堂、2016年8月10日。
② 田中義郎「イノベーションが導くわが国のホリスティック大学入学選考の世界——Test-Optional ポリシーを掲げるアメリカ大学の入学選考方針の変容を踏まえて」『私学経営』494号、私学経営研究会、2016年4月1日。
③ 田中義郎「クオリティ・テスティングが導く学力観の未来——ボリューム大学からクオリティ大学への移行を支援する」『アルカディア学報』2530号、2013年7月10日。
④ 田中義郎「高大接続問題の新たな展開にむけて——「選択のための支援基盤」の創造」『アルカディア学報』2502号、2012年11月7日。
⑤ 田中義郎「グローバリゼーションと大学入試——多様性と可能性の評価が未来を創る」『アルカディア学報』2470号、2012年2月1日。
⑥ 田中義郎「大学改革の新戦略：ヘリコプター・ペアレント——教育における世界同時多発現象を見る」『週刊教育資料』No. 1180、日本教育新聞社、2011年10月10

第二部　時代の変化と大学教育の質保証

　　日。
⑦　田中義郎「繁栄への道（Pathway to Prosperity）──ハーバード大学プロジェクト」
　　『月刊教職研修』2011 年 5 月。
⑧　田中義郎「学力と文化リテラシー」『内外教育』6016 号、2010 年 8 月 20 日。

中国大学的改革：以学生发展为中心

中国の大学の改革──学生の成長を中心に

呉　志攀

【日本語要約】現在、中国の大学においては抜本的な改革が進行中である。今回の大学改革のきっかけとなった要因にはいろいろなものが考えられる。例えば改革、とりわけ大学の改革を推し進める中央政府の強い意志、あるいは大学に多大な期待を寄せる国民からの圧力、さらには先進国における大学の発展と変化が及ぼす圧力および中国の大学自身の発展から生じてくる要請などが挙げられよう。そして、大学改革の目標や理念などについても多くの議論が行われている。しかし、人材養成を本務とする大学にとっては学生の成長をよりよく支援することが改革の出発点であり、改革が目指すのもその方向でなければならない。本稿ではこういった観点から、中国の大学改革について若干の考察を試みる。

第二部　時代の変化と大学教育の質保証

　　中国的大学正在进行深刻改革。这一次的改革，我认为动力来自多个方面。一是中国中央政府的强力推动，本届政府非常强调改革，而教育改革，尤其是大学的改革，是其中的一项重要内容；二是来自社会公众的压力，中国的老百姓对大学寄予了很高的期望，但又普遍认为，中国大学还不能完全满足这些期望；三是国际高等教育界的发展变化，在某种意义上，诞生于近代的中国大学，本来就是向西方学习的产物，而这些年来，美国的大学、欧洲的大学、日本的大学，都在不断变革，中国的大学也感受到了这种压力，努力在调整自己的发展模式；四是中国大学自身发展的要求，中国的高等教育在过去的二十年里，发生了巨大变化，很快就进入了高等教育大众化的阶段，但是大众化之后，如何提高质量，这就迫使大学不得不进行改革。

　　关于大学改革的目标、理念与逻辑，现在已经有很多很多的讨论，甚至争议。在我看来，不管大学如何改革，都只能有一个中心，那就是更好地服务于学生发展。大学是培养人才的地方，这一点永远都不能改变。

　　所以，我今天就按照这样的思路，向各位介绍一下中国大学的改革。

1. 从比尔·盖茨退学说起

　　三十多年前，美国的大学生比尔·盖茨从哈佛大学退学创业。我第一次听说这事儿时，心里感到很惊讶。因为在中国，这样的事情很罕见，考上大学特别是名牌大学，代表着身份的改变和阶层的提升，怎么可能轻易就退学呢？

　　与比尔·盖茨同期，还有创立苹果电脑公司的乔布斯和创立甲骨文公司的劳伦斯·埃里森等一批天才人物。他们中的好些人，都没有等到大学毕业或没获得大学毕业文凭，就离开校园出来创业了。他们都非常成功，深刻改变了我们今天的世界。

　　而且，这样一批人，实际上今天正是美国继续保持领先地位的代表。他们是无数青年人的偶像。

　　我现在回顾这段历史，另外有一个想法，比尔·盖茨这一批精英，他们在三十年前的选择，其实就已经预示了高等教育的一个转折点：年轻人利用计算机和互联网，可以不再按部就班地读完大学，完全可能自学成材，还可

能做出来超越大学教育与训练的科研成果。

这种现象早已给大学管理层发出了改革的信号。如果大学再不进行以学生为中心的改革，将会有越来越多有想法、有志向的年轻人提前离校，或者，将有更多的优秀青年人不再读大学。

2．中国大学的传统模式

中国大学在传统上，实际是以教师为中心的。大学里面教什么、学什么、研究什么，完全由老师说了算，学生的发言权很少。这种模式，与儒家的传统有关。"天地君亲师"，中国社会给予老师很高的社会地位，老师代表着权威，尤其是在大学里。

师道尊严当然是对的。但也可能有负面影响，教师的权威地位，有时可能会限制学生的想象力和创造力。我特别佩服美国年轻人的创造力，比如，越战纪念碑设计者林璎（Maya）的故事，动漫情景剧《辛普森一家》（the Simpsons）的原画马特·格朗宁（MattherAbran Groening）的故事，等等。这些故事讲得都是同一个道理：学生所创作的艺术品，因为是学生做的，当时都被老师给予不高的分数，但后来被证明是天才之作。

美国之所以还能保持如此强大的创新活力，可能在文化上，就有着这样的基因。这是我们所特别羡慕的。当然，这并不是说中国或者日本天生就缺少创造力，我们完全也可能超越美国，但我们的教育需要改革。

3．信息科技革命将使传统的高校师生关系模式发生 180 度大转变

今天的信息技术革命带给学生的机遇比老师多，使青年人获得的优势比老师大。因此，在信息技术面前，学习者越是年轻，学习的效果越好，年轻人借助于信息科技，发展得比年纪大的人更快。因此，在信息科技方面，年轻人不再是老师的学生，反过来，年轻学生成为老师。如同在家里，孩子教大人学习手机使用的新功能一样。这就是过去三十多年来，信息技术的发展带给人类社会的新变化。

在这种前所未有的巨大变化面前，年轻人集中的大学受到的影响最明

第二部　時代の変化と大学教育の質保証

显：计算机本科生业余时间在软件市场写程序的收入，高过他们的老师的工资。计算机专业教师的收入，又高于其他文科专业教师的总收入。计算机专业老师评高级职称的年龄，比其他文科院系的教师平均年轻十岁以上。计算机专业教师流动的频率比其他文科院系更高。

　　同时，当计算机和信息技术作为辅助手端，在高校学生中普及之后，学生们学习效率普遍提高。互联网极大帮助了学生收集和整理资料，并通过这些信息熟悉知识和促使研究的深化。此时，教师除了在工作和社会经验上比学生有更多积累外，在收集和整理资料方面，在学习新知识获得最新信息方面，已经没有优势。因此，教师与学生在越来越多的方面没有差异，越来越多的时候，学生还超过老师。因此，学生与老师的关系正在发生着新变化。如果原来的教育模式不变，学生并不会强求老师，而会自己寻找适合自己发展的道路。比尔. 盖茨当年退学的做法，也证明了这一点。美国研究型大学的博士约有一多半中途退学，并非学生不聪明和不努力，而是他们感到继续学下来耽误时间而主动放弃，除非他们想在研究型大学任教，因为大多数学校的入职条件要求有 6 年以上的博士学历和学位。

4. 中国的大学资源，分配在学生发展方面的还较少

　　中国大学资源的分配能够真正花在学生发展方面的比例较少。特别是花费在学生科研方面的预算比较少。因为，中国的大学要花相当大的资源在学生生活方面，如宿舍，食堂，浴室等。还要花费相当大的资源在学生的体育设施和休闲娱乐活动场所上。大学还要维持上述这些设施的运转支付人工费用和水电风暖的成本。此外，中国的大学还有相当大的资源要花在退休职工养老和医疗方面。这些花费在外国高校也许是没有的。所以，中国的大学能真正直接花在学生身上的科研经费就有限了。更为重要的是有限科研经费和资源又不能根据学生的兴趣爱好与特长来花费，而是无差别的平均使用。相比之下，"比尔. 盖茨们"离开校园独立门户时，他所能整合外部资源绝大多数都集中在他的身上，他的时间全部由他所支配，他的科研工作效果就会显著不同。

　　上述这些情况，还仅是从资源分配的角度来看问题，这并非问题的本质，

更为本质的问题还在于，大学计算机专业当时研究领域和工作方向，多数是教授感兴趣的方向，并非学生感兴趣的问题。当年哈佛大学计算机学科所教所学，也不会是比尔.盖茨感兴趣的方向和他想研究的课题，也不是他想要做的工作，他要不浪费时间换取文凭，而作他喜欢的事业，他也只有退学。

我在中国国内也访谈过一位大学退休的老副校长，他那时七十五岁，他对我说，当年他在高校做管理工作时就已经感到，当时的四年大学时间在专业知识训练方面，有两年时间就足够了，另外两年让学生所做的事与专业无关。他认为大学生有两年时间是浪费掉的。他感叹学生的青春时光是多么宝贵啊！但是，就这么浪费了。现今世界上所有大学，依然是四年学制，没有哪所大学改成两年制的。从这个角度看，当年比尔.盖茨提前脱离了哈佛大学的四年学制，他确实没有浪费时间。只有如此，他才能在全球率先做出dos 操作系统，才有今天的微软公司。如果他在哈佛大学读完四年，别人也许会在他之前，做出类似的操作系统而占领市场，那样就没有今天的微软公司，世界也不知道有比尔.盖茨这个名字。

5. 研究生是教授在实验室中的助手

中国的研究型大学中的研究生招生规模比较大，大到学校的学生宿舍、食堂、教室和操场承载的能力。研究生招生规模扩大的冲动来源于教授。教授申请到科研课题经费，就需要有研究生帮助做实验。有些实验是 24 小时不能间断的，所以，这些教授的研究生不放寒暑假，还要日夜轮流在实验室值班。因此，教授申请到的科研经费越多，学校的科研评价指标越好，所需要的研究生规模就越大。由于教授不负责研究生的住宿等生活方面，这些工作全部用学校负责。因此，每个院系每年多招几个研究生，全校加起来就是几百个。硕士生 3 人，博士生 2 人一间宿舍，因此学校就要准备出上百间学生宿舍来。这种情况还不是最主要的问题。

更需要考虑的问题是，教授有兴趣的研究课题，不一定是诸多研究生感兴趣的课题。如此这般整齐划一的科研模式，压抑了研究生科研兴趣的多样化探索，还有碍于研究生毕业找工作的竞争力。目前，中国培养全球规模最大的研究生，但毕业后转行从事其他工作的人数也是最大的吧？中国高校这

种高学历人才与时间的浪费，这是中国发展阶段最大的浪费。

前不久，北大校友屠呦呦教授获得今年诺贝尔医学奖。她在 40 多年前所做的研制治疗疟疾的青蒿素提取工作，为成千上万的疟疾患者带来福音。她不是博士，也不是院士，还从来没有出国留学过。在中国院士头衔与薪酬和资源挂钩的。更重要的是，她获医学诺奖的工作，是她三十多岁做出来的，那时她还不是副教授，更不是教授，只是个中药研究所的普通年轻工作者。

6．中国大学的改革方向

我认为中国大学的改革方向：有以下几个方面可以考虑：

一是，大学课堂教学内容，不再单纯专业知识的完整性为主，更不要以教授的兴趣为主，而要更兼顾学生的兴趣，围绕存在的问题为主。大学课堂所讲授的知识，在传统上比较注重知识的完整性，而忽略了知识的时效性。现在信息科技之后，知识的更新速度加快了，许多技术知识在课堂上还没有讲完，在现实中就已经更新换代了。

二是，大学不在单独关起门来搞科研，而更要整合外部资源，才能跟上技术加快换代的速度。如全球联合进行人类基因组测序，天文观测数据共享，开放性原代码共享，维基百科式知识分享与共建等。这些科学工作的开放与分享，改变了人类对知识的态度和发展方式，节省学习时间，提高学习效率，加快知识发展速度。

三是，大学从本科到博士不应再固定学制。这一点，中国的教育部已经开始着手做这方面的工作了。而根据学生就业方向的不同，缩短或延长学制，并在毕业证书上注明学制年限。例如，毕业从事企业管理工作，博士学制可以 2－3 年毕业。如从事高校教学科研工作，博士学制可以延长到 6－7 年或更长的时间毕业。现在的情况是，无论从事什么工作，都是固定时间毕业，特别是某高校对于延长毕业博士生，还要扣导师的钱，作为惩罚。即节省学生们的时间，发挥学生们的聪明才智，让学生们更有效地做他们喜欢的科研工作。

现在，中国教育部已经开始从事这方面的改进，大学也积极响应。以北京大学为例，现在学校允许学生灵活学制，本科生在校期间，可以休学出去

创业，只要每年回来注册，就可以保留学籍，待将来回来继续完成学位。

三是，中国由于还有户口制度，在北京大学的毕业生，不参加就业，选择在京创业的话，学校在一定期间内，保留毕业生的户口。过去通常的做法是，毕业生在京不就业而创业者，学校将其户口迁出北京落到其原籍。

四是，学校还鼓励网上开放课堂（幕课，mooc），学生可以在网上上课。因此，学生在野外实习或调研，只要有通讯信号，用手机就能上课。学生在出国进修时，也可以通过"幕课"回到国内校园的课堂。

五是，学校还提供给学生免费使用的带有孵化器功能的科研平台，不但提供办公空间，还引进外部天使投资或风险投资，对学生的科技开发项目给予资金扶持（如学校校友会创办的中关村创业大学北大创业训练营，如校友采用"众筹"方式创办的 1898 咖啡馆等，以及在全国多个省区开设的分支机构）。

六是，学校还积极在中国其他省区与各级地方政府及企业合作，开办科技创业平台，将校内外人才、金融、实验空间及市场推广等资源进行整合，形成了单独依赖校内资源难以完成的科技平台。在这些平台上，人才，科技与金融及市场充分接合，形成一个比较完整的闭环链条。

以上，我向大家介绍了一些情况，和我自己的一些想法。总的来说，我认为大学改革的方向，必须是以人为本的、以学生为中心的。今天的大学已经被赋予了很多社会功能，但永远不能迷失和放弃自己的根本，大学必须把最主要的精力用在人才培养方面。在信息化的时代里，大学要更加尊重学生、尊重年轻人，想尽一切办法使他们获得更多资源与机会，让他们的创新活力被激发出来。这就是我们改革的最终目的。

谢谢大家！

（2015 年 10 月）

第三部
大気と水資源と建造物

中国传统水文化的时代价值

中国伝統的な水文化の現代的意義

宋　豫秦

【日本語要約】現在、農業文明の時代から工業文明の時代へ転換しようと
している中国が、今後さらに生態文明の時代への転換を実現するためには、
技術面と制度面の改善を重視するだけでは不十分であり、伝統的で素朴な
生態文化の持つ優れた要素を取り入れていかなければならない。本稿では、
伝統的な農業生産や伝統的な社会生活との関係から伝統的な水文化に焦点
を当て、その現代における意義について論じる。

第三部　大気と水資源と建造物

1992 年联合国环境与发展大会之后，中国在全球最先出台了《中国 21 世纪议程》，之后又将"科教兴国"与"可持续发展"这两大战略作为基本国策载入宪法。近年来，中国制定的诸多发展战略，如"节能减排"、"循环经济"、"两型社会"（资源节约型和环境友好型）、"低碳经济"，加之连篇累牍的环境法律法规政策条例，无不令世人瞩目，而就其成效而言，可谓既功不可没，又难尽人意。

中共"十八大"提出"将生态文明建设放在突出地位，融入经济建设、政治建设、文化建设、社会建设各方面和全过程"，这一新的重大战略决策，彰显了中国党和政府的执政新思维，也是对人类社会可持续发展所作出的新贡献。

然而，在中国这样一个正在由农业文明时代向工业文明时代转型的国度，如何实现向生态文明时代的转型？面对这一复杂、艰巨的时代命题，我们又该从何入手？

2500 年前，孔子曾经说过："礼失而求诸野"，表达出他对夏商周三代传统文化的重视和向往。原中国国家环保局副局长张坤民则指出：要从根本上解决中国的环境问题，仅靠技术手段难以奏效，而必须从中国传统生态文化中寻求智慧的能量。

中国生态脆弱带广布，自古自然灾害多发，但却是世界上唯一文明延续4000 余年且一脉相承的国度。这一现象发人深思。我们认为，中国生态系统之所以能够维系超强的承载能力和抗干扰能力，当与中国古代先民具有朴素的生态文明意识并付诸于生产生活实践密切相关。

传统生态文化作为中国传统文化的有机组分，立意高远，内涵丰富，实践性强，投入产出比高。正因为如此，中国国家环境保护部原总工程师万本太认为："没有生态文化的土壤，就不会结出生态文明建设的硕果"。

我们认为：在中央高度重视传承创新华夏历史文明之际，在向生态文明时代转型的起步阶段，挖掘并弘扬中国古代朴素的生态文明元素，不仅具有很强的理论意义，而且具有很强的实践价值，甚至应该将其视为生态文明建设的重点和切入点。

目前我国人均水资源约 2100 立方米，但人均实际可使用量仅 900 立方米，已经低于国际组织颁布的人均 1700 立方米的国际水资源紧张临界值和

人均 1000 立方米的缺水警戒线，水资源短缺已经成为制约中国健康发展的重大瓶颈。遗憾的是，多年以来，我国在"开源节流"方面主要依靠技术改进、工程措施和政策法规，却几乎完全忘记了传统水文化的时代价值。

水乃生态系统的物质之本，文化乃文明社会的精神之本，传统的"水＋文化"与当代的"生态＋文明"正相关。水文化作为中国朴素生态文明的重要元素，不仅渗透到中国传统社会的哲学观、道德观等精神层面，而且融入到了历史时期社会生产生活的各方面和全过程，甚至成为人们的行为准则，具有"知行合一"的特点。就此而言，我们理当将水文化研究从精神文化层面拓展到生产生活领域，使水文化研究成为促进生态文明建设由"必然王国"迈向"自由王国"的驱动力。

我国的水文化广泛存在于内地汉族历史文化和边疆少数民族文化之中，具有多样性、普适性、简朴性、绵延性等特点。

水文化在我国古代城市生态建设中有充分的体现。我国历史城市荟萃了丰富的生态内涵，特别重视城市与山水在空间上的和谐共生，也特别善于利用城市所处区域水生态系统的服务功能。例如北宋首都汴京（今开封）即有"一城宋韵半城水，梦华飘溢伴汴京"之美誉。还有许多古代城市亦然：

苏州：水道脉分卓鳞次，里闾棋布城册方
杭州：水光潋滟晴方好，山色空蒙雨亦奇
南京：据龙蟠虎踞之雄，依负山带江之胜
常熟：七条琴川皆入海，十里青山半入城
济南：四面荷花三面柳，一城山色半城湖
桂林：群峰倒影山浮水，无山无水不入神
肇庆：借得西湖水一圜，更移阳朔七堆山
重庆：片叶浮沉巴子国，两江襟带浮图关

水文化在我国传统农业生产中也有充分的体现。我国西北黄土高原土壤堆积巨厚，受流水和风力侵蚀作用导致地貌千沟万壑、支离破碎。于是，古代先民便在沟壑下端修筑拦截流水和泥沙的堤坝。此法既可阻止大量表土被带入黄河，还可涵养水源，并使沟壑变为良田。

第三部　大気と水資源と建造物

　　唐宋以来我国东南沿海地区的先民大规模兴建了多处御咸蓄淡工程，如浙江鄞县它山堰、丽水通济堰、福建莆田木兰陂。这些工程均带来了良好的拒咸蓄淡、排水泄洪、农业灌溉等综合效益，对沿海地区的经济开发和社会发展发挥了重要作用。

　　云南红河哈尼族的梯田自唐宋以来已经延续一千多年，是水资源在南方山区农业生产中循环利用的典范，令人叹为观止。今年，云南红河哈尼族梯田被批准纳入世界文化遗产名录。

　　新疆坎儿井是通过地下渠道使地下水自流到地面的供水系统，由竖井、暗渠、明渠、蓄水池等组成。在夏季极端炎热又常年缺水的戈壁沙漠环境中，坎儿井这种供水方式有效减少了水资源的渗漏和蒸发，还省却了渠道维护之劳。

　　水文化在我国传统社会生活中同样有充分的体现，尤其在雨水收集方面更体现得淋漓尽致。

　　关中地区传统民居流行"一面坡"式屋顶，即所有房屋的屋顶均朝院内倾斜，其目的是使屋顶的雨水和雪水汇集于院内的水窖。

　　南方地区的庭院建筑流行"四水归堂"式布局，即通过四合院内的"天井"将雨水聚集到院内的水池之中，有些居民还将聚集的雨水储存于大缸中，名曰"太平缸"或"太平池"，以备日常使用和消防灭火。浙江临安一个古镇的主街路面之下建有雨水储存设施，其功能是储备消防用水。

　　西双版纳降雨丰沛却地广人稀，但令人惊异的是，傣族自古以来保持着节约用水的传统。例如，他们在各户水田和水渠连接处，根据水田多少和距离主渠的远近，安置一个个通往各处的分水竹筒。竹筒粗细不一，水田面积大和距离远的竹筒较粗，反之较细。

　　北京团城的雨水下渗工程堪称中国古代雨水收集的典范，而且在今天仍具有广泛的推广应用前景。团城地表虽高出北海湖面5.64m，但城内松柏却棵棵根深叶茂。其因在于，团城设计者虑及树木根系远离地下水位，所以在城内巧妙地构筑了雨水收集设施，其结构是：地表所铺青砖为楔形，上宽下窄，通过这些楔形砖之间的缝隙、地面布设的石板雨水口以及埋于地下的涵洞，便可将城内雨水全部渗入地下。据悉，2012年夏季北京发生特大暴雨时，团城城内的雨水仍全部渗入地下。

总之，中国传统生态文化中蕴藏着丰富多样的生态文化精华，既有意识形态层面的，也有生产生活层面的，因具有"知行合一"特点而有着很强的应用价值，不乏产业化发展的潜力。换言之，如果我们能够使传统水文化的精华在全社会的生产生活和生态建设实践中得以普及，其综合效益无疑远非"南水北调"一类远距离调水工程可比拟。因此，我们既要继续注重技术手段和制度手段的完善，还应认真汲取朴素生态文化元素的精华，使其在当前的生态文明建设中发挥独特作用，作出重大贡献。

中国农村水环境问题及治理技术

中国農村部の水環境と保全技術

籍 国東　張 岩　王 紅雷

【日本語要約】中国では農村部の都市化の加速および急速な経済発展に伴って、農村部の水環境問題が次第に関心の的となっている。本稿は中国農村部の水環境問題の分析を試みるものである。特に、農作物、樹木、果樹、薬用・観賞用植物の栽培や、養殖、廃棄物および生活汚水などによる水環境汚染の構造と原因について述べ、農村部の水環境の改善技術と対策について紹介する。

第三部　大気と水資源と建造物

1. 引言

水环境问题是中国最为重要的环境问题之一，而水环境问题的核心为水污染问题。中国改革开以来，对于水环境问题的关注主要集中在城市[1]。近年来，随着农村社会经济的发展和城镇化进程加快，农村居民生活水平大幅提高，农业生产使用的化肥、农药大幅增加，畜禽养殖总量不断扩大，农村生活污水和垃圾排放量增多，使得农村水环境问题日益突出，如何有效的控制和防治农村水环境污染成为社会普遍关注的焦点问题[2]。然而，农村无论是经济还是技术远不及城市，水环境治理是一个薄弱环节。当前，农村社会经济快速发展，对农村水环境治理也提出了新的要求，开展农村水环境治理，已成为保障农村居民生活质量、饮用水安全和水环境质量的现实需求。

本文在分析中国农村水环境问题现状的基础上，重点阐述了种植业、养殖业、农村废弃物和农村生活污水等不同类型水环境污染源的构成及成因，介绍了保障中国农村水环境安全的治理技术模式及对策措施。

2. 农村水环境污染构成分析

目前中国有乡镇 4.5 多个，居住在农村的人口有近 7 亿人。由于农村居民生活习惯的差异，以及经济发展不均衡，农村水环境污染物存在自东向西递减的空间差异[1-3]。不同地区对农村源污染物的处理和利用程度不同，使得不同地区污染源构成和贡献比也存在差异[3]。

2012 年中国环境质量公报显示，中国农村地区地表水饮用水源地水质主要超标指标为氨氮、总磷、五日生化需氧量、高锰酸盐指数和溶解氧，而总氮为湖泊水库和地表水饮用水源中的首要超标指标[4-6]。据调查，这些污染物的 40-70% 来源于农村地区的养殖业、种植业、生活废弃物和生活污水[2]，一些重点流域，如太湖、巢湖、滇池、三峡库区等，进入地表水体的总氮和总磷中的 84%-90% 来自农村（图1）[2]。

第一次全国污染源普查结果显示，农村水环境污染严重，农村源主要污染物，如化学需氧量、总氮、总磷分别达到 1324、270、28 万吨，分别占

图 1　中国农农村生活源、养殖业和种植业污染物排放量

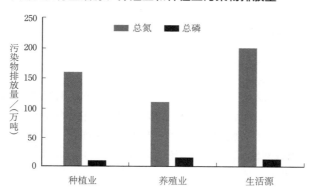

（不包括巢湖、太湖、滇池和三峡库区流域，数据来自 2012 年中国环境质量公报）

图 2　中国农村生活源污染物排放量

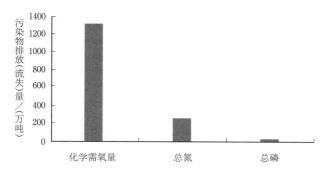

（不包括巢湖、太湖、滇池和三峡库区流域，数据来自 2012 年中国环境质量公报）

全国总排放量的 43.7、57.2、67.3%[2]。2007 年，中国农村种植业氮、磷流失量分别为 160 万吨和 11 万吨[4]。2009 年，全国农村农药使用量为 171 万吨，较 2007 年增加了 2.2 %[5]。2007 年，规模化畜禽养殖业污染物排放量占农村源污染排放量的 84.9 %[5]，农村畜禽粪便处理利用率仅为 36.7 %；农村生活污水排放量达 343 亿吨，其中化学需氧量 1108 万吨，总氮 202 万吨，总磷 14 万吨，氨氮 149 万吨，石油类（含动植物油）73 万吨

（图 2）[4]。

3. 农村水环境污染成因分析

种植业

中国是世界上最大的农药、化肥使用国，化肥、农药的使用是提高土地产出水平的重要途径，而这种"现代化"的农业生产也是农业污染的重要来源。调查发现，中国农村氮磷等污染物主要来自于种植业，安徽省宣城市农业化肥使用调查数据显示，该市化肥使用量由 2005 年 10 万吨上升到 2013 年 14 万吨，其中以氮肥居多 [4,7,8]。高强度施肥导致大量氮磷随雨水径流进入水环境，造成水体中营养盐比例失衡，进而引起水体富营养化等水环境问题。随着农业病虫害及抗药性的增强，农药的使用量也逐渐增加。据统计，2009 年全国农村农药使用量为 171 万吨，较 2007 年增加了 2.2% [9]。残留的农药通过各种途径进入农村水环境，威胁农村居民身体健康和饮用水安全 [9]。

养殖业

随着畜禽养殖数量及规模的逐渐增大，养殖业带来的水环境污染越来越凸显，直接威胁农村水环境健康和居民饮用水的安全。许多农村地区的畜禽养殖以中、小规模为主，养殖业趋于集中化，而养殖场由于缺乏相关技术指导，养殖废弃物处理技术相对落后，利用率和污染无害化程度仅为 36.7 % [4]。调查显示，北京近郊禽畜养殖场排放的有机物污染，相当于全市工农业生产污水和生活废水中所含的有机污染物的 2-3 倍 [1,4]。浙江省金华市的畜禽业，每年至少产生粪尿排泄物量 250 万吨，综合利用的占 69%，年产养殖废水 786 万吨，有效处理率更低 [10]。

生活废弃物

随着农村生活水平的提高，农村有机垃圾的产生量不断增多。调查显示，山西省长治市农村每人每天产生 0.5 kg 垃圾，全市 240 万农村人口每年产生 438 万吨生活垃圾 [10]。然而，由于技术经济水平、规划性缺陷等原因，生活垃圾的处理率较低，仅有少数农村粪便和厨卫垃圾进行发酵处理后作为

有机肥利用。在降雨集中的部分农村地区，随地表径流进入农村水环境的有机物、氮磷等流失量较大。农村生活废弃物的低处理率，以及污染物的高流失率已成为中国农村水环境面源污染的重要原因之一。

村镇生活污水

由于中国农村生活污水的收集管网和处理设施尚不完善，分散、无序排放使得农村生活污水的排放量逐渐增加[3]。农村生活污水的产量、成分、污染物浓度大小，与农村居民的水资源占有情况、生活水平和生活习惯等有关，不同地域农村居民生活污水产量和水质情况也不尽相同。当前，农村生活污水来源主要包括：(1) 洗涤污水，如洗漱、洗澡、洗衣、拖地废水等；(2) 厨房用水，如洗菜、淘米、刷锅、刷碗废水等；(3) 冲厕废水，由于农村中大部分为旱厕，冲厕废水产生的量较少；(4) 牲畜用水及窝棚洗刷水。此外，农村生活固体垃圾堆放，以及牲畜和人的粪便作为农家肥堆放产生的沥滤液也是农村生活污水的重要来源。

4. 农村水环境治理技术对策

种植业

(1) 调整施肥品种结构

化肥的使用在农业生产过程中占有较大比重，在治理农村种植业所引起的水环境污染时，首先调整施肥品种结构，科学合理选择肥料种类、施肥时间和方法，大量推广缓释肥料以降低肥料的溶解速率，增加作物对养分的吸收，提高肥料利用率。同时，结合种植物秸秆还田、桑基鱼塘等循环模式[11]，以及复合人工湿地等经济高效的农田退水净化系统，鼓励施用有机肥、高效复合肥和生物肥料等新型肥料代替无机肥。

(2) 实施测土配方施肥

中国许多农村地区地形气候复杂，土壤肥力水平差异大，因此，在农业生产过程中，根据实地调查得到农田养分背景情况，推广以土壤测试和肥料田间试验为基础的测土配方施肥。农田测土配方施肥的实施有助于减少养分的损失，同时结合当地地形构建排水渠或沟槽，使得农田污水得以集中处理，

第三部 大気と水資源と建造物

进一步降低种植业污染。

养殖业

畜禽粪便是农业生产活动中重要的生产资料，作为特殊的污染物，养殖废水按照减量化、资源化、无害化原则，优先考虑综合利用，因地制宜地采取适宜的废水处理模式。目前，中国农村集约化养殖粪污处理模式主要包括以下三种：

（1）清洁能源模式

当地能源需求量大，且有足够可供施用的土地资源时，采取以获取沼气能源、将沼液沼渣进行资源化利用为目的的模式。该模式通过格栅、沉集池等设施对畜禽粪水进行预处理后，采用厌氧反应器将污染物转化为沼气，而反应产生的沼液沼渣可用于农田种植作物的有机肥料使用。

（2）消减污染模式

在能源需求不大的地区，采取以污染物无害化处理、降低有机物浓度为目的的模式。该模式对畜禽废水进行厌氧反应前，对废水首先进行固液（干湿）分离，然后再对固体粪渣和废水分别处理。

（3）资源化混合模式

在能源供求矛盾突出，且周边没有足够的可供消纳沼液沼渣土地的农村地区，对畜禽废水进行固液（干湿）分离和厌氧处理后，对沼液进行深度处理，以进一步降低出水污染物浓度，利于资源化生态化利用。

生活废弃物

（1）实行垃圾分类管理

解决农村垃圾处理问题，重在强化环保意识，引导农村居民积极参与村镇环境的整治。实行生活垃圾科学分类是进行生活垃圾回收和资源化的基础，而生活垃圾中的残菜剩饭、果皮菜类叶等不需要深度处理的污染物，可直接堆肥生产有机肥料。此外，在农村垃圾的收集、运输和治理过程中，明确了农村垃圾管理机构，权责分明，根据各地的特点加大农村生活垃圾处理的经费投入，配备足够数量的垃圾收集容器和运输设施，并进行有效管理和使用。

（2）实施集中收集处理

由于不同地区农村在气候、经济等方面存在差异，所排放的垃圾种类和数量不同。对垃圾的处理需要人力、物力和财力支持，不同地区能够对垃圾的处理程度有所不同。农村垃圾处理，选择技术成熟可靠、设施简单、投资省、运行维护方便及运行成本低的治理技术。另外，在垃圾处理过程中，落实"村收集、乡镇运输、县（区）集中处理"的垃圾收集处理模式，统一收集、统一运输、集中处理。

村镇生活污水

村镇生活污水治理采取分散化、小型化治理模式，技术上则要求工艺简单、净化效果好、投资省、能耗低、运行维护简单。目前村镇生活污水处理主流工艺为生物生态集成技术方法，该方法具有耐冲击负荷强，低成本，生态化，高效率，少维护，景观效果佳等特点。

（1）生物技术

常用的生物技术包括生物接触氧化技术、膜生物反应器技术、多介质生物滤池技术。其中，生物接触氧化技术通过在生物反应池内设置填料，在曝气条件下，将污水引流经过填料，以便与填料上的生物膜充分接触，在微生物的新陈代谢作用下使污水得到净化；膜生物反应器技术综合了现代膜分离技术与生物技术，它利用膜分离装置将生化反应池中的活性污泥和大分子有机物有效截留，使生化反应池中的活性污泥浓度大大提高，实现水力停留时间和污泥停留时间分别控制，将难降解的大分子有机物截留在反应池中不断反应、降解；多介质生物滤池技术借鉴介质过滤、生物滤池和接触氧化法的优点，综合了过滤、吸附、生物硝化反硝化和微生物机体代谢等多种工艺，通过具有高比表面积等特殊结构的多种滤料内部固定大量有益微生物，形成具有层次结构的生态系统[12]。

（2）生态技术

生态处理技术能够利用并强化微生物及基质 - 植物稳定生态系统的净化功能，使得污染物在生态系统物质循环中进行降解，同时使污水中的能量逐级充分利用。在布局分散的农村地区，生态处理技术由于耗能少、工艺简单、费用低、处理效果好且滋生蚊蝇少等特点而得到应用[13]；目前，应用最为

第三部　大気と水資源と建造物

广泛的生态处理技术为人工湿地技术，该技术主要用于农村面源污染控制及生活污水深度处理领域，它通过人为控制湿地结构和功能来强化生态治理效果，同时充分发挥资源再生潜力，防止污染物对环境的再污染。通过不同类型人工湿地处理工艺的组合，可以实现对农田退水、径流雨水等多种污水的有效处理[13]。

（3）生物生态集成技术

水环境治理技术不同，实施和运行的方式也有所差异，通过不同类型治理技术的耦合和优化，充分发挥其技术特点，可解决单体工艺处理技术的不足，强化整体处理工艺，这在中国农村特别是污染类型复杂及污染严重的地区具有重要的实践意义。如生物技术与生态技术的组合实施[14]，不仅能够大大降低污染物的浓度，而且对于当地景观环境的改善起到了促进作用。在中国南方和北方地区，通过将经济易得的红壤或火山岩作为人工湿地填料，不仅可以节省经济成本，还可以有效提高磷的去除效果[12]。成功应用的组合工艺主要有：微动力多介质生物滤池 - 潮汐流人工湿地、太阳能微动力生物滤池 - 潜流人工湿地、生物接触氧化 - 人工湿地等，这些集成技术模式用于处理农村生活污水的工程实例已屡见不鲜[14]。

5. 结语

农村水环境问题关系到农村居民身体健康及饮用水安全，保护农村水环境已成为推动中国农村社会经济健康发展的标志。当前，中国农村水环境问题日益凸显，主要污染物来源于种植业、养殖业、农村废弃物和农村生活污水，其形成原因较为复杂，涉及多方面因素，当前形成的农村水环境治理技术模式，对改善农村水环境、保障农村饮用水安全，促进中国农村社会经济可持续发展已发挥重要作用。

参考文献

[1] 宋丰明，李长有. 农村水环境污染控制及修复 [1]. 江苏农业科学, 2012, 40（3）:

330-332.

[2] 中华人民共和国环境保护部. 三河三湖水污染防治计划及规划 [M]. 北京：中国环境科学出版社，2000.

[3] 中华人民共和国环境保护部，中华人民共和国国家统计局，中华人民共和国农业部. 第一次全国污染源普查公报. http://www.stats.gov.cn/tjgb/qttjgb/qgqttjgb/t20100211_402621161.htm.

[4] 王有宁，赵丽艳，鲁磊安. 农业面源污染解析及其空间异质性分析 [J]. 农村经济与科技，2014，25(7)：6-9.

[5] 马国霞，於方，曹东 等. 中国农业面源污染物排放量及中长期预测 [J]. 环境科学学报，2012，32(2)：489-497.

[6] 中华人民共和国环境保护部. 2012 年中国环境质量公报. http://www.mep.gov.cn/gzfw/xzzx/201403/P020140312404905083358.pdf

[7] 王有宁，赵丽艳，鲁磊安. 农业面源污染解析及其空间异质性分析 [J]. 农村经济与科技，2014，25(7)：6-9.

[8] 王云. 宣城市农业面源污染现状及防治建议 [J]. 基层农技推广，2013，1(11)：23-25.

[9] 中华人民共和国国家统计局. 环境统计数据. http://www.stats.gov.cn/tjsj/qtsj/hjtjzl/index.htm

[10] 付丽霞，李云乐. 农业面原污染的现状、问题及对策探析 [J]. 食品安全质量检测学报，2014，5(7)：2285-2289.

[11] 张健，窦永群，桂仲争 等. 南方蚕区蚕桑产业循环经济的典型模式—桑基鱼塘 [J]. 蚕业科学，2010，36(3)：470-474.

[12] 籍国东，谢崇宝著. 污水多介质生态处理技术原理. 北京：科学出版社，2012.

[13] Zhi W, Ji GD. Constructed wetlands, 1991-2011: A review of research development, current trends, and future directions.Science of The Total Environment, 2012, 441 (15): 19-27.

[14] 李仰斌主编. 农村饮用水源保护及污染防控技术. 北京：中国水利水电出版社，2010.

[15] 李仰斌主编，谢崇宝，籍国东副主编. 农村生活污水处理技术研究与示范. 北京：中国水利水电出版社，2010.

日本の大気汚染の改善の歴史

秀島武敏

　筆者は桜美林大学リベラルアーツ学群で化学を担当しているが、2010年4月から2013年3月まで桜美林大学環境研究所長を務めていた。その関係でこのテーマを担当することになったのだが、実は環境問題は専門ではない。本来の専門は生物物理化学で、研究内容は「生体の振動反応」についてであり、中国語の訳本も出ている。

　本稿では、日本、特に福岡県北九州市がどのようにして大気汚染を克服してきたかについて述べてみたい。

1.　小学生時代の思い出

　筆者の生まれは九州の佐賀県であるが、27歳で大学教員になるまではほとんど隣の福岡県福岡市で過ごした。米軍の基地があった板付飛行場の近くに住んでいたので、戦闘機の爆音には悩まされていたものの、福岡市では大気汚染はさほど感じていなかった。小学校の5年生のとき、初めて同じ福岡県の北九州市を訪れた。北九州市は5つの市（門司市、小倉市、八幡市、戸畑市、若松市）が合併してできた政令指定都市であり、当時九州では最大の都市になっていた。八幡製鉄（現新日鉄住金）などの大きな工場があり、長大な煙突が林立して七色の煙といわれるものがもくもくと

第三部　大気と水資源と建造物

写真1　1960年代の北九州市

左上・1960年代の北九州の空／右上・1960年代の洞海湾／
左下・1960年代の紫川／右下2点・工場の排水

上がっていた。七色の煙は発展の象徴ともいえるものであったが、それはまさに大気汚染の根源であり、ひどいときには0.5メートル先も見えないということだった。工業の発展が最優先され、健康被害などの対策は後回しにされていた時代である。

　水質汚染の典型的な場所が洞海湾だった。クルマエビや鯛など水産資源に恵まれた洞海湾は、1901（明治34）年以降の工場進出から周辺の都市化が進むにつれ漁獲高が急速に減少した。工場排水によって死の海となっていったのである。

　1901年、官営八幡製鉄所が設立され、北九州には製鉄業を中心とした重化学工業が立地した。第二次世界大戦後、それら工場の活動は日本の経済成長とともに活発化していった。当時、工場からの煙は北九州の繁栄の象徴でもあったのである。その一方で、1950年代以降、工場から排出されるばい煙やガスはすでに工場近くの住民に影響を与えていた。しかし、当時は公害に対して市民や企業だけでなく、行政も汚染源や排出量などの

写真2　1960年代の北九州市周辺の環境被害

小学校の腐食した雨樋とばいじんで　　小学校が廃校になった
黒くなった子供　　　　　　　　　　　ニュース

実態を十分には認識していなかった。写真1は、1960年代の北九州市の空、洞海湾の様子、違法建築が並ぶ紫川、工場の排水、続いて写真2は、腐食した学校の雨樋、大気汚染がひどくて廃校になった小学校の廃校の新聞記事である。

2.　日本の四大工業地帯

　北九州工業地帯は他の3つの工業地帯と合わせて四大工業地帯と呼ばれていた。第二次世界大戦後の日本は、これらの工業地帯を中心に発展してきた。この四大工業地帯とは、
・京浜工業地帯
・中京工業地帯
・阪神工業地帯
・北九州工業地帯
を指し、すべて太平洋ベルト地帯にある。
　これらのすべての地域で、大気汚染、水質汚染の問題が発生していた。写真3は京浜工業地帯の東京、中京工業地帯の四日市市の大気汚染の状況を示したものである。四日市では「四日市喘息」と呼ばれる疾病が起き、住民が訴訟に訴える事態になった。

第三部　大気と水資源と建造物

写真3　東京、四日市の大気汚染の状況

東京の大気汚染

四日市の大気汚染

3. 日本の大気汚染の歴史

本節では、日本全体で大気汚染がどのように問題になり、改善されていったかについて述べる。

(1) 第二次世界大戦以前

日本における大気汚染の歴史は、欧米の近代化を目標に殖産興業政策が推進された明治時代（1868-1912年）の初期にまで遡る。明治維新後の当初、近代産業を牽引する中心的な役割を果たした紡績業や銅精錬業、製鉄業の規模が次第に拡大する明治年間から大正年間（1912-1926年）にかけては、これらの工業が立地した地域で著しい大気汚染が発生している。

・1890年頃　足尾銅山鉱毒事件（栃木県）
・1900年頃　別子銅山煙害（愛媛県）
・1910年頃　日立鉱山煙害（茨城県）
・1880-1920年頃　工場立地による局所的大気汚染
・1880-1932年　公害反対活動と大気汚染防止装置

(2) 高度経済成長期前半の大気汚染（1945-1964年）

第二次世界大戦後の石炭を主要エネルギーとした工業復興は、各地で降下ばいじんや硫黄酸化物を主とする大気汚染問題を引き起こした。

・1955-1964年　高度経済成長による大気汚染
・1960年代前半　四日市の大気汚染
・1962年　煤煙の排出の規制に関する法律の成立

(3) 高度経済成長と公害の激化（1965-1974年）

「産業発展のためとはいえ、公害は絶対に許せない」とする国民世論が急激な高まりをみせ、ようやく公害対策に関する施策が総合的に進められることとなった時代である。

・1967年　公害対策基本法の成立
・1968年　大気汚染防止法の成立
・1969年　二酸化硫黄（SO_2）に係る環境基準の設定と達成に向けた様々な対応策
・1970年　光化学スモッグの頻発

第三部　大気と水資源と建造物

・同　年　公害国会の召集
・1971 年　環境庁（現環境省）の発足
・1972 年　四日市公害裁判の判決
・1973 年　公害健康被害補償法の制定
・1974 年　硫黄酸化物（SO_X）総量規制の導入
（4）石油危機と安定経済成長期以降の大気汚染（1974-1984 年）

　硫黄酸化物対策を中心とする産業公害型の大気汚染対策の着実な進展と反対に、この時期問題が顕在化してきたのが都市・生活型の大気汚染である。その発生源は、工場・事業場のほか、無数ともいえる自動車等の移動発生源であり、汚染物質としては窒素酸化物がその代表的なものである。
・1978 年　日本版マスキー法（自動車排出ガス規制）の実現
・同　年　二酸化窒素（NO_2）の大気環境基準の改定
・1981 年　窒素酸化物（NO_X）総量規制の導入
（5）都市・生活型大気汚染（1985 年-）

　環境政策の全体的な進展、企業による高度な公害防止技術の導入、省資源・省エネルギーの努力とあいまって、この時期に入ると集中立地型の産業公害は沈静化した。SO_2 濃度の年平均値はさらに下がって、ほぼ 0.01ppm（概ね環境基準の 2 分の 1）レベルになった。しかし改善ないし横這いの傾向にあった窒素酸化物による大気汚染については、1985 年以降になって環境基準達成状況の悪化が明らかとなった。
・1987 年　公害健康被害補償法の一部改正
・1992 年　自動車 NOx 法の制定
・1996 年-　有害大気汚染物質に対する環境リスク対策

4.　北九州市の汚染対策

　北九州市の大気汚染問題に関して最初に立ち上がったのは旧戸畑市の婦人会であった。当時はまだ公害の健康被害が一般にはよく知られておらず、環境対策より経済発展が優先されるような時代であったが、「青空がほしい」というスローガンのもと、婦人会で学習会を開き、直面する問題にど

う対処するか検討していった。また大学などの専門家の指導により降下ばいじんを測定する独自の測定を行い、その調査結果などをもとにして工場に改善を迫った。

他方マスコミも公害に関する報道に熱心に取り組み、公害被害や市民、行政、企業の公害対策を伝えた。この婦人会の活動やマスコミ報道により、公害の実態が社会に知られることで、市民、行政、企業の環境への意識が向上し、それによって行政や企業の環境対策への取り組みが強化されていった。

北九州市が発足した1963（昭和38）年に、市は行政指導の一環で「工場診断」を実施し、燃焼効率の改善や集塵施設の管理などについて指導した。降下ばいじんは1965年を境に徐々に下降していった。最終的に降下ばいじん対策として最も効果的だったのは石炭から石油へのエネルギー転換であり、それによって降下ばいじん量は減少し始めたものの、石油使用量の増加に伴い二酸化硫黄濃度が増加した。1969年には、日本で初めてのスモッグ警報が発令された。警報は翌年にかけて計13回発令され、このような状況に危機感を持った市当局によって工場立入りや指導が行われ、操業縮小や低硫黄燃料への切り替えなどが強制された。

企業は、生産工程の改善や汚染物質の除去処理施設の設置、工場緑化などの対策を講じた。これらの対策を進める上で、排水・排ガス処理などの排出口での対策技術だけでなく、製造施設や工程の改善、省資源・省エネルギーを徹底することにより公害対策を行うクリーナープロダクション技術（低公害型生産技術）を導入していった。これは、環境改善だけでなく生産性を向上させる経済的効果をもたらした。

このような市民・企業の動きと並行して、北九州市は公害問題に対処していくための公害対策組織の整備や公害防止条例の制定、企業との公害防止協定の締結、下水道・緑地の整備、廃棄物焼却工場や処分場の整備、被害者の救済など、画期的な環境対策を実施していった。さらに洞海湾では、水銀などの有害物質を含むヘドロの大規模な浚渫を行った。

市民・企業・行政は、ある面では対立しながらも、公害問題を解決していくという共通の課題に向けて、それぞれの役割分担のもとに一体になっ

第三部　大気と水資源と建造物

写真4　洞海湾の水質改善の様子

左より大戦直後（1945）、
最も汚染の激化した時期（1968）、
公害対策基本法成立後（1972）、
改善途中（1975）、
改善後（1986）

写真5　現在の北九州市の状況

左より北九州市市街地（上空の空）、紫川、洞海湾

て対策に取り組んだ。例えば、これらの代表により公害対策審議会を組織し、対策の策定段階から十分な意見交換を行い、信頼関係を構築した。このような市民・企業・行政が一体となった公害問題への取り組みにより、洞海湾の水質は大幅に改善され、現在では100種類を超える魚介類の生息が確認され、大気の状態も多くの野鳥が飛来するまでに回復した。

　写真4は洞海湾の水質が改善されていく様子を示したものである。写真5は現在の北九州市の様子を示したもので、1960年代と比べると、大気汚染と水質が大きく改善されたことがわかる。

　1992年に北九州市は環境汚染改善の努力が認められ、国連の地方自治体表彰を受けている。

5. 大気汚染物質とは

本節では大気汚染物質とは何かについて考えてみる。

(1) 硫黄酸化物 (SO_X)

二酸化硫黄 (SO_2) と三酸化硫黄 (SO_3) は、主に不純物として硫黄を含む石炭、石油などの化石燃料の燃焼によって発生する。化石燃料中には0.3-7%程度の硫黄が含まれている。

SO_2 の大部分は空気中の酸素によりゆっくりと酸化されて SO_3 に変わり、大気中の水滴と反応して硫酸となり、ミストとして大気中に浮遊する。以下の化学式で、・(ドット)はラジカルな分子を表している。

$$\cdot HO + SO_2 + M \rightarrow HOSO_2 \cdot + M$$
$$HOSO_2 \cdot + O_2 \rightarrow HO_2 \cdot + SO_3$$
$$SO_3 + H_2O \rightarrow H_2SO_4$$

大気中の二酸化硫黄に関しては、1970年には年平均で0.03ppmを超え、環境基準である日平均値0.04ppmも達成できない状態にあった。しかし、石油・石炭燃料の脱硫装置の義務付けなどの規制により、1970年以降、急激に大気中の二酸化硫黄濃度は減少し、1980年代には年平均で0.01ppm以下となった(図1)。この値は先進国の中でも最も低い濃度であり、二酸化硫黄の減少に成功したといえよう。

(2) 窒素酸化物 (NO_X)

一酸化窒素 (NO)、二酸化窒素 (NO_2)、亜酸化窒素 (一酸化二窒素) (N_2O)、三酸化二窒素 (N_2O_3)、四酸化二窒素 (N_2O_4)、五酸化二窒素 (N_2O_5) などの物質を窒素酸化物と呼び、まとめて NO_X という。窒素は反応性が乏しい物質だが、人為的には窒素と酸素を高温(2000℃)で反応させると一酸化窒素 (NO) が発生する。自動車のエンジンにおけるガソリンの燃焼や、火力発電所における重油の燃焼によって発生するのである。

図1　先進国の二酸化硫黄濃度

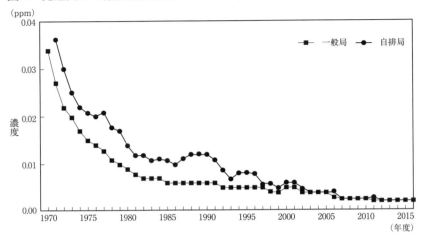

自排局：自動車排出ガス測定局　　一般局：一般環境大気測定局
1970年以降、急激に大気中の二酸化硫黄濃度は減少
出典：環境省「平成28年度大気汚染状況について（報道発表資料）」

$$N_2(g) + O_2(g) \rightarrow 2NO(g)$$

　大気中に放出されたNOは酸化されてNO_2になる。さらにNO_2は硝酸にまで酸化される。

$$NO_2 + \cdot OH + M \rightarrow HNO_3 + M$$

　大気中の窒素酸化物に関しては、1970年以降様々な自動車排ガスの規制を行ってきたにもかかわらず、図2に示すとおり大気中の二酸化窒素の濃度はこの30年間ほぼ横這いの状況が続いている。何度か行われた自動車排ガスの規制対策の効果が現れてきていないことになる。その原因としては、日本国内の自動車保有台数が40年間で約一桁近く増加したこと、窒素酸化物の主要な発生源であるバス・トラックなどの大型ディーゼル車両の排ガス対策が十分でなかったことが挙げられる。

図2 大気中の二酸化窒素濃度の推移

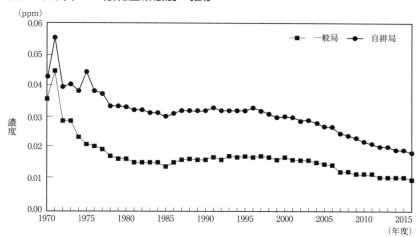

大気中の二酸化窒素の濃度は、この30年間ほぼ横這いの状況
出典:図1に同じ

(3) 粒子状物質

　微細な液体や固体粒子は、長い間大気中に留まっている。そのなかで粒径10μm以下の粒子のことをPM10という。しかし日本の環境基準としては、浮遊粒子状物質（SPM）が採用されている。10μmで100%の捕集効率を持つ分粒装置を透過する微粒子のことである。人工的につくられるものとしては、石炭の燃焼によって生成するスス（未反応の炭素）や、不燃性の無機物質などがある。大気中で発生した硫酸や硝酸は大気中に存在するアンモニアと反応して硫酸アンモニウムや硝酸アンモニウムとなり、微粉として大気中で浮遊することが多い。
　また、鉛、カドミウム、ニッケル、水銀などの金属も大気中に浮遊しており、そのほかにアスベスト（石綿）などもある。
　粒子状物質のなかでさらに粒子の径が小さく2.5μm程度のものをPM2.5といい、現在一番問題になっているものである。小さいほど肺などの呼吸器官の中に入りやすく、健康に害を及ぼすと考えられている。
　生成機構により発生源から大気中に排出されたときに既に粒子となって

第三部　大気と水資源と建造物

いる「一次粒子」と、排出されたときは気体であるが、大気中で化学反応を起こし、粒子化する「二次生成粒子」とに大別される。

大気中の浮遊粒子状物質（SPM）に関しても、窒素酸化物と同様、1970年以降、30年間横這いの状況が続いている。

（4）光化学オキシダント

炭化水素と窒素酸化物が太陽光によって照射されたときに、大気中に生成するスモッグを光化学スモッグという。これが生成する反応機構は複雑である。

スモッグ中に含まれるオゾン（O_3）やPAN（$CH_3CO \cdot CONO_2$）などの酸化性化合物を光化学オキシダントという。

（5）他の有害大気汚染物質

その他に、ダイオキシン類、ベンゼン、揮発性有機塩素化合物（トリクロエチレン、テトラクロロエチレン、ジクロオメタン）などがある。

6.　大気汚染対策

それでは、このような大気汚染物質がどのようにして除去されるかを考えてみよう。

（1）脱硝技術

NO_X を含んだ燃焼排ガスにアンモニア（NH_3）を加えて触媒層を通す。

$$4NO + 4NH_3 + O_2 \rightarrow 4N_2 + 6H_2O$$
$$6NO_2 + 8NH_3 \rightarrow 7N_2 + 12H_2O$$

触媒として、バナジウムやチタンの酸化物系触媒が用いられる。

（2）脱硫技術

硫黄を含まない液化天然ガスを使用するのがよいが、ガソリンや石油の場合、燃料中の硫黄分を燃焼前に除去するか、排煙脱硫装置を使って燃焼排ガスから SO_X を除去する。

脱硫装置として、高温高圧化で石油を水素と一緒にモリブデンやコバル

トを含む触媒に通すと有機硫黄化合物は硫化水素に変わる。これをさらに空気酸化すると硫黄に変わる。

［湿式排煙脱硫法］
　この方法は、粉末にした石灰石と水の混合液（スラリー）に燃焼排ガスをジェット状に吹き込む。

$$CaCO_3 + SO_2 + \frac{1}{2}H_2O \rightarrow CaSO_3 \cdot \frac{1}{2}H_2O + CO_2$$
$$CaCO_3 + \cdot \frac{1}{2}H_2O + \frac{1}{2}O_2 + \frac{3}{2}H_2 \rightarrow CaSO_3 \cdot 2H_2O$$

生成したセッコウの一部はセメントや耐火建材として用いられている。
（3）自動車排ガス対策
　ガソリンエンジン車は、燃料のガソリンをエンジンのシリンダー内で発火燃焼させ、そのピストン運動を回転運動にして車を走らせる。その際、炭化水素（HC）、一酸化炭素（CO）、窒素酸化物（NO_X）を排ガスとして大気に放出する。排ガス成分の濃度とエンジン内の空燃の比を示したのが図3である。空燃比15が理論空燃比で、それより小さい空燃比においては不完全燃焼となり、HC、COの量が多くなる。一方、空燃比を理論空燃比に近づけるとHC、COの濃度は減少するが、燃焼効率が上がり、燃焼温度が上昇すると今度はNO_Xの濃度が高くなる。
　ディーゼル排出粒子（DEP）には、土壌からの巻き上げなどによって直接大気中に放出される一

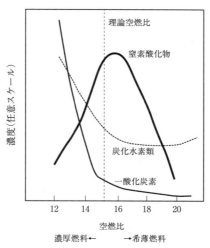

図3　排ガス成分の濃度とエンジン内空燃の比

理論空燃比が15以下のとき、不完全燃焼
燃焼効率が上がるとNOxの生成が起きる

第三部　大気と水資源と建造物

図4　粒子状物質の排出係数と車速との関係

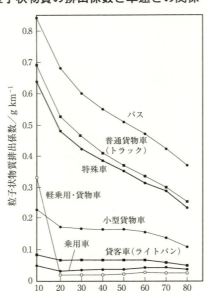

燃料の燃焼効率の悪い低速では排出係数が大きく、高速では小さくなる
慢性的な交通渋滞の状況にある都市圏ではDEPの排出が大きくなっている

次粒子と、SO_x や NO_x のガス成分が大気中で粒子に変換する二次粒子がある。特に大都市においては技術的な対応が困難であり、従来あまり対策が取られてこなかった。DEPは燃料（軽油）の不完全燃焼に伴い生成されるスス（炭素単体）が主成分であるが、その他に発がん性物質であるベンゾピレン、ニトロアーレンなどの物質、燃料（軽油）に含まれる硫黄から酸化生成される硫酸塩および燃料、潤滑油に含まれる鉛、クロム、マンガンなどの金属などがある。これらは粒径が小さくPM2.5と呼ばれる粒子状物質（PM）になる。

　自動車から排出される粒子状物質の排出係数と平均車速との関係を車種別に示したのが図4である。バス、トラック、特殊車などのディーゼル車はガソリン車に比べて10倍を超えるPMを出している。PMは車速に

依存し、燃料の燃焼効率の悪い低速では排出係数が大きく、高速では小さくなる。したがって、慢性的な交通渋滞の状況にある都市圏では DEP の排出が大きくなっている。

DEP の低減技術の研究は長年行われてきているが、まだこれといったものがないというのが現状である。東京都では 2003 年からディーゼル車に対して厳しい規制をしている。

7.　大気汚染の現状と対策

1960 年代に顕在化した硫黄酸化物（SO_X）を中心とする産業公害型の大気汚染への対策は着実な進展を遂げてきた。続いて 1970 年代後半からは、大都市地域を中心とした都市・生活型の大気汚染が問題となった。現在では、DEP のほかに、その生成機構が複雑な光化学オキシダントや低濃度長期暴露による健康影響が心配される有害大気汚染物質による大気汚染などが課題となっている。

有害大気汚染物質とはこの場合、低濃度の長期暴露で発ガンのおそれがあるものなどを指している。ベンゼン、トリクロロエチレン、テトラクロロエチレンなどが指定物質とされており、また、アクリロニトリル、塩化ビニルモノマーなどが優先取組物質として指定され、対策が講じられている。

中国大气污染的现状特征

中国大気汚染の現状と特徴

謝　紹東

【日本語要約】本稿では中国における大気汚染の現状とその特徴について調査、分析を行う。1980年代から始まる中国経済の急速な成長は、深刻な環境汚染、とりわけ大気汚染をもたらしている。80年代には中国南方の多くの都市で酸性雨が観測された。これは石炭の燃焼によって放出される二酸化硫黄（SO_2）がもたらしたものであるが、90年代以降自動車の保有台数が急増し、北京では90年代の50万台から2013年の543.7万台にまで激増した。これらの自動車の排気ガスが大気の状態を悪化させ、高濃度のNOxと顆粒物が観測されている。大都会では夏から秋にかけて高濃度オゾンが頻繁に観測され、大気の視程距離の低下が続いている。過去10年間に北京はじめ各大都市では、顆粒物（PM10）と細顆粒物（PM2.5）が大気汚染の主要汚染源となっている。

第三部　大気と水資源と建造物

1. 前言

20 世纪 80 年代中期以来，中国经历了高速的经济增长，国内生产总值年均增长率达到了 8% 到 9%。在这样短期内的快速增长不仅带来了显著的物质和高标准生活的提高，而且引起了严重的环境污染，特别是大气污染。

在 20 世纪 70 年代，随着工业排放二氧化硫（SO_2）和总悬浮颗粒物（TSP）的增加，在中国首先观测到大气二氧化硫和颗粒物污染问题。到了 20 世纪 80 年代，在中国南方地区的许多城市监测到酸雨污染问题。出现这些环境问题的主要原因，是来自燃煤排放的二氧化硫（SO_2），其总量的 70% 以上是燃料消耗排放的，北京市也依然如此。到了 20 世纪 90 年代，机动车保有量快速增长，特别是中等和大城市增长速率更为明显。北京市机动车保有量从 1990 年的大约 50 万辆增长到 2013 年的 543.7 万辆。城市机动车保有量的剧烈增长和工业的迅速发展，导致空气质量恶化，特别是出现了高浓度的 NOx 和颗粒物。不仅如此，在几个特大城市的夏秋季节还频繁观测到高浓度的臭氧，城区大气能见度持续恶化。在过去 10 多年里，北京和其他大城市大气中可吸入颗粒物（PM_{10}）和细颗粒物 $PM_{2.5}$ 已成为空气污染的首要污染物。

煤炭是中国的主要能源，以煤为主的能源结构在未来相当长时期内难以改变。相对落后的煤炭生产方式和消费方式，加大了环境保护的压力。同时，机动车的快速增加导致大量的机动车污染物排放，这使得中国大气污染更加复杂。概括起来中国当前的大气污染具有如下特点与发展趋势。

2. 以 SO_2 为特征污染物的传统煤烟型大气污染依然严重

中国是世界上最大的煤炭生产国和消费国，二氧化硫排放量仍处于较高水平。如果按照目前的经济发展模式和能源消费结构，随着中国煤炭、石油消费量的不断增长，与之对应的二氧化硫（SO_2）、氮氧化物（NOx）、颗粒物、挥发性有机物（VOCs）以及汞等大气污染物的排放量将会继续增加。1995年中国 SO_2 排放量为 2369.6 万吨，2000 年下降到 1995.1 万吨，而 2004、

中国大气污染的现状特征

表 1   2013 年中国环境空气中主要污染物的浓度水平

	年日均浓度	平均浓度	达标城市比例
SO_2, $\mu g/m^3$	7~114	40	86.5%
NO_2, $\mu g/m^3$	17~69	44	39.2%
PM_{10}, $\mu g/m^3$	47~305	118	14.9%
$PM_{2.5}$, $\mu g/m^3$	26~160	72	4.1%
O_3日最大8小时平均值第90%, $\mu g/m^3$	72~190	139	77.0%
CO日均值第95%, mg/m^3	1.0~5.9	2.5	85.1%

2005、2006 和 2007 年二氧化硫排放量分别升高为 2254.9 万吨、2549 万吨、2588.8 万吨和 2468.1 万吨，近年来二氧化硫排放量有所下降，2013 年为2043.9 万吨。SO_2 污染较为严重的城市主要分布在山西、内蒙古、新疆、贵州、河北、广西、辽宁、重庆等地区。这些地区均是煤炭资源开采的主要基地，也是煤炭等初级能源应用的地区，特别是工业和生活面源排放最大的地区。其中平均值超过三级标准的城市分别是乌鲁木齐、邢台、张家口、阳泉、晋中、运城、忻州、乌海等 20 个城市。表 1 给出了 2013 年中国环境空气中主要污染物的浓度水平，由表 1 可见，中国环境空气中 SO_2 浓度达到中国国家环境空气质量二级标准的达标率相对其他几种污染物是最高的，但浓度水平仍然较高。因此，可以认为尽管自九十年代起，城市大气 SO_2浓度有所下降，但仍处于较高的浓度水平，说明传统煤烟型污染依然存在。

3. 酸沉降污染有所改善但远未解决

酸雨被认为是中国潜在的环境问题，1980 年代初，酸雨主要出现在贵阳 - 重庆及南昌等地区；1990 年代初，东南沿海的福州、厦门和上海，北方的青岛，以及东北的图门也确定为酸雨区。尽管中国在酸雨控制方面已做了大量工作，但酸雨污染仍存在。图 1 给出了 1990、2000、2006 和 2013年中国酸沉降污染的区域分布图，由图 1 可见，近 10 年来，中国酸雨的面积有所缩小。中国酸雨发生频率及酸雨分布区域保持稳定，但部分地区酸雨强度加大，酸雨发生频率在 25% 以上区域占国土面积的 15.4%。

2013 年，473 个监测降水的城市中，出现酸雨的城市比例为 44.4%，

第三部　大気と水資源と建造物

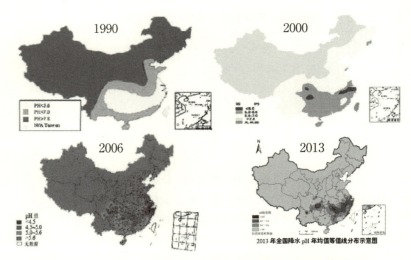

图 1　1990、2000、2006 和 2013 年中国酸沉降的区域分布图

酸雨频率在 25% 以上的城市比例为 27.5%，酸雨频率在 75% 以上的城市比例为 9.1%。2013 年，降水 pH 年均值低于 5.6（酸雨）、低于 5.0（较重酸雨）和低于 4.5（重酸雨）的城市比例分别为 29.6%、15.4% 和 2.5%。与 2012 相比，酸雨、较重酸雨和重酸雨的城市比例分别下降 1.1%、3.3% 和 2.9%。2013 年，降水中的主要阳离子为钙和铵，分别占离子总当量的 25.7% 和 12.0%；主要阴离子为硫酸根，占离子总当量的 25.6%；硝酸根占离子总当量的 7.4%，硫酸盐为主要致酸物质。

图 1 显示出，中国酸雨分布区域集中在长江沿线及中下游以南，主要包括江西、福建、湖南、重庆的大部分地区，以及长三角、珠三角和四川东南部地区。酸雨区面积约占国土面积的 10.6%。

4．可吸入颗粒物污染严重，细粒子污染日趋凸现

颗粒物是中国城市最重要的污染物，最近 10 年来城市颗粒物污染的特征已发生改变。由于各种法律、法规、标准的颁布与实施，城市颗粒物的控

制取得了一定的进步，烟尘和粉尘总排放量逐年下降。1990～1999 年中国300 多个城市总体上看总悬浮颗粒物呈下降趋势，1999 年国控网络城市总悬浮颗粒物浓度平均值比 1990 年下降 31.78%，南方城市总悬浮颗粒物下降幅度较大，达到 35.0%，同期北方城市下降幅度较小，也达到 31.8%。1998 和 1999 年，南方城市的年均值已达到国家二级标准。

但是，由于中国能源结构中燃煤的比例较大，城市空气颗粒物污染依然比较严重，同时受地形、气候的影响，城市大气颗粒物来源很广泛，仍是影响空气质量的主要污染物。在北方，由于气候干燥、植被覆盖低，土壤颗粒物已成为城市颗粒物的最主要贡献者，达到 40%-50%。土壤颗粒物的长距离漂移对北方城市颗粒物的贡献也很大，即使是在一些植被覆盖率较高的城市，近年来也由于城市基础建设处于高峰期，建筑和交通扬尘已成为颗粒物的主要贡献者。因此，即使采取控制措施，北方城市的颗粒物仍保持较高的浓度，土壤尘控制仍然是一个挑战。采暖期，燃煤烟尘在北方城市颗粒物中将提高 30%-40%，冬季燃煤烟尘颗粒物比例高、春季土壤尘比例高是北方城市颗粒物的共同特点，而南方城市没有这种现象。因此，北方城市颗粒物污染更为突出。

由表 1 可见，2013 年中国环境空气中 PM_{10} 年均浓度范围为 47～305 $\mu g/m^3$，平均浓度为 118 $\mu g/m^3$，达标城市比例为 14.9%；$PM_{2.5}$ 年均浓度范围为 26～160 $\mu g/m^3$，平均浓度为 72 $\mu g/m^3$，达标城市比例为 4.1%。由表 1 还可看出，中国大气颗粒物是所有污染物中浓度水平达到中国国家环境空气质量二级标准的达标率最低的污染物，是环境空气的首要污染物。

中国城市中 PM_{10} 和 SO_2 浓度约为欧美发达国家的 4～6 倍，NO_2 浓度也接近或高于欧美国家，整体污染十分严重。如果按照美国空气质量良好级别（$PM_{10} \geq 0.050mg/m^3$）评价，中国城市空气质量超标率将达到 91.6%。

中国大气环境中不仅可吸入颗粒物的浓度水平很高，而且大气细粒子的浓度水平也非常高，导致一些城市群区域灰霾天气不断增加。

中国气象局基于能见度的观测结果表明，2013 年中国平均霾日数为35.9 天，比 2012 年增加 18.3 天，为 1961 年以来最多。图 2 给出了 2013年中国霾日数分布示意图，由图 2 可见，中东部地区雾和霾天气多发，华北中南部至江南北部的大部分地区雾和霾日数范围为 50～100 天，部分地

第三部 大気と水資源と建造物

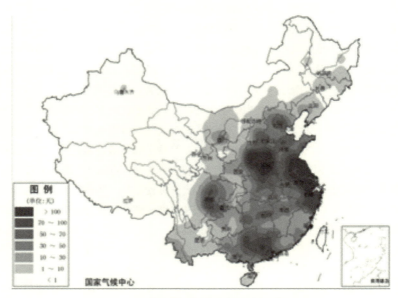

图2 2013年中国霾日数分布示意图

区超过100天。

　　环境保护部基于空气质量的监测结果表明，2013年1月和12月，中国中东部地区发生了2次较大范围区域性灰霾污染。两次灰霾污染过程均呈现出污染范围广、持续时间长、污染程度严重、污染物浓度累积迅速等特点，且污染过程中首要污染物均以$PM_{2.5}$为主。其中，1月份的灰霾污染过程接连出现17天，造成74个城市发生677天次的重度及以上污染天气，其中重度污染477天次，严重污染200天次。污染较重的区域主要为京津冀及周边地区，特别是河北南部地区，石家庄、邢台等为污染最重城市。12月1日至9日，中东部地区集中发生了严重的灰霾污染过程，造成74城市发生271天次的重度及以上污染天气，其中重度污染160天次，严重污染111天次。污染较重的区域主要为长三角区域、京津冀及周边地区和东北部分地区，长三角区域为污染最重地区。

　　研究表明，中国城市$PM_{2.5}$污染十分严重，北方城市和区域（如北京及

中国大气污染的现状特征

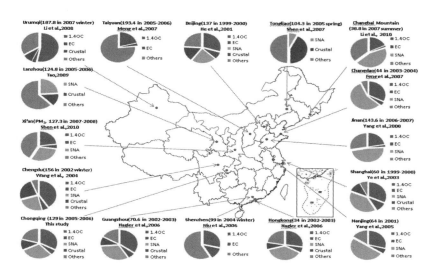

图 3　中国典型城市 PM$_{2.5}$ 浓度及其化学组成

周边省市）颗粒物细粒子 PM$_{2.5}$ 浓度高达 0.08～0.10mg/m^3，超过中国环境空气质量二级标准年均限值（0.035mg/m^3）2～3 倍，南方城市和区域颗粒物细粒子 PM$_{2.5}$ 浓度高达 0.04～0.07mg/m^3，超过美国标准 2～4 倍。1999－2005 年对北京市大气 PM$_{2.5}$ 的浓度水平与能见度观测表明，每一个季节大气 PM$_{2.5}$ 的浓度与能见度之间显示出正相关；夏季和冬季大气 PM$_{2.5}$ 的日均质量浓度为 60～80 mg m^{-3}，高于美国国家空气质量标准 65mg m^{-3}。北京大气 PM$_{2.5}$ 的质量浓度大约占 PM$_{10}$ 质量浓度的 63%。

图 3 给出中国典型城市大气 PM$_{2.5}$ 的浓度及其化学组成，由图 3 可以看出，中国北部、西北、西南城市 PM$_{2.5}$ 浓度最高；珠江山角洲地区和长江三角洲地区颗粒物浓度稍低，背景站点浓度最低；有机物是中国 PM$_{2.5}$ 中的重要化学物种；二次无机可溶离子是中国东部地区 PM$_{2.5}$ 中最主要的化学物种，土壤尘的高含量是中国 PM$_{2.5}$ 的一个特征，在受沙尘影响的地区和季节尤甚；颗粒物组成中，二次无机盐及有机物占据了 PM$_{2.5}$ 的 62～90%，是引起消光的主要物质，在珠江三角洲地区和长江三角洲地区的比例高于其他地方。

第三部 大気と水資源と建造物

2013 年，京津冀地区超标天数中以 $PM_{2.5}$ 为首要污染物的天数最多，占 66.6%；其次是 PM_{10} 和 O_3，分别占 25.2% 和 7.6%。京津冀区域 $PM_{2.5}$ 平均浓度为 106mg m^{-3}，PM_{10} 平均浓度为 181mg m^{-3}，所有城市 $PM_{2.5}$ 和 PM_{10} 均超标；北京市达标天数比例为 48.0%，重度及以上污染天数比例为 16.2%，主要污染物为 $PM_{2.5}$、PM_{10} 和 NO_2，$PM_{2.5}$ 年均浓度为 89mg m^{-3}，超标 1.56 倍；PM_{10} 年均浓度为 108mg m^{-3}，超标 0.54 倍。长三角地区超标天数中以 $PM_{2.5}$ 为首要污染物的天数最多，占 80.0%。长三角区域 $PM_{2.5}$ 平均浓度为 67mg m^{-3}，仅舟山达标，其他 24 个城市超标；PM_{10} 平均浓度为 103mg m^{-3}，23 个城市超标。上海市达标天数比例为 67.4%，重度及以上污染天数比例为 6.3%；主要污染物为 $PM_{2.5}$、PM_{10} 和 NO_2；$PM_{2.5}$ 年均浓度为 62mg m^{-3}，超标 0.77 倍；PM_{10} 年均浓度为 84mg m^{-3}，超标 0.20 倍。珠三角区域 9 个地级及以上城市空气质量达标天数比例范围为 67.7%～94.0%，平均为 76.3%；超标天数中，重度污染天数比例为 0.3%。深圳、珠海和惠州的达标天数比例在 80% 以上，其他城市达标天数比例介于 50%～80%。珠三角地区超标天数中以 $PM_{2.5}$ 为首要污染物的天数最多，占 63.2%；其次是 O_3 和 NO_2，分别占 31.9% 和 4.8%。珠三角区域 $PM_{2.5}$ 平均浓度为 47mg m^{-3}，所有城市均超标；PM_{10} 平均浓度为 70mg m^{-3}，4 个城市超标。广州市达标天数比例为 71.0%，全年无重度及以上污染；主要污染物为 $PM_{2.5}$、PM_{10} 和 NO_2，$PM_{2.5}$ 年均浓度为 53mg m^{-3}，超标 0.51 倍；PM_{10} 年均浓度为 72mg m^{-3}，超标 0.03 倍。

5. 部分城市 NO_2 污染严重

1990-2005 年我国城市 NOx/NO_2 浓度比较稳定。2000 年以后，中国国家环境质量公报改报为二氧化氮，同时把标准值放宽了一倍（年均值二级标准由 0.04mg m^{-3} 放宽到 0.08mg m^{-3}），即现在的二氧化氮的二级标准等于原来二氧化氮的三级标准。执行该标准后，所有统计城市的二氧化氮浓度均未超过国家空气质量的二级标准。但北京、上海、广州、深圳、重庆等大城市 NO_2 浓度相对较高。就全国范围内而言，NO_2 污染相对较低，近年来随着机动车保有量的增加，城市大气环境可能面临 NO_2 污染。过去 10 年间，

一些大城市 NOx 浓度逐渐增加并超过二级标准，广州和北京的 NOx 浓度甚至超过三级标准。

2006 年，全国统计的 555 个城市中 NO_2 年均浓度全部达到二级标准，其中达到一级标准的城市 485 个（占 87.4%），达到二级标准的城市 70 个（占 12.6%）。地级及以上城市和县级城市的污染级别分布情况差别不大。但是，2006 年广州、北京、乌鲁木齐、深圳、兰州等大城市二氧化氮浓度相对较高。随着城市汽车拥有量的急剧增加，在部分城市 NO_2 日均浓度超标现象比较严重，广州超二级标准天数达到 1/3。而且超三级天数亦有 22 天，北京超二级标准天数达到 24%。随着国家城市公路建设和车辆的迅速增加，NO_x/NO_2 对空气环境的危害也必然进一步增加。

6. 有机污染物的危害潜势令人担忧

石油、煤等石化燃料及木材、烟草等在不完全燃烧过程中均会产生大量挥发性或半挥发性有机物，如多环芳烃等。多环芳烃在环境中分布很广，它的存在是致癌或诱变性因素之一，对人类危害较大。人类活动如汽车、烹调、采暖、吸烟等排放的多环芳烃可直接进入大气，并吸附在颗粒物上，特别是直径小于 5 μm 的可吸入颗粒物上。由于 3～5 环的多环芳烃具有较高的蒸汽压，即使在常温下也有相当部分以气态形式存在，因此多环芳烃在空气中有气、固两种状态存在，在一定的条件下两者可以相互转化。空气中的多环芳烃可以和臭氧、NOx、硝酸等反应，转化成致癌或诱变作用更强的化合物。因此，监测空气中的多环芳烃十分重要。早期人们主要研究吸附在颗粒物上的多环芳烃及其粒径分布、来源。由于气相中多环芳烃同样具有危害性，故逐渐开展气相多环芳烃的研究，进而较全面监测评价城市空气颗粒物及气相中多环芳烃含量及来源。

近年来，部分城市的调查资料说明，中国空气中有机物污染已经较为普遍，虽然目前污染物的浓度水平一般没有超过标准，但发展趋势必须引起我们的高度重视。2001 年江苏省环境监测中心站对南京市交通、居住、商业、工业和风景区进行了空气中有机污染状况调查，结果表明空气中挥发性有机污染物共检出烃类 189 种，其中主要是芳烃 39 种，烯烃 51 种，分别占总

检出化合物的 20.5% 和 26.8%，醇类、醛类、酮类等含氧有机化合物也占较大的比例。这些物质的环境浓度虽然不高，但在空气中同时存在数十种或几十种挥发性有机化合物，对人体的联合毒性作用不容忽视。2000 年对北京大气监测表明，PM_{10} 和 $PM_{2.5}$ 中已检测出多环芳烃 PAHs，联苯类，一、二元酸酯类，邻苯二甲酸酯类，酚类，酮类，甾醇类，呋喃类，噻吩类，优达啉，惹烯和其他含氮硫氧等杂原子的化合物，共计约 110 种有机物物种。$PM_{2.5}$ 和 PM_{10} 中 PAHs 平均浓度高达 1307.22 和 $1781.79 ng/m^3$，包括萘类物质 13 种、蒽类 8 种、芴类 4 种、苯并芘 6 种、菲类 14 种以及屈、芘等。这些有机物主要来源于城市各种污染源的直接排放和在大气中的化学变化。2004 年对北京市环境大气中的 VOCs 监测发现，VOCs 浓度水平为 15.6～$554.5 \mu g/m^3$，以烷烃、烯烃和芳香烃类化合物为主，优势物种主要为正丁烷、丙烷、异戊烷、苯、甲苯、间/对二甲苯等低碳烷烃化合物和芳香烃化合物。

7. 城市和区域大气光化学污染日益严重

在一些大中型城市，大气中的氮氧化物和挥发性有机物引起了臭氧浓度增高，并由此产生光化学烟雾污染问题。臭氧是光化学烟雾的代表性污染物，城市臭氧主要是由挥发性有机气体（VOCs）与氮氧化物（NOx）经过一系列复杂的光化学反应形成的。由于机动车排放大量的光化学前体物 VOCs 与 NOx，因此机动车排放是城市臭氧污染的最重要来源。由于臭氧前体物和臭氧本身在大气中的输送，使得光化学烟雾往往成为一个区域性问题，其覆盖范围可达几十甚至数百公里以上。

中国于 70 年代末在兰州西固石油化工区发现光化学烟雾污染，1986 年夏在北京发现光化学烟雾污染迹象。研究表明，兰州光化学烟雾主要由石油工业排放的 VOCs 和电厂排放的 NOx 引起，而北京市的光化学烟雾则主要由机动车尾气和燃煤排放所致。光化学烟雾污染和高浓度的臭氧污染频繁出现在北京地区和珠江三角洲及长江三角洲，呈现出明显的区域性大面积污染，在典型地区经常出现臭氧最大小时浓度超过 240 ppb（欧洲警报水平）的重污染现象。

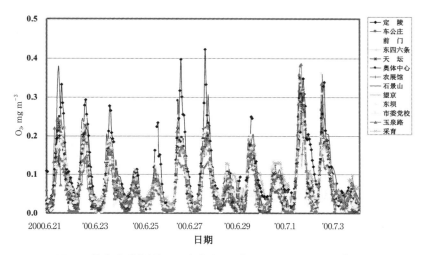

图 4　北京市监测站 O_3 浓度水平（2000.6.21-7.3）

近年来在城市环境空气中还观测到高浓度的二次污染物 O_3。20 世纪 90 年代以来，北京市每年 5 月-10 月出现臭氧（O_3）污染，在大气中观测到了高浓度的 O_3，近年来臭氧污染超标天数和小时数均明显加重，夏季已出现以 O_3 为主要污染物的 4 级重污染日。

2000 年北京大学环境科学中心在北京市及上下风向设立了 6 个加强监测点，北京市环境监测中心日常运行 12 个监测站，共 18 个 O_3 测点。2000 年 6 月 21 日-7 月 3 日 14 天中，有 9 天大气 O_3 浓度超过国家空气质量二级标准（200 μg m^{-3}），特别是在 6 月 21 日，26-27 日，7 月 1-2 日，O_3 浓度超过 300 μg m^{-3}，图 4 为监测期间 O_3 浓度的变化。观测表明，北京地区存在严重的光化学烟雾，污染面积大，除农展馆外，其它测点都出现 O_3 浓度超标现象；O_3 浓度整体水平高，在 7 月 2 日，北京大学校园 O_3 浓度最大小时值达 248ppb，超过发达国家的报警水平；市区 O_3 浓度有较大幅度的增加，O_3 浓度在下风向郊区较高，最大值通常出现在北京大学测点，之后向下风向地区降低，即北京大学测点 O_3 浓度 > 沙河 > 十三陵。不仅如此，出现 O_3 浓度最大值的时间也在逐年提前，臭氧超标的监测点也同步增多，2000 年夏季强化观测期间几乎所有观测点位都同步出现臭氧超标现象，

第三部　大気と水資源と建造物

而且一日之中各监测站臭氧小时浓度值还出现长达连续 8 小时的超标现象，个别监测站还出现连续 10 小时超标，说明北京大气臭氧超标的时间和空间范围均在不断扩大。2000 年夏季强化观测结果还表明，市区 O_3 浓度有较大幅度的增加，O_3 浓度在下风向郊区最高，O_3 浓度高值通常出现在北京大学和沙河一带。

根据珠江三角洲联合监测网的监测结果，2006 年珠江三角洲联合监测网各城市臭氧平均浓度在 0.026～0.079 mg m^{-3} 之间，部分城市点位超过国家二级标准限值（0.2 mg m^{-3}）。超标率最高的是在东莞、惠州、广州等地区，最高超标 1 倍以上。

作为二次污染物的 O_3，伴随着一系列氧化物同时形成，如生成 OH、HO_2、RO、RO_2 等大气自由基。大气中的高浓度 O_3 和自由基，将氧化一次污染物如 SO_2 和 NO_x，使其转化为二次污染物如 SO_4^{2-} 和 NO_3^-。二次污染物浓度的升高，可能是日益严重的能见度下降的主要原因。

臭氧（光化学烟雾污染）主要由燃烧等污染源排放的一次污染物 NOx 和挥发性有机物 VOC 在太阳紫外线作用下发生一系列光化学反应而生成的。它危害植物，刺激眼睛和呼吸道，损伤儿童肺功能，影响运动员竞技状态。伴随着臭氧产生的大量二次细颗粒物造成能见度下降，看不见蓝天。臭氧还是温室气体，还会输送到下风向，造成区域污染，影响气候变化。短期和长期暴露于含有 O_3 的空气中，能够引起眼刺激、植物损坏、呼吸困难和橡胶及油漆退化。世界卫生组织建议，暴露于 75 至 100ppb 大气 O_3 中不能超过一个小时。因此，减少 O_3 污染事件及其严重程度和降低大气 O_3 的浓度，就成为各国政府迫切关注的问题。

城市和区域性大气细粒子和 O_3 浓度升高是我国城市面临的一个新的、重大的复合型大气污染问题，但目前各个城市所发布的空气质量监测结果，均未能客观地反映出这些污染指标。因此，城市环境空气二次污染物日益严重的现象应尽快引起国家有关部门和地方各级政府的高度重视。

8. 区域性大气污染影响

在过去的 20 年里，北京－天津－渤海湾地区的城市化进程显著增长，

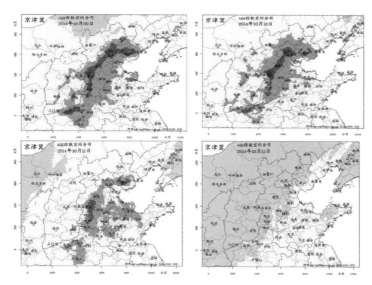

图5 2014年10月9–12日期间京津冀地区空气质量模拟结果

城市之间的距离随之减少。伴随着城市密度的增加，大气污染的区域性影响也变得日益突出。

近年来，在这些区域进行了有气象观测的空气污染物的现场测量和区域尺度的空气质量模式模拟计算。应用多种空气质量模式，系统模拟大气一次污染物与二次污染物的变化规律及其转化关系，在北京大气污染研究中应用了三维模式研究大气 O_3 和细粒子的生产。图5是用CMAQ模拟预测了2014年10月9–12日期间中国京津冀地区空气质量，由图5可见，京津冀地区几乎是同步出现重污染和良好天气。表2是实际监测获得的2014年10月1日至12日北京周边城市AQI指数（$PM_{2.5}$ 成为首要污染物），由表2可见，北京、天津、廊坊市、石家庄、保定市和邢台市的空气质量出现同步污染趋势，表现出污染趋于同城趋势，呈现出明显的区域污染的特征。

第三部　大気と水資源と建造物

表2　2014年10月1日至12日北京周辺城市AQI指数 (PM$_{2.5}$成为首要污染物)

日期	北京	天津	廊坊市	石家庄	保定市	邢台市	太原	呼和浩特	沈阳
2014.10.1	92	99	115	117	165	133	82	76	87
2004.10.2	78	104	93	193	123	192	84	58	58
2004.10.3	123	80	166	183	188	226	88	64	61
2004.10.4	95	53	70	166	124	223	67	46	80
2004.10.5	54	49	52	95	93	152	57	53	107
2004.10.6	68	56	58	81	100	93	90	84	68
2004.10.7	200	132	226	267	253	265	169	109	98
2004.10.8	314	210	342	355	442	375	217	127	128
2004.10.9	379	224	320	436	476	500	215	123	133
2004.10.10	346	228	320	336	373	447	258	125	238
2004.10.11	233	129	198	294	282	272	168	138	127
2004.10.12	30	43	29	34	56	76	30	37	51
严重或重度污染	5	4	5	5	5	5	3	0	1

9. 结论

　　由于机动车保有量的迅速增长，中国大气污染呈现出煤烟型和机动车尾气型的复合型污染特征。其显著特征，是大气氧化剂和气溶胶细粒子与一次污染物共同成为城市大气的主要污染物，城市大气能见度下降，大气氧化性增强，并逐渐蔓延为区域性大气污染。呈现出4个显著性的特征，一次污染物的浓度有所下降，但大气氧化剂和气溶胶细粒子成为城市大气的主要污染物；细粒子污染严重，能见度降低，高浓度的气溶胶细粒子使城市大气能见度下降；大气氧化能力不断增强，臭氧增高，气溶胶细粒子中 SO$_4^{2-}$、NO$_3^-$和有机碳浓度较高；以城市为中心，形成区域性大气污染

　　中国大气 PM$_{2.5}$ 细粒子污染严重。化学组分以有机物、硫酸盐、NH$_4$、EC 为主，存在着明显的季节差异。煤燃烧、汽车尾气、生物质燃烧、土壤扬尘、建筑扬尘、工业源和二次转化等是细粒子的可能来源，各种源的相对

贡献随季节发生变化。

参考文献

[1] 中华人民共和国环境保护部. 2013 年中国环境状况公报。

[2] 中华人民共和国环境保护部. 2012 年中国环境状况公报。

[3] 中华人民共和国环境保护部. 2011 年中国环境状况公报。

[4] 中华人民共和国环境保护部. 2010 年中国环境状况公报。

[5] Y. Lei1, Q. Zhang, K. B. He, and D. G. Streets. *Atmos. Chem. Phys.*, 2011, 11, 5207-5219

[6] Yuan Chen, Shaodong Xie, 2012. Temporal and spatial visibility trends in the Sichuan Basin, China, 1973-2010. *Atmospheric Research* 112, 25-34

[7] Lingyu Li, Yuan Chen, Shaodong Xie, 2013. Spatio-temporal variation of biogenic volatile organic compounds emissions in China. *Environmental Pollution* 182, 157-168

[8] Yuan Chen, Shaodong Xie, 2014. Characteristics and formation mechanism of a heavy air pollution episode caused by biomass burning in Chengdu, Southwest China. *Science of the Total Environment* 473-474, 507-517.

[9] Yuan Chen, Shaodong Xie, 2014. Spatiotemporal pattern and regional characteristics of visibility in China during 1976-2010. *Chinese Science Bulletin*, accepted.

[10] Yuan Chen, Shaodong Xie, 2013. Long-term trends and characteristics of visibility in two megacities in Southwest China: Chengdu and Chongqing. *Journal of the Air & Waste Management Association* 69, 1058-1069.

[11] 宋宇, 唐孝炎, 张远航, 胡敏, 方晨, 曾立民, 2013. 北京市大气能见度规律及下降原因. 环境科学研究, 16 (2), 10-12

[12] Xie, S.D., Liu, Z., Chen, T., Hua, L., 2008. Spatiotemporal variations of ambient PM_{10} source contributions in Beijing in 2004 using positive matrix factorization. *Atmospheric Chemistry And Physics* 8, 2701-2716

[13] Xie, S.D., Yu, T., Zhang, Y.H., Zeng, L.M., Qi, L., Tang, X.Y., 2005. Characteristics of PM_{10}, SO_2, NO, and O_3 in ambient air during the dust storm period in Beijing. *Science of the Total Environment* 345, 153-164

[14] Xie SD (Xie Shaodong)1, Tian XX (Tian Xiaoxue). Formation Mechanism of Secondary Organic Aerosols from the Reaction of Volatile and Semi-Volatile Compounds. *PROGRESS IN CHEMISTRY*, 22(4): 727-733, APR 2010

[15] Zhang YH (Zhang YiHua)1, Xie SD (Xie ShaoDong). Choice of control of sulfur and/or nitrogen deposition based on critical loads. *CHINESE SCIENCE BULLETIN*, 55(6): 493-498, FEB 201

[16] Ting Wang, Shaodong Xie. Assessment of traffic-related air pollution in the urban streets before and during the 2008 Beijing Olympic Games traffic control period. *Atmospheric Environment* 43 (2009) 5682-5690

地球温暖化と気候変動
――その考え方と理解増進活動

坪田幸政

1. はじめに

　2013年9月に公表されたIPCC第5次評価報告書第1作業部会報告書は、図1に示した観測データなどに基づいて、「気候システムの温暖化については疑う余地がない」と結論付けた。また、この温暖化の程度は、「1880年～2012年の期間に0.85［0.65～1.06］℃上昇している」とした。この観測された温暖化に対する認知度は高い（例えば、Hao Yu et al., 2013）。その理由としては、寒い日や寒い夜の日数減少、あるいは暑い日や暑い夜の日数増加などの体験があるだろう。また、温暖化の証拠について学生にアンケート調査すると、山岳氷河や北極の海氷面積の減少を指摘する回答が多い。NASAのwebサイトでは、世界各地の山岳氷河の後退や消失に関する画像が公開されている。これらのことから、温暖化は事実として広く一般に受け入れられていると考えられる。

　温暖化の要因に関して、IPCC第5次評価報告書第1作業部会報告書は「人間活動が20世紀半ば以降に観測された温暖化の主な要因であった可能性が極めて高い」と結論付けた。ここで温暖化の要因としての「人間活動」には、二酸化炭素の増加に伴う所謂「地球温暖化」とヒートアイランドに代表される都市化による温暖化などが含まれる。世界の大都市におけ

第三部　大気と水資源と建造物

図1　世界の地上気温の経年変化（IPCC AR5）

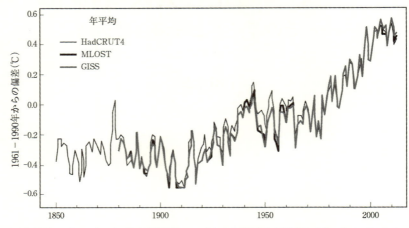

HadCRUT4：ハドレーセンター及び気候研究ユニットによる格子化地上気温データセットバージョン4
MLOST：陸域・海洋地上気温解析　GISS：ゴダード宇宙科学研究所
出典：http://www.ipcc.ch/pdf/assessment-report/ar5/wg1/WG1AR5_SPM_FINAL.pdf

る温暖化の主因は、都市化による温暖化であり、地球温暖化の寄与は相対的に小さい（例えば、藤部、2014、Hou et al., 2013、Guoyu et al., 2008）。このことが地球温暖化の議論をより複雑にしているといえる。

　本稿では観測された温暖化を地球温暖化と都市化による温暖化にわけることはせず、地球温暖化と気候変動に対する考え方について、北京と東京で観測されたデータ（気温と降水量）から、理解増進活動の重要性を議論する。

　また、本稿では"Climate Change"を「気候変動」と表現した。本来、「気候変動」は"Climate Variability"に対する訳語であり、気候に内在する変動性を意味することが多かった。そして、"Climate Change"は「気候の変化」と訳され、地球史の時間スケールで議論されることが多かった。しかし、近年、数十年から数百年の時間スケールの「気候の変化」が考えられるようになり、気候の変動性との区別が難しく、日本では短い時間スケールの気候変化に「気候変動」という言葉を使うようになってきている。そこで、本稿でも"Climate Change"の意味で「気候変動」という用語を

地球温暖化と気候変動

用いた。

2. 北京と東京の気候

　北京と東京はともに首都であり、大都市という共通点はあるものの、それぞれの気候は表1と図2に示したように大きく異なる。例えば、夏の暑さはほぼ同程度であるが、冬の寒さは大きく異なり、その結果として北京の年平均気温が東京より3.4℃低い。また、7月と8月の月降水量はほぼ同程度であるが、北京の年降水量は、東京の3分の1程度と極めて少ない。

　北京と東京のハイザーグラフ（図2）から、気候の違いが季節進行にあることがわかる。北京の春から夏への気温の上昇と降水量の増加の度合いは、秋から冬への気温の低下と降水量の減少の度合いとほぼ等しい。一方、東京は残暑が厳しく、秋から冬へはゆっくりと気温が低下する。また、春と夏の間の梅雨の降水量は、秋雨の時期よりも多い。これらの違いから、北京の気候を大陸性、東京の気候を海洋性と呼ぶこともできよう。

　このように北京と東京の気候は大きく異なるので、仮に観測された気候変動が同程度であったとしても、北京と東京に住む人々の認識や社会への影響には相違があると考えられる。つまり、気候変動の議論では気候の地域性に対する理解が必要なのである。

　具体的な議論をする前に、「気候（Climate）」と「天気（Weather）」という用語を定義する。「天気」は、気温、降水、雲量、湿度、気圧、風な

表1　北京と東京の気候（統計期間：1981-2010年）

（上段：月平均気温［℃］，下段：月降水量［mm］）

		1	2	3	4	5	6	7	8	9	10	11	12	年
北京		-3.1	0.2	6.7	14.8	20.8	24.9	26.7	25.5	20.7	13.7	5.0	-0.9	12.9
		2.5	4.4	9.8	24.8	37.3	72.1	160.5	138.9	48.8	23.1	9.8	2.3	534.3
東京		6.1	6.5	9.4	14.6	18.9	22.1	25.8	27.4	23.8	18.5	13.3	8.7	16.3
		52.3	56.1	117.5	124.5	137.8	167.7	153.5	168.2	209.9	197.8	92.5	51.9	1528.8

出典：理科年表（2015）

137

第三部　大気と水資源と建造物

図2　北京と東京のハイザーグラフ

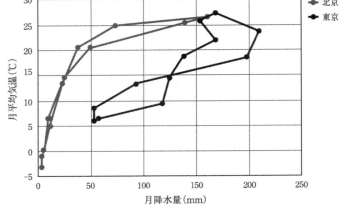

どの気象要素により特定される大気の具体的な状態であり、場所と時刻に依存する。一方、「気候」は、大気の長期間の平均状態のことで、平均値、極値、頻度などの統計値によって表現される。世界気象機関（WMO）は、30年間の平均を平年値としている。日本の気象庁は、現在、1981–2010年の平均値を平年値として用いている。したがって、「気候」とは「天気」の平均状態あるいは天気の統計結果として定義することもできよう。

3. 気温の経年変化

　中国気象庁（China Meteorological Administration）、国家気候中心（National Climate Center）、北京気候中心（Beijing Climate Center）では、中国国内160か所で観測された気温と降水量のデータを公開している。また、日本の気象庁（Japan Meteorological Agency）は、約840か所の観測点の気温と降水量などのデータを公開している。本稿では北京と東京の日最低気温、日最高気温、日降水量をダウンロードして利用した。また、データ処理および統計処理には、Microsoft® Excel® for Mac 2011 Version 14.5.4を利用した。

図3　気温の経年変化（1951-2012年）

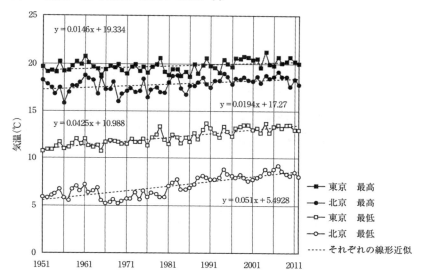

　日最高気温と日最低気温の年平均値の経年変化をそれぞれの線形近似曲線とともに図3に示した。北京と東京では、IPCCの報告書（100年間に換算すると約0.64℃）と一致する温暖化傾向が認められる。しかし、その上昇率はより大きな値（100年間に換算すると約1.5-5.2℃）を示し、最高気温よりも最低気温の方が大きいことがわかる。この原因は、北京と東京が都市化による温暖化の影響を強く受けているからである。また、温暖化の程度は、東京よりも北京の方が大きい。この違いの原因としては、両都市圏の拡大の仕方や地理的な要因の違いなどが考えられる。例えば、現在、北京で問題となっている大気汚染は、東京では1950-1980年がピークであった。両都市の温暖化の違いについては、より詳しい解析が求められる。

　日最高気温と日最低気温の年平均値を北京と東京で比較すると、相関係数は日最高気温が0.44、日最低気温が0.78であった。しかし、この相関係数の高さは、北京と東京の年平均値に同様な温暖化傾向があるためである。そこで、北京と東京における日最低気温と日最高気温の年平均値に対

第三部　大気と水資源と建造物

図4　年平均気温偏差の相関（1951-2012年）

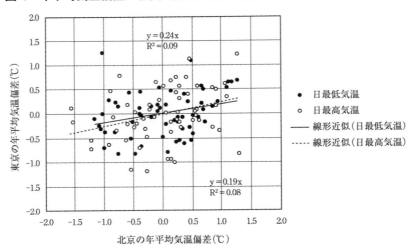

して、図3に示した近似直線からの偏差を算出して散布図を作成して図4に示した。北京と東京の年平均偏差の相関係数は、日最高気温が0.30、日最低気温が0.27であった。つまり、北京と東京の気温は地球規模の温暖化では、同じ地域（"Global"に対する意味での"Regional"）に属しているといえるが、年ごとの変動の相関は低い。

4.　降水量の経年変化

　北京と東京の年降水量の経年変化を線形近似曲線とともに図5に示した。年降水量は、年々変動（気候の変動性）が大きく、気温ほど顕著な経年変化は認められないが、長期的な年降水量の変化として、北京では減少傾向が、東京では増加傾向が認められる。つまり、北京と東京の年降水量の経年変化は異なることがわかる。
　北京と東京の年降水量の相関係数は－0.037であり、北京の減少傾向と東京の増加傾向を反映した結果と考えられる。そこで、経年変化の近似曲

図5 年降水量の経年変化（1951-2012年）

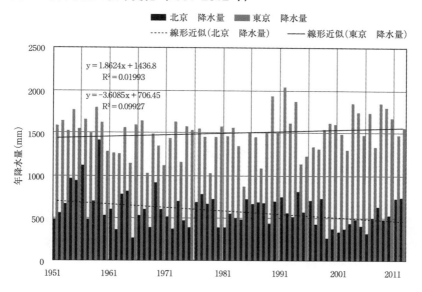

線に対する北京と東京における年降水量の偏差による散布図を図6に示した。また、年降水量の偏差から求めた相関係数は0.017となり、北京と東京の年々変動（平年値に対して多い、少ない）は同じ傾向であることがわかった。北京と東京の気温よりも降水量の相関が低いのは、降水量の観測が気温の観測と比較して、地域性が強く、空間代表性が低いことが一因と考えられる。降水量の変動は水資源の面からも重要であり、より詳しい解析が求められる。

　温暖化（気温）という観点では、北京と東京の市民は同様な変化を体験している（図3）。しかし、降水量も含めた気候変動という観点では、北京と東京の市民は異なる変化を体験していることがわかった（図5）。このように気候変動の様子が地点や地域によって異なることが、地球温暖化や気候変動に対する国際社会としての対応や議論を難しくしているといえよう。

図6　月降水量の相関 (1951-2012 年)

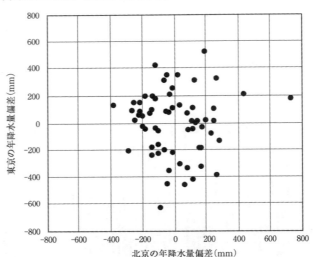

5. 気候変動の考え方

　地球温暖化の議論では、「過去 100 年間に約 1℃の温暖化が認められる」、と表現されることがある。私たちは 100 年間に 1℃の気温上昇を感じることができるのであろうか？　この「100 年間に 1℃の気温上昇」というのは、100 年間の統計処理の結果、つまり気候の変化であって、私たちが経験する天気の変化でない。本稿では、「1951-1980 年の 30 年」と「1981-2010 年の 30 年」で気候を比較することで、「気温の変化」と「降水量の変化」がどのような「天気の変化」として体験（認識）されるかを議論する。

気温の変化

　北京と東京の日最低気温と日最高気温の月平均値と年平均値の変化を表 2 と図 7 に示した。日最低気温の年平均値の変化は北京＋1.9℃、東京

表2 日最低気温と日最高気温の月平均値と年平均値の変化

		1月	2月	3月	4月	5月	6月	7月	8月	9月	10月	11月	12月	年平均
1951－1980年 日最高気温	平均	1.4	3.9	10.7	19.6	26.4	30.2	30.8	29.4	25.7	18.8	9.8	2.9	17.5
	標準偏差	3.86	4.66	5.32	4.61	4.07	3.80	3.07	2.75	3.24	4.10	4.61	3.99	11.53
1981－2010年 日最高気温	平均	2.0	5.7	12.3	20.7	26.7	30.5	31.4	30.3	26.2	19.4	10.3	3.8	18.3
	標準偏差	3.69	4.27	4.78	4.44	4.08	3.61	3.12	2.49	3.38	4.13	4.78	3.88	11.29
最高気温（北京）	変化	0.6	1.9	1.6	1.2	0.3	0.3	0.6	0.8	0.5	0.5	0.4	0.8	0.8
1951－1980年 日最低気温	平均	-9.9	-7.4	-1.0	6.6	12.7	17.9	21.5	20.2	13.8	6.9	-0.6	-7.3	6.2
	標準偏差	3.50	40.4	3.81	3.86	3.32	2.76	1.93	2.47	3.53	4.02	4.04	3.68	11.32
1981－2010年 日最低気温	平均	-7.5	-4.5	1.3	8.8	14.8	19.6	22.5	21.4	15.8	8.6	0.3	-5.2	8.1
	標準偏差	3.04	3.45	3.70	3.57	3.05	2.55	2.13	2.33	3.40	3.94	3.73	3.05	10.92
最低気温（北京）	変化	2.4	2.9	2.3	2.2	2.0	1.7	1.0	1.3	2.0	1.6	0.9	2.1	1.9
1951－1980年 日最高気温	平均	9.5	10.0	13.0	18.4	22.7	25.3	28.9	30.8	26.7	21.2	16.6	12.1	19.7
	標準偏差	2.94	3.62	3.94	3.91	3.22	3.32	3.50	3.04	3.65	3.28	3.48	2.98	7.91
1981－2010年 日最高気温	平均	9.9	10.3	13.3	18.8	22.8	25.5	29.4	31.1	27.2	21.8	16.9	12.4	20.0
	標準偏差	2.73	3.34	3.71	3.88	3.37	3.38	3.83	2.94	3.77	3.10	3.28	3.06	7.91
最高気温（東京）	変化	0.3	0.3	0.3	0.4	0.1	0.2	0.4	0.3	0.5	0.7	0.3	0.3	0.3
1951－1980年 日最低気温	平均	0.5	1.2	4.2	9.8	14.5	18.4	22.2	23.6	19.9	13.9	8.4	3.2	11.7
	標準偏差	2.51	2.80	3.07	3.43	2.60	2.57	2.49	2.06	2.92	2.78	3.22	2.71	8.40
1981－2010年 日最低気温	平均	2.5	2.9	5.6	10.7	15.4	19.1	23.0	24.6	21.1	15.4	9.9	5.1	13.0
	標準偏差	2.12	2.35	2.81	3.20	2.65	2.52	2.82	2.14	2.97	2.74	2.86	2.51	8.03
最低気温（東京）	変化	2.0	1.7	1.4	1.0	0.9	0.7	0.7	0.9	1.2	1.5	1.5	1.9	1.3

第三部　大気と水資源と建造物

図7　日最低気温と日最高気温の月平均値の変化（上：北京、下：東京）

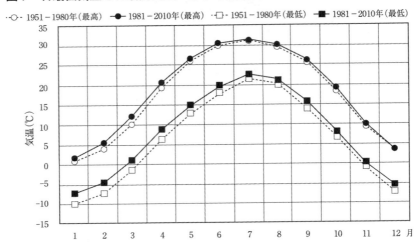

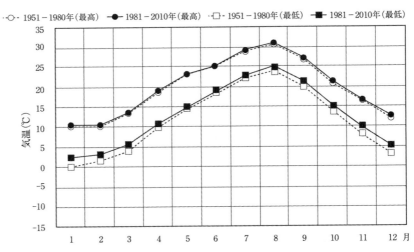

＋1.3℃であり、日最高気温の変化、北京＋0.8℃、東京＋0.3℃よりも大きかった。日最低気温の上昇率が、冬に高いことは両都市に共通している。しかし、北京が日最低気温と日最高気温が1年を通して上昇しているのに対して、東京の日最高気温はそれほど上昇していない。

日最低気温と日最高気温の標準偏差を年単位で比較すると、東京の日最高気温を除いて減少傾向にあり、日々の変動が小さくなったことが考えられる。しかし、月単位で比較すると日最低気温と日最高気温の標準偏差が増加した月が暖候期（5月−9月）に多く、日々の変動が大きくなったことがわかる。特に、東京では日最低気温の標準偏差の上昇した月が多く、北京よりも東京の方が気温の変動が強く認識されている可能性がある。

北京と東京のハイザーグラフ（図2）で指摘した北京と東京における季節進行の違いが、図7に示した月平均値の季節変化（グラフの形）からも確認できる。また、日最高気温と日最低気温の差（日較差）は、北京の方が東京よりも大きいことがわかる。日較差の季節変化を比較すると、北京（東京）では日較差が夏に大きく（小さく）、冬に小さい（大きい）。これらの特徴は、相対湿度、すなわち大気中の水蒸気量に関係していることが推測され、北京の大陸性気候と東京の海洋性気候の特徴の現れと考えることができる。

冬における気温の変化を調べるために、2月の日最低気温と日最高気温の統計値と階級別頻度分布を表3と表4、図8に示した。平均値と中央値を比較すると、中央値の方がわずかに低い場合が多い。北京（東京）の平均値の変化は日最低気温が＋2.9℃（＋1.7℃）、日最高気温が＋1.8℃（＋0.4℃）上昇した。この結果は中央値を用いても、それほどの差異はない。しかし、階級別頻度分布の最頻値をみると、北京の日最低気温と東京の日最高気温に変化はない。このことは図8で確認でき、北京の日最低気温は頻度分布の変化（分散の減少）が明確であるが、東京の日最高気温は頻度分布にはそれほどの変化がないようにみえる。また、東京の日最低気温では、0℃以下の日数が大きく減少したことがわかる。このことは、東京における冬の降雪が減少していることに一致する。都市の市民生活や水資源を考えると、降雪と降雨には大きな違いがあると考えられる。冬の

第三部　大気と水資源と建造物

表3　2月の日最低気温と日最高気温の変化（上：北京、下：東京）

		日最低気温（2月）		日最高気温（2月）	
		1951－1980年	1981－2010年	1951－1980年	1981－2010年
北京	平均値	-7.4	-4.5（+2.9）	3.9	5.7（+1.8）
	標準偏差	4.0	3.4	4.7	4.3
	最高値	2.5	6.3	18.5	19.8
	最低値	-27.4	-14.9	-7.6	-7.6
	中央値	-7.5	-4.4（+3.1）	3.6	5.7（+2.1）
東京	平均値	1.2	2.9（+1.7）	10.0	10.4（+0.4）
	標準偏差	2.8	2.4	3.6	3.3
	最高値	12.6	14.7	24.5	23.9
	最低値	-4.8	-3.5	-0.2	1.5
	中央値	0.9	2.8（+1.9）	9.7	10.0（+0.3）

表4　2月の日最低気温と日最高気温の階級別頻度分布の変化

最低気温	北京		東京		最高気温	北京		東京	
階級（℃）	1951－1980	1981－2010	1951－1980	1981－2010	階級（℃）	1951－1980	1981－2010	1951－1980	1981－2010
14－16	0	0	0	1	26－28	0	0	0	0
12－14	0	0	2	1	24－26	0	0	1	0
10－12	0	0	0	4	22－24	0	0	2	3
8－10	0	0	9	20	20－22	0	0	5	8
6－8	0	1	50	46	18－20	1	1	19	9
4－6	0	7	71	160	16－18	3	5	23	26
2－4	1	18	140	289	14－16	13	19	61	58
0－2	14	48	267	248	12－14	20	33	107	117
-2－0	57	108	214	71	10－12	49	77	162	202
-4－2	103	192	83	7	8－10	73	112	208	220
-6－-4	149	199	12	0	6－8	103	152	180	137
-8－-6	141	143	0	0	4－6	129	146	48	53
-10－-8	148	77	0	0	2－4	147	127	26	12
-12－-10	121	35	0	0	0－2	129	94	4	2
-14－-12	75	15	0	0	-2－0	88	60	2	0
-16－-14	31	4	0	0	-4－-2	59	11	0	0
-18－-16	4	0	0	0	-6－-4	27	8	0	0
-20－-18	2	0	0	0	-8－-6	7	2	0	0
-22－-20	0	0	0	0	-10－-12	0	0	0	0
-24－-22	1	0	0	0	合計	848	847	848	847
-26－-24	0	0	0	0					
-28－-26	1	0	0	0					
合計	848	847	848	847					

地球温暖化と気候変動

図8　2月の日最高気温と日最低気温の頻度分布（上：北京、下：東京）

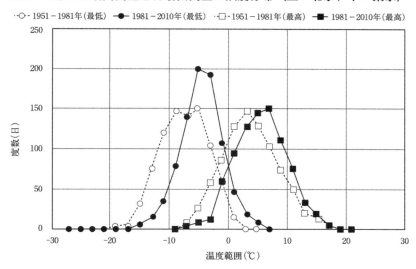

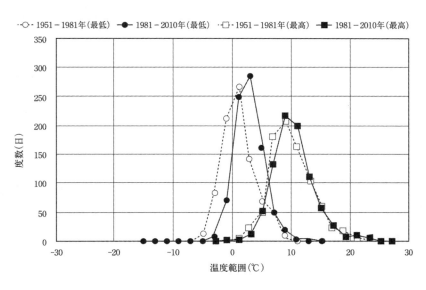

第三部　大気と水資源と建造物

表5　8月の日最低気温と日最高気温の変化（上：北京、下：東京）

		日最低気温（8月）		日最高気温（8月）	
		1951－1980 年	1981－2010 年	1951－1980 年	1981－2010 年
北京	平均値	20.2	21.4（＋1.2）	29.4	30.3（＋0.9）
	標準偏差	2.5	2.3	2.7	2.5
	最高値	27.3	28.1	38.3	37.3
	最低値	11.4	14.3	20.9	19.1
	中央値	20.3	21.5（＋1.2）	29.7	30.4（＋0.7）
東京	平均値	23.6	24.6（＋1.0）	30.8	31.1（＋0.3）
	標準偏差	2.1	2.1	3.0	2.9
	最高値	27.7	29.4	38.4	39.1
	最低値	15.9	17.6	19.6	20.2
	中央値	24.1	24.9（＋0.8）	31.5	31.6（＋0.1）

表6　8月の日最低気温と日最高気温の階級別頻度分布の変化

最低気温	北京		東京		最高気温	北京		東京	
階級（℃）	1951－1980	1981－2010	1951－1980	1981－2010	階級（℃）	1951－1980	1981－2010	1951－1980	1981－2010
30－32	0	0	0	0	40－42	0	0	0	0
28－30	0	1	0	13	38－40	1	0	1	2
26－28	1	15	73	236	36－38	1	5	8	13
24－26	42	102	396	343	34－36	23	38	81	109
22－24	160	274	267	205	32－34	123	173	282	273
20－22	306	276	133	100	30－32	271	312	262	259
18－20	230	198	52	31	28－30	258	238	125	135
16－18	143	48	8	2	26－28	144	115	100	80
14－16	37	16	1	0	24－26	71	39	35	33
12－14	8	0	0	0	22－24	25	7	24	19
10－12	3	0	0	0	20－22	13	2	10	7
8－10	0	0	0	0	18－20	0	1	2	0
6－8	0	0	0	0	16－18	0	0	0	0
合計	930	930	930	930	合計	930	930	930	930

地球温暖化と気候変動

図9 8月の日最高気温と日最低気温の頻度分布（上：北京、下：東京）

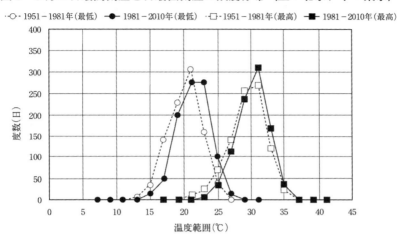

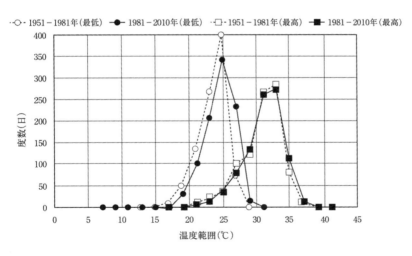

第三部　大気と水資源と建造物

気温の変化は、降水と関連づけて議論する必要があろう。

　夏における気温の変化を調べるために、8月の日最低気温と日最高気温の統計値と階級別頻度分布を表5と表6、図9に示した。平均値と中央値を比較すると、中央値の方がわずかに高い場合が多い。冬に中央値が平均値よりも低く、夏に高いことは、平均値が冬の極端に暑い日や夏の極端に寒い日の影響を受けているためと考えられる。気候を議論するとき、外れ値の影響を受けにくい中央値を利用することも考えるべきであろう。

　北京（東京）の平均値は、日最低気温が＋1.2℃（＋1.0℃）、日最高気温が＋0.9℃（＋0.3℃）上昇した。この結果は、日最低気温と日最高気温の中央値を用いても、それほどの差異はない。しかし、表6に示したように階級別頻度分布の最頻値には変化がないが、図9に示したように最頻値の頻度は減少し、分布が変化していることがわかる。また、北京の日最高気温には温暖化が認められるが、東京にはほとんど変化が認められない。夏の温暖化については、北京と東京で異なる状況であることがわかる。

　日本の気象庁は日最低気温や日最高気温を用いて、真冬日（日最高気温0℃未満）、冬日（日最低気温0℃未満）、夏日（日最高気温25℃以上）、真夏日（日最高気温30℃以上）、猛暑日（日最高気温35℃以上）、熱帯夜（日最低気温25℃以上）[1]と定義し、その統計を公開している。本章で用いた日最低気温と日最高気温を用いて、北京と東京の真冬日、冬日、夏日、真夏日、猛暑日の日数と熱帯夜の回数を10年ごとに集計し、表7に示した。

　北京と東京の真冬日、冬日、夏日、真夏日、猛暑日の日数と熱帯夜の回数を比較すると、北京と東京の気候の違いがよくわかる。北京の真冬日と冬日の日数が多いことは、北京の緯度が高いことで説明できるが、夏日、真夏日、猛暑日の日数が東京よりも多く、熱帯夜の回数が少ないことは、大陸の性質（熱しやすく、冷めやすい）による説明が必要となる。日本では猛暑日や熱帯夜の増加により、熱中症による救急搬送数が増加し、問題

---

1)　熱帯夜の定義は、本来「夕方から翌日の朝まで、つまり夜間の最低気温が25℃以上」である。気象庁は、熱帯夜（日最低気温25℃以上）を参考値として算出している。

150

地球温暖化と気候変動

表7　真冬日、冬日、夏日、真夏日、猛暑日の日数と熱帯夜の回数
　　　（上：北京、下：東京）

期間	真冬日	冬日	夏日	真夏日	猛暑日	熱帯夜
1951－1960	283	1255	1318	609	70	19
1961－1970	236	1286	1358	657	97	13
1971－1980	228	1273	1251	493	35	13
1981－1990	208	1167	1386	613	48	27
1991－2000	128	1122	1363	678	97	74
2001－2010	180	1093	1406	756	104	87

期間	真冬日	冬日	夏日	真夏日	猛暑日	熱帯夜
1951－1960	0	363	1044	418	10	124
1961－1970	1	311	1110	482	25	149
1971－1980	0	159	1038	443	11	160
1981－1990	0	116	1003	416	11	238
1991－2000	0	32	1132	508	36	296
2001－2010	0	25	1166	531	48	299

となっている。北京との比較から、熱中症に関しては暑さより、湿度の影
響が重要と推測できる。

　表7に示された10年ごとの集計結果からは、真冬日と冬日の日数減少
は単調なものの、夏日、真夏日、猛暑日の日数や熱帯夜の回数は、1971-
1990年に極小を示し、その後増加していることがわかる。このことは、
図3に示した気温の経年変化や表2で示した1951-1980年と1981-2010
年の比較では、読み取ることはできなかった。しかし、100年以上の経年
変化を示した図1では、1950-1980年の頃、気温が低下していることが
わかる。

　1974年に日本の気象庁が公開した「近年における世界の異常気象の実
態調査とその長期見通しについて」は、要約として「太陽活動および気候
変動の持続性、周期性の存在を前提として、これまで起こってきた傾向を
補外する時は、寒冷化の傾向は今後しばらく続くと考えられる。そして、
このような基調変化の上に、人為的影響と年々の変動が重なる」という見
通しを示しており、1980年以降の温暖化を予測することはできていない。

表8 月降水量と年降水量の変化

	1月	2月	3月	4月	5月	6月	7月	8月	9月	10月	11月	12月	年降水量
1951−1980年 平均	3.0	7.4	8.6	19.4	33.1	77.3	193.3	212.3	57.0	24.0	6.6	2.6	644.6
日降水量（北京）標準偏差	4.98	7.31	6.40	27.55	32.11	60.87	97.49	144.99	45.39	25.69	5.10	3.89	247.17
1981−2010年 平均	2.7	4.4	9.9	24.7	37.3	71.9	160.1	138.2	48.5	22.8	9.5	2.0	532.1
日降水量（北京）標準偏差	3.85	6.64	11.83	20.34	25.73	53.46	95.40	71.63	33.28	20.67	12.38	2.35	144.51
降水量 変化（北京）	−0.3	−2.9	1.3	5.3	4.2	−5.4	−33.2	−74.2	−8.5	−1.1	2.9	−0.5	−112.5
1951−1980年 平均	54.1	63.0	102.1	127.7	148.1	180.7	124.6	136.2	193.9	181.2	92.3	56.3	1460.1
日降水量（東京）標準偏差	39.51	37.81	45.76	41.82	72.47	95.33	68.47	90.82	113.76	84.44	52.44	47.40	211.74
1981−2010年 平均	52.3	56.1	117.5	124.5	137.8	167.7	153.5	168.2	209.9	197.8	92.5	51.0	1528.8
日降水量（東京）標準偏差	40.21	35.80	38.94	55.01	51.88	68.77	88.26	119.16	99.31	155.90	57.34	45.67	267.70
降水量 変化（東京）	−1.8	−6.9	15.4	−3.3	−10.3	−13.0	28.9	32.0	16.0	16.6	0.2	−5.3	68.6

ここに、現在進行中の気候変動を議論するときの難しさがある。つまり、現在進行中の気候変動は、統計期間の取り方、データの処理や表示の方法によって結果が変わることがあるからである。気候変動の理解には、統計処理のこのような問題点を理解した上で、報告書などを読む必要がある。

降水量の変化

年降水量の経年変化（図5）では、北京の減少と東京の増加の可能性を示した。このことを確認するために、年降水量と月降水量の30年間平均値を、1951−1980年と1981−2010年に対して算出し、その結果を表8と図10に示した。年降水量は北京で約17％減少し、東京で約5％増加したことがわかる。

北京の月降水量は、3月−5月、11月以外で減少している。月降水量の多い8月については、30年間で約35％の減少が確認できる。一方、東京の月降水量は、冬から春に減少し、夏から秋に増加していることがわかる。つまり、単に減少と増加という違いだけではなく、その変化の季節パターンも異なることがわ

地球温暖化と気候変動

図10 月降水量の変化（上：北京、下：東京）

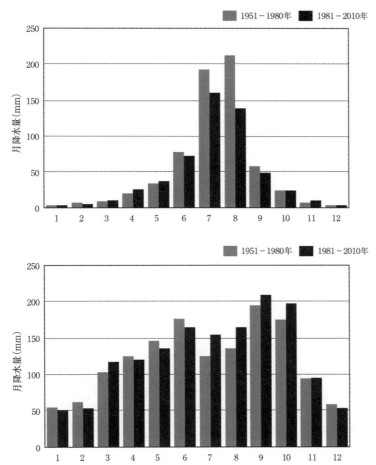

第三部　大気と水資源と建造物

表9　日降水量の階級別頻度分布の変化

日降水量階級 （mm/日）	北京		東京	
	1951−1980 年	1981−2010 年	1951−1980 年	1981−2010 年
130−	6	2	6	15
120−130	1	0	2	2
110−120	5	0	4	8
100−110	2	4	7	4
90−100	6	4	5	11
80−90	9	0	7	12
70−80	10	4	14	19
60−70	15	14	32	42
50−60	17	22	45	45
40−50	44	24	96	74
30−40	58	47	158	148
20−30	99	123	309	303
10−20	201	198	653	621
0−10	1846	1645	2514	2116
降水なし	8639	8870	7079	7537
計	10958	10957	10931[注]	10957

注：1951−1980 年の東京の日降水量の観測には、27 日の欠測があった。

かる。

　降水量変化の影響については、減少・増加という量だけでなく、降水の
季節パターンも重要である。例えば、植物が水を必要とする夏に減少する
のと増加するのでは、その影響に違いがあることが想像できよう。

　雨の降り方の変化を調べる目的で、日降水量の階級別頻度分布を求め、
結果を表9と図11に示した。最近30年間では北京で年約296日（約
81%）、東京で年約251日（約69%）、「降水なし」であることがわかる。
そして、「降水なし」の頻度が増加し、日降水量20mm未満の頻度が両都
市で減少したことがわかる。日降水量の階級別頻度分布は階級の取り方に
よって結果に影響することを考慮しても、北京の降水の減少は事実と判断
できよう。一方、東京では日降水量60mm未満に関しては、その出現頻
度が減少した。そして、日降水量60mm以上の階級では、その出現頻度

地球温暖化と気候変動

図11 日降水量の階級別頻度分布の変化（上：北京、下：東京）

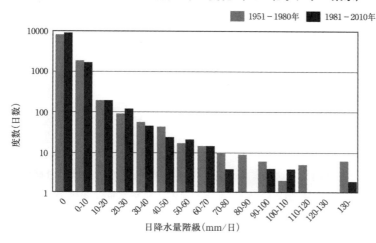

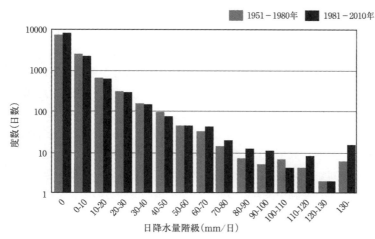

第三部　大気と水資源と建造物

表 10　強い雨の変化

期間	北京		東京	
	日降水量 100mm 以上	日降水量 50mm 以上	日降水量 100mm 以上	日降水量 50mm 以上
1951 – 1960	10	32	5	39
1961 – 1970	3	21	7	36
1971 – 1980	1	18	7	47
1981 – 1990	5	21	8	41
1991 – 2000	1	24	10	52
2001 – 2010	0	5	11	65

が増加したと判断できよう。つまり、東京の降水量の増加は、日降水量
60mm 以上の頻度増加によるのである。また、年降水量に変化がなくとも、
その降り方に変化が生じている可能性もあり、降水量の変化には注意が必
要である。

　日本では近年、雨の降り方の変化がマスコミなどで取り上げられること
が多い。例えば、「ゲリラ豪雨」の増加がある。「ゲリラ豪雨」は、マスコ
ミや民間気象情報会社が「突発的にまとまった雨が短時間に降る」に対し
て用いた用語であり、予測が難しく、被害を伴うことが多い現象である。
表 9 に示した「日降水量の階級別頻度分布の変化」では、東京の日降水
量 130mm 以上の日数の増加が確認できる。

　強い雨の降り方の変化を調べるために、日降水量 50mm 以上と日降水
量 100mm 以上の日数を 10 年ごとに集計し、その結果を表 10 に示した。
強い雨の頻度は、北京で減少、東京で増加していることが確認できた。雨
の降り方は、年々変動が大きいので、今後の雨の降り方の変化を継続的に
調べる必要があろう。

6.　おわりに

　地球温暖化や気候変動の議論では、平均気温の変化やその長期傾向が議
論されることが多い。しかし、北京と東京のデータを用いて示したように、
データの分布（出現頻度）や変化パターン（季節進行）などの変化に注目

する必要がある。それは私たちが日々経験するのは「天気」であり、統計結果としての「気候」ではないからである。

平均気温に変化がない場合でも、図 12（b）に示したように分散が大きくなると、極端現象（異常低温や異常高温）の出現頻度が高くなる。また、図 12（a）に示されたように単に平均値の上昇ならば、その変化に対応することはそれほど難しくない。しかし、図 12（c）に示したように平均と変動幅（分散）が変化すると、それへの対応は難しくなる。

例えば図 12（c）のような変化では、地球温暖化にあっても冷夏や厳冬は起こる。それは気候の変動性が内在しているからであり、温暖化と何ら矛盾することはない（Hansen et al., 2012(a)）。しかし、冷夏や厳冬を体験すると一般市民やマスコミから、「地球温暖化は終わった」あるいは「温暖化は存在しなかった」などといった議論が起こる。一般市民の天気と気候に対する理解を増進する必要性がここにある。したがって、気候の変化では、どのような変化が実際に起きているかを調べることが重要なのである。

そして、地球温暖化あるいは気候変動のような地球規模の問題に対応するには、世界の国々が協力して解決していく必要がある。しかし、地球環境問題に対する政策が国際社会あるいは国として合意できたとしても、国際社会や国を構成する一人一人の意識や行動パターンの変革なくして、その実効性を高めることはできない。本稿で示した北京と東京の比較からも明らかなように、世界の人々が体験している天気の変化は、共通点よりも相違点の方が多い可能性があり、地球規模の環境問題に対する共通認識を構築するには、理解増進・教育普及活動が必要なのである。

20 世紀後半に始まった地球温暖化の議論の発端は、21 世紀末に二酸化炭素濃度が産業革命以前の 2 倍（約 600ppm）になり、強まる温室効果による温暖化への危惧であった。現在、大気中の二酸化炭素濃度は約 400ppm であり、産業革命以前に比べ約 40％増加している。二酸化炭素の温室効果が強まっていることは確かである。しかし、気候に内在する変動要因、あるいはそれ以外の効果もあり、現在の温暖化における二酸化炭素の寄与については不確実性があり、定量的に断言することは難しい。そ

第三部　大気と水資源と建造物

図 12　気候の変化の極端現象への影響　(a) 平均値の上昇、(b) 分散の増大、(c) 平均値の上昇と分散の増大

(a)
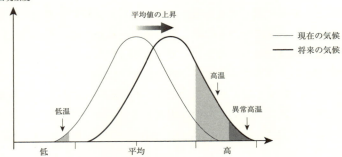

(b)
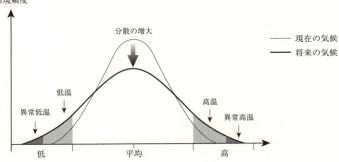

(c)
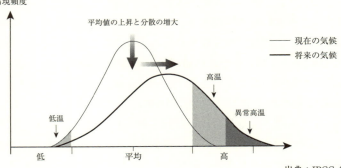

出典：IPCC, 2001.

地球温暖化と気候変動

れでも、大気中の二酸化炭素が 600ppm まで増加したら、強まった温室効果による過度の地球温暖化が顕在化することは、大気放射学の理論に基づいて疑いの余地はない。

中国や日本、そして世界にはたくさんの故事成句がある。その中でも「転ばぬ先の杖」や「遠慮なければ近憂あり」「備えあれば憂いなし」は同様の意味であり、地球温暖化や気候変動を考えるときに重要な示唆を与えてくれる。将来世代のために、今私たちがすべきことを真剣に考える必要があろう。本章では、いくつかの検討課題を示した。また、北京と東京の比較だけでなく、中国と日本の比較や気候変動対策として期待されている再生可能エネルギー分野において、北京大学と桜美林大学の間の将来の共同研究につながることを期待したい。

謝辞

本研究の一部は科研基盤（C）25350263（代表者：坪田幸政）の助成を受けて行った。

参考文献

藤部文昭、2012：『都市の気候変動と異常気象』朝倉書店、161 頁。

―――――、2014：『統計からみた気象の世界』成山堂書店、146 頁。

Guoyu Ren, Yaqing Zhou, Ziying Chu, Jiangxing Zhou, Aiying Zhang, Jun Guo, and Xuefeng Liu, 2008: Urbanization Effects on Observed Surface Air Temperature Trends in North China, *Journal of Climate*, 21, 1333‒1348.

Hansen, James, Makiko Sato, and Reto Ruedy, 2012(a): Perception of climate change, *Proc. Natl. Acad. Sci.*, 109, 14726‒14727, E2415‒E2423, doi:10.1073/pnas.1205276109.

Hansen, James, Makiko Sato, Reto Ruedy, 2012(b): The New Climate Dice: Public Perception of Climate Change, http://www.giss.nasa.gov/research/briefs/hansen_17/.

Hao Yu, Bing Wang, Yue-Jun Zhang, Shouyang Wang, Yi-Ming Wei, 2013: Public perception of climate change in China: results from the questionnaire survey, *Natural Hazards*, Volume 69, Issue 1, pp. 459‒472.

Hou Yi-Ling, Chen Bao-De, Yang Xu-Chao, and Liang Ping, 2013: Observed Climate Change in East China during 1961‒2007, *Advances in Climate Change Research*, Volume 4, Issue 2, pp. 84‒91.

第三部　大気と水資源と建造物

Intergovernmental Panel on Climate Change (IPCC), 2001: *Synthesis Report. A Contribution of Working Groups I, II, and III to the Third Assessment Report of the Intergovernmental Panel on Climate Change* [Watson, R. T. and the Core Writing Team (eds.)]. Cambridge University Press, Cambridge, United Kingdom, and New York, NY, USA, 398 pp.

IPCC, 2013: Climate Change 2013 The Physical Science Basis Working Group I Contribution to the Fifth Assessment Report of the Intergovernmental Panel on Climate Change Summary, https://www.ipcc.ch/report/ar5/wg1/.

気象庁、1974：『近年における世界の異常気象の実態調査とその長期見通しについて』日本気象協会、347 頁。

気象庁、2015：「異常気象レポート 2014」気象庁、253 頁。http://www.data.jma.go.jp/cpdinfo/climate_change/2014/pdf/2014_full.pdf

国立天文台、2014：『理科年表』丸善、1092 頁。

Pei Jun Shi, Shao Sun, Ming Wang, Ning Li, Jing'Ai Wang, YunYun Jin, XiaoTian Gu, WeiXia Yin, 2014: Climate change regionalization in China (1961-2010), *Science China Earth Sciences*, Volume 57, Issue 11, pp. 2676-2689.

Wan Su-Qin, Gao Yuan, Zhou Bo1, Wang Hai-Jun and Liu Min1, 2013: Climate Change Facts in Central China during 1961-2010. *Advances in Climate Change Research*, Volume 4, Issue 2, pp. 103-109.

Zhao Chun-Yu, Wang Ying, Zhou Xiao-Yu, Cui Yan, and Liu Yu-Lian, 2013: Changes in Climatic Factors and Extreme Climate Events in Northeast China during 1961-2010, *Advances in Climate Change Research*, Volume 4, Issue 2, pp. 92-102.

データ入手サイト

・Beijing Climate Center：http://bcc.cma.gov.cn
・気象庁：http://www.data.jma.go.jp/
・NASA IMAGES of CHANGE：http://climate.nasa.gov/

教育设施材料中阻燃剂对人体健康的影响

教育施設の建材などに含まれる
難燃剤の人体に与える影響

張　剣波

【日本語要約】近年、学校の施設や設備に使われている材料が原因で生徒や学生の健康に深刻な危害を及ぼす事例が発生し、社会各界で広く関心を呼んでいる。生徒や学生たちは屋内で過ごす時間が長いうえ、電子機器に接することも多い。教育施設や設備の材料に含まれる健康に有害な物質が生徒や学生たちの生活環境悪化、健康被害の大きな原因となっている。本稿では、環境に悪影響を与える教育施設や設備の材料について分析を行い、特に多く含まれるポリ臭化ジフェニルエーテル（PBDEs）とヘキサブロモシクロドデカン（HBCDs）について環境汚染と人体危害に関する評価を行った。

第三部　大気と水資源と建造物

1. 前言

随着经济的快速发展，中国教育机构迅速扩展，教育水平不断提高。每年的高等教育招生人数从 1977 年的 27 万人增加到 2015 年的 700 万人，增加了 20 多倍，同时，研究生培养，中小学教育也得到迅速发展和改善。随着教育事业的发展，教育设施的建设也在加快进行，包括教学楼、学生宿舍、各种配套设施的建设。在这个过程中，由教育设施建设选用材料不规范引发的环境事件也愈发引起公众的重视。随着江苏省常州外国语学校污染事件、广东省深圳南山区北师大南山附小毒跑道事件的曝光，教育设施环境质量问题引起了人们的广泛关注。

在教育设施所用建筑材料如复合板、涂料、油漆等都会释放出多种有毒有害物质[1]，有研究表明有室内装修家庭的学龄儿童的肺功能各项指标均低于无室内装修组[2]。因建筑和装修材料而引发的室内空气污染已经成为当前中国最主要的室内环境质量问题。

校舍建设，以及课桌、办公桌等各种用品、设施的建设导致学校是建筑材料用量很大的场所，如果对材料的监管不严，就可能引发环境污染问题。如 2015 年 11 月深圳北师大南山附小毒跑道事件[3]，经检测，已铺设的塑胶跑道甲苯和二甲苯总和检出值为 0.27mg，超出国家标准（0.05mg）5 倍多，导致 200 多名学生苯中毒。尤其近年来高校招生规模扩大，高校新建校舍由于工期紧张及教学办公和学生住宿需要，从完工到使用之间缺乏"空置期"来挥发有害气体，危害学校师生健康[4]。如南京市几所高校新装修完学生宿舍一个月后甲醛超标率仍达 100%，苯超标率为 31.2%[5, 6]，杭州市某高校 75 间教室甲醛超标率达 55.56%，最高超标浓度为 660 $\mu g/m^{3[6]}$，而研究表明当甲醛质量浓度超过 60 $\mu g/m^3$ 时，即可增加儿童哮喘患病的危险性[7]。由此可见，由于教育设施建设而引发的环境污染问题已经危害到公众的身体健康。

事实上，设施建设除导致人们较熟知的甲醛、苯、甲苯等常见污染物超标之外，还有一些危害严重，但较为隐秘的物质也广泛存在于设施建设的材料中，甚至就存在于我们天天接触的电脑、手机中，如作为阻燃剂被广泛应

162

用的多溴联苯醚、六溴环十二烷等。这些物质大多属于持久性有机污染物，对人体和环境的危害更大，持续时间更长，它们已经被列入到《关于控制持久性有机污染物的斯德哥尔摩公约（POPs 公约）》的受控物质名单中。

2. 材料与多溴联苯醚 (Poly Brominated Diphenyl Ethers, PBDEs)

PBDEs 的生产使用

自 19 世纪 50 年代以来，为减少由火灾造成的人身伤害和财产损失，阻燃剂类物质的市场需求持续增加，并广泛应用于纺织品、建筑装饰材料及电子电器设备等各种商业产品中[8]。而多溴联苯醚（PBDEs）作为溴代阻燃剂的一大类阻燃物质，由于其优异的阻燃性能，已成为目前世界上产量最大、应用最为广泛的有机阻燃剂之一。

PBDEs 价格低廉，性能优越，急性毒性低，在全球范围内使用最广，在各种电子电器和自动控制设备、保温材料、地毯、家具、床垫、纺织品等产品中都有应用[9]。PBDEs 共有 209 种异构体，其中生产使用最为广泛的为五溴联苯醚（Penta-BDE）、八溴联苯醚（Octa-BDE）和十溴联苯醚（Deca-BDE），其中五溴和八溴联苯醚都已在 2009 年列入《斯德哥尔摩公约》附件 A（禁止生产），但十溴联苯醚仍在广泛使用[10]。Schenker 等[11] 估算了 1970-2005 年间全球 PBDEs 的消费量如图 1 所示。由图可见，近年来五溴联苯醚和八溴联苯醚类消费量呈下降趋势，而十溴联苯醚用量正在持续上升。

近年来中国阻燃剂产量及消费量均列世界前茅，其中使用量最多的是十溴联苯醚，主要用于电子电器，含有十溴联苯醚的终端产品包括电视、电脑、插线板、洗衣机、房间空调、窗帘和地毯等，其添加量最大可到器件总重的 30%，这些产品在日常使用过程中都有可能释放出十溴联苯醚。2009 年《南方周末》一篇题为《有毒阻燃剂阴影逼向中国》的报道引起社会广泛关注，该文章指出中国所有的阻燃法规或标准，只强调要通过毒性试验和阻燃试验，而从未依据人体健康因素做出要求。十溴联苯醚是我国目前产量最大、用量最多的阻燃剂品种，十溴联苯醚类有毒物质正在危害我们的身体健康。

第三部　大気と水資源と建造物

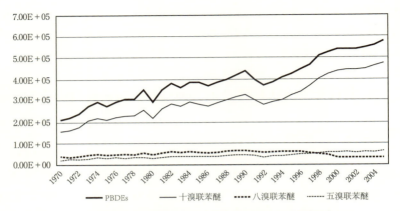

图 1　全球 1970-2005 年间 PBDEs 消费量（t/y）

PBDEs 对健康的影响

PBDEs 为淡黄色、无特殊气味的粉末状物质，对皮肤无刺激作用，大鼠经口半数致死剂量（LD50）为 5800-7400mg/kg。目前，有关 PBDEs 在动物和人体中的长期蓄积效应的研究工作十分有限，但普遍认为，PBDEs 会影响神经、内分泌和生殖系统。

（1）影响神经行为

神经行为毒性是目前在啮齿动物中所观察到的最敏感的毒性终点。经灌胃给予妊娠第六天的大鼠 60、300μg/kg 的 BDE-99，与对照组相比，染毒组在活动期的活动度和每次活动期的持续时间明显增加[12]。围生期 CD1 大鼠暴露 BDE-99，可影响仔鼠感觉运动发育，导致攀爬反应迟缓[13]。发育时期大鼠体内 PBDEs 的暴露会改变其习性行为[14,15]，引起极度活跃[16] 和记忆力缺失[17]。外国学者通过产前脐带血内暴露 PBDEs 对儿童神经行为发育影响的研究，发现脐带血中 PBDEs 的浓度较高的儿童在神经行为发育测试中表现欠缺[18]。

（2）内分泌干扰作用

PBDEs 在结构和化学性质上与多氯联苯（PCBs）类似，推测其具有与 PCBs 相似的内分泌干扰作用，导致生物体的发育过程、免疫力、繁殖力受到影响[19]。Prasada 等[20] 利用混合物 DE-71 染毒大鼠，发现在新出生后

代中引起了严重的低甲状腺素血症，同时影响雄性小鼠的生殖系统，包括肛门与生殖器距离等，但生殖组织和血清中睾丸激素浓度不改变。在 PBDEs 对甲状腺激素分泌影响的研究上，血清中 PBDEs 的浓度水平与四碘甲状腺原氨酸（T4）和游离甲状腺素（FT4）浓度没有联系，但与促甲状腺激素（TSH）呈明显负相关[21]。Chevrier 等[22] 推测 PBDEs 可能引起甲状腺功能亢进症状。Akutsu 等[23] 通过研究日本年轻男性血清中 PBDEs 水平及其与精子质量的关系中发现，血清中 HxBDE-153 浓度与精液中精子浓度及睾丸体积呈明显的负相关。

（3）致癌作用

目前，有关 PBDEs 致癌性的研究报道有限，DeBDE 被测试出具有潜在的致癌性[24]。Briseis 等[25] 通过研究未发现甲状腺癌与 PBDEs 的暴露有关。Li 等[26] 通过实验研究 PBDE-209 对乳腺癌、卵巢癌和宫颈癌细胞的生长死亡影响发现，PBDE-209 可以促进各种癌细胞的生存发育和增殖能力；国际癌症研究中心（IARC）将其归类为对实验动物致癌性的证据有限，对人类致癌性归于第三类。

PBDEs 的使用导致对环境的污染

作为一种添加型阻燃剂，PBDEs 很容易脱离添加物体系进入环境，造成广泛污染。近年来，PBDEs 在中国大气、水体、土壤、沉积物、室内灰尘、生物体和人体等中都已有相关检测数据[27]。

作为国内阻燃剂生产基地，我国江苏省和山东省大气中 PBDEs 浓度均明显偏高[28, 29]。山东潍坊滨海经济开发区是我国最大的溴代阻燃剂生产基地，主要生产十溴联苯醚、六溴苯和五溴甲苯、四溴双酚 A 等溴代阻燃剂。吴辉等[10] 于 2011−2012 年间采集该地大气样品，结果表明潍坊大气中 PBDEs 浓度为 16000−240000pg/m^3，平均浓度为 140000pg/m^3，这个浓度要显著高于普通城市，在全球范围内也属于较高污染水平。2004 年 Jaward 等[30] 人在亚洲地区采用被动采样的方式，采样范围覆盖中国、日本、韩国和新加坡，观测结果显示中国西安市大气中 PBEDs 浓度高达 340pg/m^3，为研究区域中的最高值；据作者推测，这可能与西安的大规模电子工业活动有关。对广州室内外灰尘中的 PBDEs 研究发现，大部分居室室内样

第三部　大気と水資源と建造物

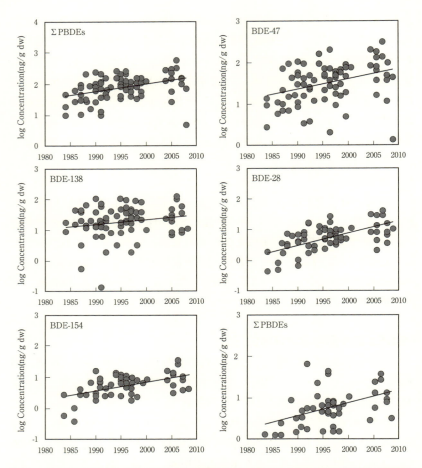

图 2　1984–2008 年间长江中华鲟受精卵中 PBDEs 含量随时间变化趋势图

品浓度要高于室外样品,这说明室内环境中有 PBDEs 的重要污染源,如电视、电脑、地毯、窗帘等。Suzuki 等[31]人的研究发现,电子电器产品中添加的 PBDEs 可以通过蒸发、碎片脱落、微小颗粒物迁移、尘土吸附等途径进入室内。黄玉妹等[32]采用表面擦拭法采集电视机、电脑内、外壳和电路板上的尘土分析显示,电视尘土中的 PBDEs 含量均值为 72134ng/g,是普

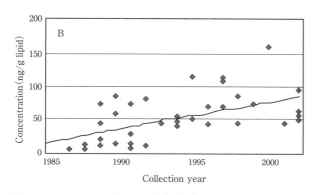

图3　1985-2002年间人体内血清中PBDEs浓度变化

通家庭尘土中PBDEs含量的7.5-128倍，而电脑中的尘土含量均值为6272ng/g，也要显著高于家庭室内尘土中PBDEs浓度，电脑和电视尘土中PBDEs含量的主要成分均为BDE-209，而BDE-209是十溴联苯醚产品的主要成分。由此可见，电视机和电脑释放是室内PBDEs的重要来源之一，与十溴联苯醚在其塑料外壳和电路板的应用相关。不同家庭室内PBDEs含量与室内PBDEs排放源的数量、日使用时间和产品类型有关。

在时间趋势上，2015年Zhang等[33]人检测了珠江三角洲红树林不同深度的沉积物岩芯中PBDEs的浓度，结果显示沉积物岩芯中PBDEs由下往上浓度逐渐上升，在广州0-8cm的沉积物岩芯中PBDEs浓度为5.40-67.6ng/g dw，而8-44cm仅为0.0901-0.724ng/g dw，这暗示着珠江红树林湿地沉积物中PBDEs浓度随时间增长具有上升趋势。Sun等[34]采集了1984-2008年期间长江中华鲟受精卵样品共计105个，其PBDEs含量为4.7-572ng/g dw，在1984-2008年间，中华鲟受精卵中的PBDEs含量呈现上升趋势（如图2），增长速度最快的为BDE-28，年增长率达到10.2%，其次为BDE-100。

从20世纪80年代到20世纪末发达国家人乳、血液中PBDEs含量持续上升，Sjödin, Andreas等人[35]研究了1985-2002年期间美国居民血清中PBDEs的含量，发现其随时间浓度呈上升趋势（图3）。Lignell等[36]人采集了1996-2006年期间瑞典女性母乳样品共计335份，检测结果表明在

表1 中国不同城市居民母乳中 PBDEs 含量 (ng/g lw)

地点	采样时间	均值/中值浓度	浓度范围	所检测的 PBDEs 种类	参考文献
南京	2004	7.7/7.1	2.7-15	BDE-3, -15, -28, -47, -99, -100, -153, -154, -183, -196, -206, -207, -209	[42]
舟山	2004	4.7/4.4	1.2-11	BDE-3, -15, -28, -47, -99, -100, -153, -154, -183, -196, -206, -207, -210	[42]
北京	2005	1.2/1.08	0.68-3.07	BDE-47, -99, -100, -153, -154, -183	[43]
北京	2011	11.02/3.24	0.22-135.41	BDE-28, -47, -99, -100, -153, -154, -183, -209	[44]
天津	2006	2.83/2.52	1.71-4.48	BDE-28,-47, -99, -100, -153, -154, -183	[40]
天津	2006-2007	3.42/2.62	1.66-10.82	BDE-15, -28, -47, -49, -66, -77, -100, -99, -85, -154, -153, -184, -183, -197, -196, -207, -209	[45]
上海	2006-2007	11.25/8.81	2.68-38.88	BDE-28, -47, -99, -100, -153, -154, -183	[46]
上海	2007	8.6/7.8	1.8-26.7	BDE-28, -47, -99, -100, -153, -154, -183, -196, -197, -203, -206, -207, -208, -209	[47]
石家庄	2006-2007	3.71/2.24	0.87-22.90	BDE-15, -28, -47, -49, -66, -77, -100, -99, -85, -154, -153, -184, -183, -197, -196, -207, -209	[45]
石家庄	2014	2.72/1.21	N.D.-19.93	BDE-28, -47, -100, -99, -154, -153, -183, -209	[41]
烟台	2006-2007	4.16/4.05	2.62-6.28	BDE-15, -28, -47, -49, -66, -77, -100, -99, -85, -154, -153, -184, -183, -197, -196, -207, -209	[45]
广州	未提	3.5	1.7-7.2	BDE-28,-47, -99, -100, -153, -154, -183	[48]
深圳	2007	14.75/7.24	2.59-188.64	BDE-28, -47, -99, -100, -153, -154, -183	[49]
莱州湾	2007	81.5	/	BDE-28, -47, -99, -100, -153, -154, -183,-209	[50]
台州	2005	117	8.89-457	BDE-7, -8, -10, -11, -12, -13, -15, -17, -25, -28, -30, -32, -33, -35, -37, -47, -49, -66, -71, -75, -77, -85, -99, -100, -116, -118, -119, -126, -138, -153, -154, -155, -166, -181, -183, -190	[51]
中国12省	2007	1.58/1.49	0.85-2.97	BDE-28, -47, -99, -100, -153, -154, -183	[52]

教育设施材料中阻燃剂对人体健康的影响

1996-2006 年期间，瑞典女性母乳中 BDE-47 和 BDE-99 浓度呈下降趋势，而 BDE-153 浓度持续上升。这个结果可能与自 1990s 开始低溴代的阻燃剂产品的减少使用和禁用相关，BDE-47 和 BDE-99 是五溴联苯醚产品的成分，而 BDE-153 是八溴联苯醚类产品的重要组分之一。日本相关研究[37] 检测了1973-2000 年间母乳中 PBDEs 含量，结果显示在 1973-1988 年间 PBDEs含量持续上升，在 1990s 初期呈现降低趋势，而后又升高并趋于稳定。作者认为近年来对 PBDEs 的限制使用是其含量下降的主要原因，同时还指出存在于环境中的各种含有 PBDEs 的废弃物会释放出其所含的 PBDEs，从而导致持续的人体暴露。

在中国，Chen 等[38] 于 2008 年采集了大连 0-11 岁儿童的血浆样品，其 PBDEs 浓度范围为 ND-188.37ng/g lw，均值和中值浓度分别为 40.08、31.61ng/g lw，远高于广州成人血清中的浓度（4.4ng/g lw），这暗示着大连儿童有较高的 PBDEs 暴露风险，其主要的暴露途径是饮食暴露（母乳、等）和室内空气、灰尘等。Carrizo 等[39] 人研究发现对于 4 岁的儿童，以母乳喂养的 PBDEs 浓度要高于奶粉喂养儿童，这说明母乳是新生儿摄入PBDEs 的主要途径之一。目前我国对母乳中 PBDEs 含量检测的研究较多，Zhu 等[40] 人于 2006 年对天津市的 80 个母乳样品进行测定，PBDEs 含量为 1.7-4.5 ng/g lw，采样时详细记录了每位女性每天使用电脑、观看电视的时间，结果表明，母乳中 PBDEs 含量与其使用电子产品时间呈显著正相关，使用电子产品时间越长，其母乳中 PBDEs 浓度越高，这同样验证了电子产品是人体暴露 PBDEs 的潜在来源之一。Yang 等[41] 研究了河北省女性不同阶段母乳中 PBDEs 的含量，8 种 PBDEs 的总浓度为 0.04-19.93 ng/g lw。表 1 总结了不同文献研究中所报道的我国不同城市居民母乳中的PBDEs 含量。在生产园区居民人乳中的 PBDEs 含量要高于非生产园区，尤其是电子垃圾拆解地浓度要显著高于其他地区。我国城市居民母乳中的PBDEs 含量要高于韩国、日本等其他国家。

十溴联苯醚的脱溴降解与毒性的增加

总体来看，中国人体中十溴联苯醚浓度高于其他国家和地区，莱州湾（生产区域）和电子垃圾拆解地的居民血清平均浓度高达 240ng/g，最高达

169

第三部 大気と水資源と建造物

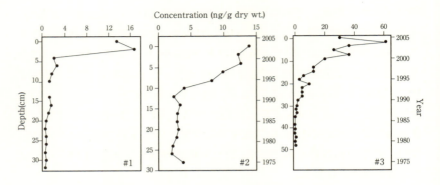

图 4　珠江三角洲沉积物岩芯中 BDE-209 浓度时间变化趋势

780ng/g lw[53]，而非电子垃圾拆解和生产地的天津地区仅为 36.4ng/g[54]，日本更是只有 1.2ng/g[55]。这与中国大量生产和使用十溴联苯醚作为阻燃剂有关。Chen 等[56]研究了珠江三角洲沉积物岩芯中十溴联苯醚 BDE-209 浓度随时间的变化（见图 4），结果表明，1990 年之前 BDE-209 浓度较为稳定，1990 年之后浓度呈指数上升，大约 2.6 年增加一倍。Li 等[57]对我国城镇地区大气中 PBDEs 浓度进行了监测，2005 年城镇地区 BDE-209 平均浓度为 65pg/m³，而到了 2009 年，平均浓度上升至 170pg/m³，增长了两倍多。

余梦琪[58]采用物质流分析方法，根据搜集的十溴联苯醚各排放过程的活动水平和排放因子及迁移系数，建立了中国自生产以来（1982 年）至 2013 年间的十溴联苯醚排放清单。研究表明 1982－2013 年间，中国 decaBDE 累计排放量为 313.3t，排放量在 2003 年达到峰值 27.5t。

对于十溴联苯醚是否可能脱溴降解生产毒性更大的五溴、八溴联苯醚，北京大学环境科学与工程学院 POPs 研究小组进行了相关探讨。利用化学动力学原理对溴代二苯醚脱溴反应的动力学模型进行构建，研究结果表明溴代数越多，能量越高，表明从热力学角度来说，高一级溴代物有转化成低一级溴代物的趋势。并且，随着溴代数增高，生成焓增高更多，表明在溴代联苯醚同族体中，由于空间位阻效应造成的环张力扩大，同样发生脱溴降解反应时，相对于低溴代物，高溴代物更容易进行。溴离子的生成是溴代二苯醚开始分解的一个重要指示物，研究里也针对溴离子的生成进行了重点测定，通

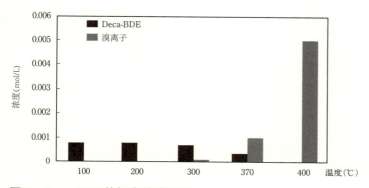

图 5　Deca-BDE 热解实验结果图

过毛细管封管加热的实验方法，冷却后在 NaOH 溶液中打碎，萃取稀释并定容至计算容量，通过银量法，$AgNO_3$ 滴定溴元素得到的结果如图所示。

实验结果表明，从 200℃开始，十溴联苯醚就已经开始通过脱溴降解的途径向低溴代联苯醚转化，生成一系列的脱溴产物，反应依次生成九溴、八溴等更低溴代联苯醚，是逐级脱溴过程。在日常生活环境以及工作环境（电吹风，烫发棒，电烙铁）就可能接触到 200℃左右，十溴联苯醚的脱溴降解就已经开始。

3. 材料与六溴环十二烷 (Hexabromocyclodocanes，HBCDs)

HBCDSs 的生产使用

六溴环十二烷（HBCDs）是仅次于十溴联苯醚和四溴双酚 A 的世界第三大溴代阻燃剂，已经被使用了 20 余年[59]，它被使用于泡沫和聚苯乙烯发泡产品中，软垫家具、装饰用布、建筑材料（如楼宇墙面、地下室、屋顶、停车平台）内的保温砌块、磁带录像机外壳、电子设备等终端产品里[60]。HBCDs 主要含有三种异构体，α-、β- 和 γ-HBCD，其中 γ-HBCD 含量最高。HBCDs 于 2013 年 5 月被增列入 POPs 公约淘汰物质名录，建议在全球范围内逐步淘汰其生产和使用，但公约也同时建议用于建筑领域 EPS 和 XPS 的 HBCDs 在 2019 年前仍享有特定的豁免权。

第三部　大気と水資源と建造物

表2　HBCDs的主要用途

物　质	功　能	产品（举例）
聚苯乙烯泡沫板 EPS	绝缘	建筑，绝缘板（包装物质）
		交通工具的隔热板
		保温板
挤塑板 XPS	绝缘	建筑，绝缘板
		交通工具的隔热板
		保温板
耐冲性聚苯乙烯 HIPS	电子电器	VCR 供电
		录像带
		配电箱
棉纺或棉纺／人造混合的聚合体处理	纺织物涂层处理	
室内装潢用布		床垫被套
		软垫家具
		汽车内部织物

中国是世界 HBCDs 的生产和使用大国，其在主要建筑保温材料——发泡聚苯乙烯和挤塑聚苯乙烯中有重要应用，此外，在电器和电子器材中的高抗冲聚苯乙烯以及纺织品涂层中也有应用，用以延缓建筑、车辆或物品使用期内以及材料贮存期间的着火现象并减缓随后的火势发展[9]。2009 年我国 HBCDs 的生产量为 1.2 万吨，2013 年产量达到 3 万吨。HBCDs 主要用途如表 2 所示，目前中国 HBCDs 约 95% 都应用于 EPS 和 XPS 领域，加工企业多分布在山东、江苏和河北三省[61]。

HBCDs 的健康效应

欧洲联盟委员会 2008 年全面评估了 HBCDs 暴露对人体健康的毒性效应和风险，得出结论：HBCDs 可能会造成生殖毒性和慢性毒性，但没发现 HBCDs 对人体的急性毒性、刺激性、增敏性、诱变性和致癌性[62]。现有毒性研究数据显示，HBCDs 会对生物转化、物质代谢及内分泌过程产生影响，并具有神经毒性潜力，甚至影响生物的正常发育和生殖能力。

（1）内分泌干扰作用

通过动物实验发现，HBCDs 主要影响肝脏的生物转化过程，引起氧化

应激反应、干扰凋亡程序和影响激素信号传导等。HBCDs 可干扰鱼类的甲状腺系统，影响虹鳟鱼体内甲状腺激素的代谢过程[63]。Crump 等[64] 研究了鸡胚肝细胞对于 HBCDs 暴露的反应，包括对外源性代谢、甲状腺激素的转运和类脂代谢的影响，发现 1000ng/g HBCDs 暴露显著上调了细胞色素 P450（CYP）2H1 等，而在 100ng/g 和 1000ng/g 时肝脏脂肪酸结合蛋白和胰岛素生长因子分别明显降低。Van 等[65] 研究指出，暴露在 100mg/kgHBCD 时会应影响大鼠血清中甲状腺激素含量，高剂量 HBCD（500、2500mg/kg）暴露会引起甲状腺增生及抑制卵细胞形成。

（2）生殖发育毒性

Deng 等[66] 发现，水中 HBCDs 的暴露会诱导斑马鱼胚胎细胞凋亡，对胚胎发育产生显著影响。同时 HBCDs 可以通过母体向后代迁移，并且斑马鱼卵中 HBCDs 浓度明显高于母体中浓度。Ema 等[67] 研究不同浓度 HBCDs 对大鼠内暴露的影响，发现大鼠原始卵泡减少，幼仔成活率降低，大鼠后代睾丸和前列腺重量减轻及听力减弱等效应。Meijer 等[67] 证明，脐带血清和母乳中的 HBCDs 会通过母亲向后代子女迁移。

（3）神经毒性

动物实验研究显示，HBCDs 在体内和体外都具有潜在的神经毒性。Reistad 等[68] 发现低剂量的六溴环十二烷会导致大鼠小脑颗粒细胞死亡，肝脏线粒体细胞减少 64%，并导致肝功能衰退。Lilienthal 等[69] 发现，HBCDs 可以引起大鼠听觉功能丧失，同时多巴胺依赖行为发生变化。HBCDs 对小鼠的学习和记忆能力也有显著影响[70]。由于 HBCDs 会干扰甲状腺激素介导的神经系统发育，甲状腺激素系统的紊乱可能对后代造成长期神经毒性效应[71]。

（4）其他毒性

Hinkson 等[72] 发现 HBCDs 可降低人体自然杀伤细胞的结合能力和表面蛋白的表达，从而导致 NK 细胞的裂解功能丧失。HBCDs 还会诱导哺乳动物细胞发生基因重组，引发癌症，可能具有遗传毒性[73]。

3.3 HBCDs 使用导致的环境污染

HBCDs 属于添加型阻燃剂，由于没有化学键束缚，从生产、加工、运输、使用、处置等各个生命周期的各个阶段，均可能释放进入环境，在环境

第三部　大気と水資源と建造物

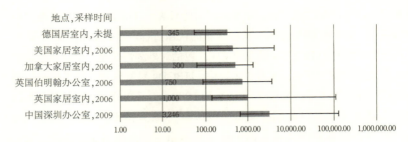

图6　不同地区室内灰尘中 HBCDS 浓度（ng/g）

中稳定不易被降解并具有长距离迁移能力，进而引起长期、长距离的环境和健康风险。HBCDs 在各环境介质中广泛存在[74]。在城市地区，由于人口密度和产品消费量都更大，因而 HBCDs 从产品中排放的量更大。虽然现在 HBCDs 在一些国家的使用量已经很低，但许多具有较长生命周期的含有 HBCDs 的产品（如可以使用 50 年的 XPS 板）目前还有大量的储存。刘艺凯等[75]于 2009 年采集了莱州湾附近河流及河口表层（0-10cm）沉积物样品，其 HBCDs 含量为 0.03-20.17ng/g dw，均值为 2.14ng/g dw，其浓度最高的沉积物采自寿光市建筑土，这也说明了建筑材料的使用和废弃过程是环境中 HBCDs 的来源之一。

大气中的 HBCDs 大部分都是以吸附在颗粒物上的形式存在，室内空气中 HBCDs 浓度水平可以高出室外条件下 2 个数量级，Hong 等[76]于 2004-2005 年采集了广东居民、办公室以及工作场所室内空气，HBCDs 的浓度范围为 0.89-125pg/m^3，2006 年英国为 67-1300pg/m$^{3[77]}$。室内灰尘是吸附 HBCDs 污染物的主要介质，Ni 等[78]于 2009 年随机抽取深圳 56 个办公室采集室内灰尘，其 HBCDs 浓度范围为 652-122973ng/g，2006 年英国伯明翰办公室内灰尘中 HBCDs 浓度为 90-3600ng/g，居民室内浓度为 140-110000ng/g[79]。由此可见，中国国城市室内 HBCDs 的浓度处于较高的水平（如图 6 所示）[77-80]。

成人经过饮食和呼吸途径暴露于 HBCDs。王翼飞[81]等于 2013 年随机抽取北京市市售动物性食品 50 份（水产品、肉类、奶类和蛋类），HBCDs 含量在 N.D-26.83 ng/g lw 之间，检出率为 80%。经计算，中国成人经灰尘

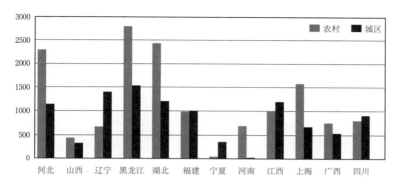

图 7 中国 12 省农村和城市地区居民母乳中 α-HBCDS 含量（pg/g lw）

吸入 HBCDs 的日均摄入量（EDI）为 0.19-3.92 ng/kg bw/d，而经饮食途径的 EDI 为 0.258-0.605 ng/kg bw/d[82]。HBCDs 可以通过食物链进行传递积累，在人体血浆、母乳等中均已有相关监测数据。母乳是婴儿摄入HBCDs 的主要来源，已有研究表明婴幼儿日均摄入的 HBCDs 水平高于成人的水平至少两倍以上，是暴露于 HBCDs 的危险人群[83]。日本学者研究了 1973-2006 年间母乳样品中 HBCDs 含量，结果显示，1973-1983 年间，日本母乳样品中 HBCDs 浓度均低于检测限，自 1988 年后，母乳中HBCDs 浓度呈上升趋势，这可能与日本当时 HBCDs 的消费水平相关[84]。

我国上海测定母乳中 HBCDs 浓度水平为 0.11-37.75ng/g lw[85]，新生儿经母乳 HBCDs 日摄入量为 9.16ng/kg（中位数），最高摄入量可达243.46ng/kg，高于英国食品标准局规定的婴幼儿日摄入量上限值 24ng/kg。该数值与北美等国家水平较为接近，但低于欧洲国家。Shi 等于[86] 2007 年采集中国河北、上海、四川等 12 个省农村和城市地区共 1237 份母乳样品并检测了其中α-HBCDs 浓度，结果如图 7 所示，母乳中α-HBCDs 的整体平均浓度为 1209pg/g lw（农村）、857pg/g lw（城市）。根据母乳中HBCDs 含量以及 U.S. EPA 中婴儿母乳日摄入量（742ml/day）等数据计算得出，该 12 省份新生儿（1-6 个月）平均 EDI 为 45.52ng/gay，范围为5.20-135.10ng/day。该研究小组于 2013 年用同样的方法估算了北京地区以母乳为主要食物来源的婴儿 HBCDs 平均摄入量[87]，结果为 196.48ng/

第三部 大気と水資源と建造物

表3 中国不同城市人体中 HBCDS 的含量

地点	采样时间 / 样品类型	均值 / 中值	浓度范围	参考文献
上海	2006-2007/ 母乳	1.42（中值）	0.13-37.75	[85]
深圳	未说明 / 母乳	2.38/1.73	0.1-15.08	[89]
中国 12 个省	2006/ 母乳	1.03（均值）	N.D-2.77	[86]
北京	2011/ 血清	1.77/0.84	N.D-7.22	[90]
北京	2011/ 母乳	4.29/2.40	N.D-78.28	[44]
北京	2013/ 母乳	7.42/5.80	N.D.-36.34	[87]
山东（生产源区）	2009/ 血清	146.4/5.9（女性）	N.D-2702.5(女性)	[88]
		42.6/5.6（男性）	N.D-382.8（男性）	

day，这个值要超过 2007 年所有其他 12 个省份的平均摄入量。

李鹏等[88]于 2009 年采集山东潍坊滨海经济技术开发区居民血清样本，HBCDs 含量为 ND‑2702.5ng/g lw 之间，其浓度水平与性别、年龄均无显著相关。均值为 104.9ng/g，中值为 5.9ng/g，要高于世界其他地区普通居民血清中的 HBCDs 浓度。下表总结了目前我国人体中 HBCDs 浓度数据。

在中国电子垃圾拆解地的池塘鹭体内检出 HBCDs 的含量水平为 46‑506 ng/g lw，这显著高于其他地区[91]。Xian 等[92] 报道了长江流域鱼体中 HBCDs 的含量在 12‑330ng/g lw 之间（样品采集时间为 2006 年），这比欧洲淡水鱼（0.10‑119ng/g lw）和北美一些湖泊鱼体中 HBCDs（3.0‑78ng/g lw）含量都要高[93]。向楠等[94]于 2004‑2005 年采集中国南方 12 种典型鱼类检测发现，从腐食性、草食性到肉食性，鱼类体内的 HBCDs 浓度呈现上升趋势，而食性在一定程度上可以反映其在食物链中所处的位置，表明 HBCDs 浓度可随食物链不断放大。

在加工使用含 HBCDs 的材料时，工人将摄入高剂量水平的 HBCDs，当热切 EPS、XPS 板材一个小时，HBCDs 释放量可分别达到 160.4 μg 和 249.1 μg[95]，这相当于普通人群正常生活中 1‑3 个月的暴露量。可见，电子产品，建筑材料中的 HBCDs 是环境中污染物的主要来源。

4. 小结

近年来，由于阻燃剂、增塑剂等在建筑材料，电子产品生产材料中的广泛大量使用，环境中的 PBDEs、HBCDS 等有毒有害物质的残留广泛分布。这些物质大多属于持久性有机污染物，在环境中长时间存在，并能在生物体内蓄积。从研究结果看，PBDEs、HBCDS 的浓度，不管是环境介质中，还是人体内，都存在生产园区浓度水平明显高于普通城市的现象。除了生产园区是环境中该类物质的一个重要来源之外，在含有阻燃剂和增塑剂终端产品的使用过程中，这些物质也会逐渐释放出来，影响人们的身体健康，而教育设施中所用含有这类物质的材料无疑会给公众带来环境和健康风险。

目前中国已对部分建筑材料中的有害物质制定了相应的卫生标准，但对于阻燃剂、增塑剂等材料中有毒有害物质含量的规定较少，甚至没有。国家应该针对这些建筑材料采取相应的措施，积极开展安全评价工作，尽快制定严格的卫生标准，特别对教育设施制定更严格的标准，保障青少年的健康，保障公众的健康。

参考文献

[1] 陈郁，黄家钿. 新装修住宅室内空气质量监测分析 [J]. 职业与健康. 2005 (09): 1364-1365.

[2] 刘风云，肖运迎，孙铮，等. 室内装修污染对学龄儿童肺功能的影响 [J]. 中国学校卫生. 2011, 32 (11): 1351-1352, 1354.

[3] 深圳某小学跑道致癌物超标 5 倍，200 多名学生苯中毒 [Z]. 南方周末，2015.

[4] 袁萍. 某高校新建学生宿舍甲醛含量调查及影响因素分析 [J]. 南昌大学学报 (医学版). 2012 (07): 87-89.

[5] 居宁生，陈强，杨际虹，等. 高校新建宿舍室内空气质量的现状与调查 [J]. 现代物业 (上旬刊). 2011 (03): 75-77.

[6] 干雅平，申秀英，姚超英，等. 杭州某高校室内空气质量状况调查分析 [J]. 环境污染与防治. 2013 (02): 78-81.

[7] Rumchev K B, Spickett J T, Bulsara M K, et al. Domestic exposure to formaldehyde significantly increases the risk of asthma in young children [J]. *European Respiratory Journal*. 2002, 20 (2): 403-408.

第三部 大気と水資源と建造物

[8] Hites R A, Foran J A, Schwager S J, et al. Global Assessment of Polybrominated Diphenyl Ethers in Farmed and Wild Salmon [J]. *Environmental Science & Technology.* 2004, 38 (19): 4945-4949.

[9] 朱婧文, 刁硕, 刘成斌. 溴代阻燃剂 [J]. 科技信息. 2012 (25): 26, 13.

[10] 吴辉, 金军, 王英, 等. 典型地区大气中多溴联苯醚和新型溴代阻燃剂的水平及组成分布 [J]. 环境科学. 2014 (04): 1230-1237.

[11] Schenker U, Soltermann F, Scheringer M, et al. Modeling the Environmental Fate of Polybrominated Diphenyl Ethers (PBDEs): the Importance of Photolysis for the Formation of Lighter PBDEs [J]. *Environmental Science & Technology.* 2009, 24 (42): 9244-9249.

[12] Kuriyama S N, Talsness C E, Grote K, et al. Developmental Exposure to Low-Dose PBDE-99: Effects on Male Fertility and Neurobehavior in Rat Offspring [J]. *Environmental Health Perspectives.* 2005, 113 (2): 149-154.

[13] Branchi I, Alleva E, Costa L G. Effects of Perinatal Exposure to a Polybrominated Diphenyl Ether (PBDE 99) on Mouse Neurobehavioural Development [J]. *Neuro Toxicology.* 2002, 23: 375-384.

[14] Viberg H. Neonatal exposure to polybrominated diphenyl ether (PBDE 153) disrupts spontaneous behaviour, impairs learning and memory, and decreases hippocampal cholinergic receptors in adult mice [J]. *Toxicology and Applied Pharmacology.* 2003, 192 (2): 95-106.

[15] Viberg H. Neurobehavioral Derangements in Adult Mice Receiving Decabrominated Diphenyl Ether (PBDE 209) during a Defined Period of Neonatal Brain Development [J]. *Toxicological Sciences.* 2003, 76 (1): 112-120.

[16] Gee J R, Moser V C. Acute postnatal exposure to brominated diphenylether 47 delays neuromotor ontogeny and alters motor activity in mice [J]. *Neurotoxicology and Teratology.* 2008, 30 (2): 79-87.

[17] Dufault C. Brief Postnatal PBDE Exposure Alters Learning and the Cholinergic Modulation of Attention in Rats [J]. *Toxicological Sciences.* 2005, 88 (1): 172-180.

[18] Herbstman J B, Sjödin A, Kurzon M, et al. Prenatal Exposure to PBDEs and Neurodevelopment [Z]. *National Institute of Environmental Health Sciences,* 2010.

[19] Kuriyama S N, Wanner A, Fidalgo-Neto A A, et al. Developmental exposure to low-dose PBDE-99: Tissue distribution and thyroid hormone levels [J]. *Toxicology.* 2007, 242 (1-3): 80-90.

[20] Kodavanti P R S, Coburn C G, Moser V C, et al. Developmental Exposure to a Commercial PBDE Mixture, DE-71: Neurobehavioral, Hormonal, and Reproductive Effects [J]. *Toxicological Sciences.* 2010, 116 (1): 297-312.

[21] Casey B M, Dashe J S, Wells C E, et al. Subclinical hyperthyroidism and pregnancy outcomes [J]. *OBSTETRICS AND GYNECOLOGY.* 2006, 107 (21): 337-341.

[22] Chevrier J, Harley K G, Bradman A, et al. Polybrominated Diphenyl Ether (PBDE) Flame Retardants and Thyroid Hormone during Pregnancy [J]. *Environmental Health Perspectives.* 2010, 118 (10): 1444-1449.

[23] Akutsu K, Takatori S, Nozawa S, et al. Polybrominated Diphenyl Ethers in Human Serum and Sperm Quality [J]. *Bulletin of Environmental Contamination and Toxicolo-*

gy. 2008, 80 (4): 345-350.

[24] T P N. NTP Toxicology and Carcinogenesis Studies of Decabromodiphenyl Oxide (CAS No. 1163-19-5) In F344/N Rats and B6C3F1 Mice (Feed Studies) [J]. *National Toxicology Program Technical Report.* 1986: 309.

[25] Aschebrook-Kilfoy B, Dellavalle C T, Purdue M, et al. Polybrominated Diphenyl Ethers and Thyroid Cancer Risk in the Prostate, Colorectal, Lung, and Ovarian Cancer Screening Trial Cohort [J]. *American Journal of Epidemiology.* 2015, 181 (11): 883-888.

[26] Li Z, Liu X, Wang N, et al. Effects of Decabrominated Diphenyl Ether (PBDE-209) in Regulation of Growth andApoptosis of Breast, Ovarian, and Cervical Cancer Cells [J]. *Environmental Health Perspectives.* 2012, 120 (4): 541-546.

[27] Yu G, Bu Q, Cao Z, et al. Brominated flame retardants (BFRs): A review on environmental contamination in China [J]. *Chemosphere.* 2016, 150: 479-490.

[28] Qiu X, Zhu T, Hu J. Polybrominated diphenyl ethers (PBDEs) and other flame retardants in the atmosphere and water from Taihu Lake, East China [J]. *Chemosphere.* 2010, 80 (10): 1207-1212.

[29] Jin J, Wang Y, Yang C, et al. Human exposure to polybrominated diphenyl ethers at production area, China [J]. *Environmental Toxicology and Chemistry.* 2010: n/a-n/a.

[30] Jaward F M, Zhang G, Nam J J, et al. Passive Air Sampling of Polychlorinated Biphenyls, Organochlorine Compounds, and Polybrominated Diphenyl Ethers Across Asia [J]. *Environmental Science & Technology.* 2005, 39 (22): 8638-8645.

[31] Suzuki G, Kida A, Sakai S, et al. Existence State of Bromine as an Indicator of the Source of Brominated Flame Retardants in Indoor Dust [J]. *ENVIRONMENTAL SCIENCE & TECHNOLOGY.* 2009, 43 (5): 1437-1442.

[32] 黄玉妹，陈来国，文丽君，等. 广州市室内尘土中多溴联苯醚的分布特点及来源 [J]. 中国环境科学. 2009 (11): 1147-1152.

[33] Zhang Z, Sun Y, Sun K, et al. Brominated flame retardants in mangrove sediments of the Pearl River Estuary, South China: Spatial distribution, temporal trend and mass inventory [J]. *Chemosphere.* 2015, 123: 26-32.

[34] Jianxian S, Hui P, Jianying H. Temporal Trends of Polychlorinated Biphenyls, Polybrominated Diphenyl Ethers, and Perfluorinated Compounds in Chinese Sturgeon (Acipenser sinensis) Eggs (1984-2008) [J]. *Environmental Science & Technology.* 2015, 49 (3): 1621-1630.

[35] Sjödin A, Jones R S, Focant J, et al. Retrospective Time-Trend Study of Polybrominated Diphenyl Ether and Polybrominated and Polychlorinated Biphenyl Levels in Human Serum from the United States [J]. *Environmental Health Perspectives.* 2004, 112 (6): 654-658.

[36] Lignell S, Aune M, Darnerud P O, et al. Persistent organochlorine and organobromine compounds in mother's milk from Sweden 1996-2006: Compound-specific temporal trends [J]. *Environmental Research.* 2009, 109 (6): 760-767.

[37] Akutsu K, Kitagawa M, Nakazawa H, et al. Time-trend (1973-2000) of polybrominated diphenyl ethers in Japanese mother's milk [J]. *Chemosphere.* 2003, 53 (6): 645-654.

第三部　大気と水資源と建造物

［38］ Chen C, Chen J, Zhao H, et al. Levels and patterns of polybrominated diphenyl ethers in children's plasma from Dalian, China ［J］. *Environment International*. 2010, 36 (2): 163-167.

［39］ Carrizo D, Grimalt J O, Ribas-Fito N, et al. Influence of Breastfeeding in the Accumulation of Polybromodiphenyl Ethers during the First Years of Child Growth ［J］. *Environmental Science & Technology*. 2007, 41 (14): 4907-4912.

［40］ Zhu L, Ma B, Li J, et al. Distribution of polybrominated diphenyl ethers in breast milk from North China: Implication of exposure pathways ［J］. *Chemosphere*. 2009, 74 (11): 1429-1434.

［41］ Yang L, Lu Y, Wang L, et al. Levels and Profiles of Polybrominated Diphenyl Ethers in Breast Milk During Different Nursing Durations ［J］. *Bull Environ Contam Toxicol*. 2016 (97): 510-516.

［42］ Sudaryanto A, Kajiwara N, Tsydenova O V, et al. Levels and congener specific profiles of PBDEs in human breast milk from China: Implication on exposure sources and pathways ［J］. *Chemosphere*. 2008, 73 (10): 1661-1668.

［43］ Li J, Yu H, Zhao Y, et al. Levels of polybrominated diphenyl ethers (PBDEs) in breast milk from Beijing, China ［J］. *Chemosphere*. 2008, 73 (2): 182-186.

［44］ Shi Z, Jiao Y, Hu Y, et al. Levels of tetrabromobisphenol A, hexabromocyclododecanes and polybrominated diphenyl ethers in human milk from the general population in Beijing, China ［J］. *Science of The Total Environment*. 2013, 452-453: 10-18.

［45］ Sun S, Zhao J, Leng J, et al. Levels of dioxins and polybrominated diphenyl ethers in human milk from three regions of northern China and potential dietary risk factors ［J］. *Chemosphere*. 2010, 80 (10): 1151-1159.

［46］ Cui C, Tian Y, Zhang L, et al. Polybrominated diphenyl ethers exposure in breast milk in Shanghai, China: Levels, influencing factors and potential health risk for infants ［J］. *Science of The Total Environment*. 2012, 433: 331-335.

［47］ Ma S, Yu Z, Zhang X, et al. Levels and congener profiles of polybrominated diphenyl ethers (PBDEs) in breast milk from Shanghai: Implication for exposure route of higher brominated BDEs ［J］. *Environment International*. 2012, 42: 72-77.

［48］ Bi X, Qu W, Sheng G, et al. Polybrominated diphenyl ethers in South China maternal and fetal blood and breast milk ［J］. *Environmental Pollution*. 2006, 144 (3): 1024-1030.

［49］ Zhang J G, Sun X W, Ai H. Levels and congener profiles of polybrominated diphenyl ethers (PBDEs) in primipara breast milk from Shenzhen and exposure risk for breast-fed infants ［J］. *Journal of Environmental Monitoring*. 2012, 14: 893-900.

［50］ Jin J, Wang Y, Yang C, et al. Polybrominated diphenyl ethers in the serum and breast milk of the resident population from production area, China ［J］. *Environment International*. 2009, 35 (7): 1048-1052.

［51］ Leung A O W, Chan J K Y, Xing G H, et al. Body burdens of polybrominated diphenyl ethers in childbearing-aged women at an intensive electronic-waste recycling site in China ［J］. *Environmental Science and Pollution Research*. 2010, 17 (7): 1300-1313.

［52］ Zhang L, Li J, Zhao Y, et al. A national survey of polybrominated diphenyl ethers

(PBDEs) and indicator polychlorinated biphenyls (PCBs) in Chinese mothers' milk [J]. *Chemosphere*. 2011, 84 (5): 625-633.

[53]　He S, Li M, Jin J, et al. Concentrations and trends of halogenated flame retardants in the pooled serum of residents of Laizhou Bay, China [J]. *Environmental Toxicology and Chemistry*. 2013, 32 (6): 1242-1247.

[54]　Zhu L, Ma B, Hites R A. Brominated Flame Retardants in Serum from the General Population in Northern China [J]. *Environmental Science & Technology*. 2009, 43 (18): 6963-6968.

[55]　Inoue K, Harada K, Takenaka K, et al. Levels and Concentration Ratios of Polychlorinated Biphenyls and Polybrominated Diphenyl Ethers in Serum and Breast Milk in Japanese Mothers [J]. *Environmental Health Perspectives*. 2006, 114: 1179-1185.

[56]　Chen S, Luo X, Lin Z, et al. Time Trends of Polybrominated Diphenyl Ethers in Sediment Cores from the Pearl River Estuary, South China [J]. *Environmental Science & Technology*. 2007, 41 (16): 5595-5600.

[57]　Li W, Qi H, Ma W, et al. Brominated flame retardants in Chinese air before and after the phase out of polybrominated diphenyl ethers [J]. *Atmospheric Environment*. 2015, 117: 156-161.

[58]　余梦琪. 中国十溴二苯醚排放清单及其在环境介质中的分布和迁移 [Z]. 北京大学, 2016.

[59]　de Wit C A. An overview of brominated flame retardants in the environment [J]. *Chemosphere*. 2002, 46: 583-624.

[60]　钮珊, 海热提. 我国六溴环十二烷应用以及行业减排措施探讨 [J]. 环境科学与技术. 2012 (01): 191-194.

[61]　廖虹云, 王强, 吴婧, 等. 六溴环十二烷环境风险及其履约前景分析: 持久性有机污染物论坛 2009 暨第四届持久性有机污染物全国学术研讨会 [Z]. 宁波: 2009, 238-240.

[62]　杜苗苗, 张娴, 颜昌宙. 溴系阻燃剂的毒理学研究进展 [J]. 生态毒理学报. 2012, 7 (6): 575-584.

[63]　Palace V, Park B, Pleskach K, et al. Altered thyroxine metabolism in rainbow trout (Oncorhynchus mykiss) exposed to hexabromocyclododecane (HBCD) [J]. *Chemosphere*. 2010, 80 (2): 165-169.

[64]　Crump D, Egloff C, Chiu S, et al. Pipping Success, Isomer-Specific Accumulation, and Hepatic mRNA Expression in Chicken Embryos Exposed to HBCD [J]. *Toxicological Sciences*. 2010, 115 (2): 492-500.

[65]　van der Ven L T M, van de Kuil T, Leonards P E G, et al. Endocrine effects of hexabromocyclododecane (HBCD) in a one-generation reproduction study in Wistar rats [J]. *Toxicology Letters*. 2009, 185 (1): 51-62.

[66]　Deng J, Yu L, Liu C, et al. Hexabromocyclododecane-induced developmental toxicity and apoptosis in zebrafish embryos [J]. *Aquatic Toxicology*. 2009, 93 (1): 29-36.

[67]　Ema M, Fujii S, Hiratakoizumi M, et al. Two-generation reproductive toxicity study of the flame retardant hexabromocyclododecane in rats [J]. *Reproductive Toxicology*. 2008, 25 (3): 335-351.

[68]　Reistad T, Fonnum F, Mariussen E. Neurotoxicity of the pentabrominated diphenyl

第三部　大気と水資源と建造物

ether mixture, DE-71, and hexabromocyclododecane (HBCD) in rat cerebellar granule cells in vitro [J]. *Archives of Toxicology.* 2006, 80 (11): 785-796.

[69]　Lilienthal H, van der Ven L T M, Piersma A H, et al. Effects of the brominated flame retardant hexabromocyclododecane (HBCD) on dopamine-dependent behavior and brainstem auditory evoked potentials in a one-generation reproduction study in Wistar rats [J]. *Toxicology Letters.* 2009, 185 (1): 63-72.

[70]　Eriksson P, Fischer C, Wallin M, et al. Impaired behaviour, learning and memory, in adult mice neonatally exposed to hexabromocyclododecane (HBCDD) [J]. *Environmental Toxicology and Pharmacology.* 2006, 21 (3): 317-322.

[71]　Ibhazehiebo K, Iwasaki T, Xu M, et al. Brain-derived neurotrophic factor (BDNF) ameliorates the suppression of thyroid hormone-induced granule cell neurite extension by hexabromocyclododecane (HBCD) [J]. *Neuroscience Letters.* 2011, 493 (1-2): 1-7.

[72]　Hinkson N C, Whalen M M. Hexabromocyclododecane decreases tumor-cell-binding capacity and cell-surface protein expression of human natural killer cells [J]. *Journal of Applied Toxicology.* 2010, 30 (4): 302-309.

[73]　Lyche J L, Nourizadeh-Lillabadi R, Karlsson C, et al. Natural mixtures of POPs affected body weight gain and induced transcription of genes involved in weight regulation and insulin signaling [J]. *Aquatic Toxicology.* 2011, 102 (3-4): 197-204.

[74]　焦杏春, 路国慧, 王晓春, 等. 环境中溴系阻燃剂六溴环十二烷的水平及分析进展 [J]. 岩矿测试. 2012 (02): 210-217.

[75]　刘艺凯, 王景芝, 唐建辉, 等. 莱州湾河流表层沉积物中六溴环十二烷的含量水平、分布及组成特征 [J]. 地球化学. 2014, 43 (1): 55-63.

[76]　Hong J, Gao S, Chen L, et al. Hexabromocyclododecanes in the indoor environment of two cities in South China: their occurrence and implications of human inhalation exposure [J]. *Indoor and Built Environment.* 2016, 25 (1): 41-49.

[77]　Abdallah M A, Harrad S, Ibarra C, et al. Hexabromocyclododecanes In Indoor Dust From Canada, the United Kingdom, and the United States [J]. *Environmental Science & Technology.* 2008, 42 (2): 459-464.

[78]　Ni H, Zeng H. HBCD and TBBPA in particulate phase of indoor air in Shenzhen, China [J]. *Science of The Total Environment.* 2013, 458-460: 15-19.

[79]　Abdallah M A, Harrad S, Covaci A. Hexabromocyclododecanes and Tetrabromobisphenol-A in Indoor Air and Dust in Birmingham, UK: Implications for Human Exposure [J]. *Environmental Science & Technology.* 2008, 42 (18): 6855-6861.

[80]　Abdallah M A, Harrad S. Tetrabromobisphenol-A, hexabromocyclododecane and its degradation products in UK human milk: Relationship to external exposure [J]. *Environment International.* 2011, 37 (2): 443-448.

[81]　王翼飞, 黄默容, 张淑华, 等. 北京市市售动物源性食品中十溴联苯醚和六溴环十二烷污染水平分析 [J]. 食品安全质量检测学报. 2014 (02): 485-491.

[82]　Shi Z, Wu Y, Li J, et al. Dietary Exposure Assessment of Chinese Adults and Nursing Infants to Tetrabromobisphenol-A and Hexabromocyclododecanes: Occurrence Measurements in Foods and Human Milk [J]. *Environmental Science & Technology.* 2009, 43 (12): 4314-4319.

[83]　de Wit C A, Björklund J A, Thuresson K. Tri-decabrominated diphenyl ethers and

182

hexabromocyclododecane in indoor air and dust from Stockholm microenvironments 2: Indoor sources and human exposure [J]. *Environment International*. 2012, 39 (1): 141-147.

[84] Kakimoto K, Akutsu K, Konishi Y, et al. Time trend of hexabromocyclododecane in the breast milk of Japanese women [J]. *Chemosphere*. 2008, 71 (6): 1110-1114.

[85] 丁向微，田英，金军，等．上海某医院产妇乳汁中六溴环十二烷水平及新生儿经母乳日摄人量的监测分析 [J]．中华预防医学杂志．2011, 45 (6): 498-501.

[86] Shi Z, Wu Y, Li J, et al. Dietary Exposure Assessment of Chinese Adults and Nursing Infants to Tetrabromobisphenol-A and Hexabromocyclododecanes: Occurrence Measurements in Foods and Human Milk [J]. *Environmental Science & Technology*. 2009, 43 (12): 4314-4319.

[87] 施致雄，黄默容，孙志伟，等．母乳中四溴双酚 A 和六溴环十二烷的污染水平及影响因素分析：中国化学会第 29 届学术年会 [Z]．中国北京：20141.

[88] 李鹏，杨从巧，金军，等．生产源区人血清中六溴环十二烷水平与甲状腺激素相关性研究 [J]．环境科学．2014 (10): 3970-3976.

[89] 张建清，谭振，陆少游，等．深圳市城区普通人群母乳中六溴环十二烷 (HBCDs) 负荷水平研究：第八届全国分析毒理学大会暨中国毒理学会分析毒理专业委员会第五届会员代表大会 [Z]．中国浙江舟山：20142.

[90] 肖忠新，封锦芳，施致雄，等．固相萃取–超高效液相色谱–串联质谱及气相色谱–质谱法测定人血清中的 3 种溴系阻燃剂 [J]．色谱．2011, 29 (12): 1165-1172.

[91] He M, Luo X, Yu L, et al. Tetrabromobisphenol-A and Hexabromocyclododecane in Birds from an E-Waste Region in South China: Influence of Diet on Diastereoisomer- and Enantiomer-Specific Distribution and Trophodynamics [J]. *Environmental Science & Technology*. 2010, 44 (15): 5748-5754.

[92] Xian Q, Ramu K, Isobe T, et al. Levels and body distribution of polybrominated diphenyl ethers (PBDEs) and hexabromocyclododecanes (HBCDs) in freshwater fishes from the Yangtze River, China [J]. *CHEMOSPHERE*. 2008, 71 (2): 268-276.

[93] Covaci A, Gerecke A C, Law R J, et al. Hexabromocyclododecanes (HBCDs) in the Environment and Humans: A Review [J]. *Environmental Science & Technology*. 2006, 40 (12): 3679-3688.

[94] 向楠，孟祥周，段艳平，等．中国南方典型鱼类中六溴环十二烷的浓度分布及人体食用暴露风险：第六届持久性有机污染物全国学术研讨会 [Z]．2011307-309.

[95] Zhang H, Kuo Y, Gerecke A C, et al. Co-Release of Hexabromocyclododecane (HBCD) and Nano- and Microparticles from Thermal Cutting of Polystyrene Foams [J]. *Environmental Science & Technology*. 2012, 46 (20): 10990-10996.

日本の公共施設における
建築材料の安全性に関する
配慮の歴史と現状

片谷教孝

1. はじめに

　人間生活にとって、建築物は必要不可欠な施設といえる。われわれ人間は、住宅の中で日常生活を送り、またオフィスビルや工場などの建築物の中で仕事をしている。農林水産業のような、いわゆる第一次産業の従事者は状況が異なるが、多くの人間は一日の大半の時間を建築物の中で過ごしていることになる。その意味で、建築物はわれわれ人間が生活し、活動するための空間を提供してくれる存在といえる。

　その建築物は、単に存在するだけでなく、その中で生活し、活動する人間を、守ってくれる役割も担っている。地震や津波、風水害などの自然災害時には、建築物自体が倒壊して中にいた人の命が失われるような被害が、過去に数多く起こってきている。そのような被害の経験に基づいて、われわれは建築物の安全性、特に耐震性などの堅牢性に多くの注意を払い、安全性を高める努力をしてきた。2011 年 3 月 11 日に発生した東日本大震災では、桜美林大学町田キャンパス周辺でも震度 5 強を記録したが、キャンパス内の建築物被害は壁の亀裂や渡り廊下の継ぎ目部分の損傷等にとどまり、人的な被害も発生しなかった。これは、本学の建築物が比較的新しく、耐震性を重視した設計であったことが功を奏した結果といえる。

第三部　大気と水資源と建造物

　一方で、建築物の安全性が問題となるのは、決して自然災害のときだけ
ではない。建築物の建築に用いられる種々の材料に含まれる化学物質が、
日常的に、あるいは建築物の解体時に人体に悪影響を及ぼすことは、かな
り以前から知られてきた。それらは、自然災害による影響が主として物理
的なプロセスであるのに対して、主として化学的なプロセスによっており、
性質が異なるものといえる。

　過去の歴史を見ると、自然災害等による影響・被害の対策と比較して、
日常的または建築物解体時における化学的な影響・被害の対策は、かなり
遅れているといってよい。近年になってかなり対策が進んできたことは間
違いないが、それでもまだ十分と言うにはほど遠い現状にあると筆者は見
ている。

　本稿では、対象を学校等の公共施設の建築物に絞り、日本におけるこれ
までの化学的な影響への対策の歴史を概観するとともに、シックハウス症
候群の問題とアスベストの問題を中心に取り上げ、日本で実施されている
対策の現状と課題について述べることとする。

2.　建築物から人体への化学的な影響の仕組み

　住宅やオフィスビル等の建築物は、種々の建築材料によって形成されて
いる。その材料の中には、木造住宅等に用いられる木材のように、自然界
から産出され、製材と呼ばれる形態の加工を経て、材質はそのままで用い
られているものもある。日本では見ることが少ないが、石造りの住宅の場
合も同様である。また鉄筋コンクリート造りの建築物に用いられるコンク
リートはセメントと砂の混合物であるが、セメントは石灰岩（炭酸カルシ
ウム）を原料として作られた酸化カルシウムと酸化ケイ素が主成分であり、
化学変化は起きているものの、特に有害な成分を含むものではない。この
ような、建築物の骨格をなす部分に用いられ、材質が化学的に変化してい
ない材料、あるいは変化していても有害性の高い成分ではない場合には、
人体への化学的な影響が懸念されることはほとんどない。ただし本稿の後
半で扱うアスベストについては、化学的な変化を経ずに材料として使用さ

れたものでも、飛散する可能性がある形で使用された場合には、人体への影響が起こりうる。

　それに対して、もともとは天然の材料であっても、材料として使用される段階で化学的な変化を経ており、しかも有害性を有する成分を含む材料が、最も人体への影響が懸念されることになる。その多くは、石油などの化石燃料を原料とする、石油化学製品である。それらについては、固体のプラスチック材料として、雨樋やブラインド等の建築材料として直接用いられる場合と、塗料や接着剤等の溶剤や、防虫剤・防カビ剤等の薬剤として用いられる場合が、主な使用方法として挙げられる。

　前者のように直接建築材料の一部となる場合は、建築物に使われてその建築物が通常の使用形態にある限り、人体への影響が懸念されることはほとんどない。ただし建築物の解体により、それらの材料で作られた建築部材が廃棄物になった時点では、廃棄物処理に伴う有害物質の発生が人体影響につながる可能性がある。

　後者のように溶剤や薬剤として用いられる化学物質は、それ自体が揮発性であるために、特に建築物の内側で使われた成分が気化して室内に高い濃度で滞留することになり、呼吸によって人体に侵入することから、人体への影響が最も懸念される。建築物の外側で使われた成分は室内にはほとんど影響しないが、建築物周辺の外気の中に含まれ、条件によっては人体への影響が起こる可能性がある。

3. シックハウス症候群

日本におけるシックハウス症候群の歴史

　前節で述べたような建築物に含まれる溶剤や薬剤等の化学物質による人体影響は、日本では一般にシックハウス症候群と呼ばれている。米国ではシックビルディング症候群と呼ばれることもあり、学校やオフィスを対象とした場合には日本でもシックスクール症候群またはシックオフィス症候群と呼んでいる場合があるが、日本では主として住宅で起きてきたことか

第三部　大気と水資源と建造物

ら、シックハウス症候群と呼ばれるようになったとみられている。

　このシックハウス症候群が広く知られるようになったのは、1970年代以降といわれている。この時代には、いわゆるオイルショックが発生し、省エネルギーの必要性がにわかに注目を集めるようになった。住宅の冷暖房設備によるエネルギー消費量は、エアコンの普及が進んでいたこともあって、この時代には急速に増加していた。ところがそこにオイルショックが起こり、原油価格が急騰したために日本国内のエネルギー価格も急騰したことから、冷暖房効率を高める必要性が出てきた。そのために、住宅メーカーは住宅の気密性を高める技術の開発を競って進め、その結果日本の住宅の気密性は格段に向上した。また1950年代から進んだ石油化学工業の発展によって、建築材料の中にも多くの化学物質が使われるようになってきていたことも、重要な背景の一つである。このようにして住宅の内部に化学物質が多く存在し、しかも気密性が高くなってそれが室外に逃げにくくなったことから室内における化学物質濃度が高まって人体影響が発生しやすくなったことが、日本のシックハウス症候群が急速に発生してきた原因といえる。1996年には、国会でもこの問題が取り上げられ、社会全体の関心を集めるようになった。なお日本の厚生労働省は、2004年4月にシックハウス症候群を正式に病名として認めることとした。

　また、日本では化学物質過敏症という病名も、多く用いられている。化学物質過敏症とシックハウス症候群は、共通点やつながりはあるものの、本来は分けて扱う必要がある。化学物質過敏症をシックハウス症候群と比較すると、より微量の化学物質に反応することや、慢性の症状を呈して回復が困難であること、特定の化学物質に限定されず様々な化学物質に反応することなどの相違点があるとされている。

　シックハウス症候群を引き起こす原因物質としては多くの種類があるが、主なものは表1のようになる。これらのほとんどは揮発性有機化合物であり、空気の中にガスとして含まれる。そのため、呼吸によって容易に人体に侵入し、影響を及ぼすので、空気中の濃度を上げないための対策が必要となる。

日本の公共施設における建築材料の安全性に関する配慮の歴史と現状

表1 主なシックハウス症候群原因物質

物質名	主な発生原因や用途
ホルムアルデヒド	接着剤（合板、壁紙等）
トルエン	塗料溶剤、接着剤（内装材等）
キシレン	塗料溶剤、接着剤（内装材等）
エチルベンゼン	塗料溶剤、接着剤（内装材等）
パラジクロロベンゼン	防虫剤（衣類用）、芳香剤
スチレン	樹脂（ポリスチレン等）、塗料
テトラデカン	接着剤、塗料溶剤
ダイアジノン	防蟻剤、殺虫剤
フェノブカルブ	防蟻剤、殺虫剤

学校施設におけるシックハウス症候群（シックスクール症候群）の現状

　学校施設におけるシックハウス症候群をシックスクール症候群と呼ぶ場合があることは、前項で既に述べた。このシックスクール症候群は、要するにシックハウス症候群が住宅ではなく学校施設内で起こったことを意味するが、その原因や症状は必ずしも同じではないとする説もある。

　歴史的には、シックハウス症候群が広く知られるようになった1970年代よりも少し遅れて、1990年代に増加が始まったといわれている。この時代に増加が始まったことには多くの理由が考えられるが、前項で述べた気密性の向上が学校施設でも進んだことや、空調機器を備えた学校施設が増えて、換気量が減ったこと、さらには建築材料に使われる化学物質が増えたことなどが要因と考えられている。また、ライフスタイルの変化によって、子供の体質が変化し、化学物質に対する感受性が高くなったとする見方もある。その場合は、従来のシックハウス症候群よりも、化学物質過敏症にやや近い現象と見たほうが適切と思われる。

　学校施設におけるシックハウス症候群を引き起こす原因物質としては、トルエンとホルムアルデヒドが主なものと考えられている。これらは一般のシックハウス症候群と同様に、接着剤や塗料溶剤が主たる用途で、揮発によって室内空間にたまると考えられている。他の溶剤として用いられる

第三部　大気と水資源と建造物

表2　シックスクール症候群の主な発生事例

年月	都道府県	事例内容
2002年4月	長野県	塩尻西小学校で、新築校舎に入居した児童が体調不良を発生。調査の結果、床材から発生した揮発性有機化合物が原因と判明。
2004年9-10月	神奈川県	保土ヶ谷高校で漏水防止工事で使用された揮発性有機化合物により、生徒・教職員に多数の被害が発生。濃度はトルエン換算で約3500 $\mu g/m^3$。
2007年1月	北海道	紋別市立小向小学校で新校舎を使い始めて間もなく、児童・教員が眼や喉の痛み、頭痛、吐き気を訴えた。調査の結果、塗料に含まれていた1-メチル-2-ピロリドンとテキサノールが原因と判明。
2009年4月	大阪府	大阪大学豊中キャンパスの文系総合研究棟（新築）で2人の職員がシックハウス症候群と診断された。VOC濃度測定値は比較的低く、原因物質は不明。

物質も概ね共通であるが、主に防虫剤として用いられるパラジクロロベンゼンや防蟻剤であるダイアジノンやフェノブカルブは、ほとんど影響していないとみられる。

　シックスクール症候群の事例として報道された主なものとしては、表2に挙げるようなものがある。文部科学省が2000年から2003年に実施した学校施設での濃度測定では、いずれも基準を超過するような濃度は測定されていないが、児童・生徒だけでなく教員も不調を訴えた例もあり、深刻な状況にあることがわかる。実際の学校現場を対象とした研究例として、由良ら（2005）は、ホルムアルデヒド以外に、トルエン、キシレン、エチルベンゼンの濃度と、児童生徒の発症率の関係を指摘している。日本の学校施設は、子供の数の増加に伴い、1950年代から1960年代にかけて多数が建てられた。それが2000年前後に建替え時期を迎えたことから、新築・改築件数が多くなり、シックスクール症候群の発生が増えたことが考えられる。ただしその後、対策も進んできたことから、新たな発生は減少傾向にあるとみられる。

シックハウス症候群の技術的対策

　シックハウス症候群をもたらす化学物質は、建物の内装材すなわち室内

空間に用いられるホルムアルデヒド等や、塗料の溶剤に用いられるトルエン等が中心ではあるが、天井裏や壁裏空間、さらに床下空間にも化学物質が用いられている例は多く、それらは電源コンセントや照明器具の取付穴などの空間を通じて、室内空間にも拡散する。そのためシックハウス症候群の対策は、内装材だけではなく、建築物を構成する建築材料全体に目を向けて検討する必要がある。また一般住宅の場合には、家具やその中に吊るす防虫剤なども原因となるので、さらに広範囲な対策が必要となる。

　発生源対策の基本は、それらの化学物質を使用しないことである。しかし、物質によっては使用しないことが困難である場合もあり、そうした場合は使用量を最小化するとともに、拡散を防ぐことが対策の中心となる。特に天井裏や床下から発生する化学物質の影響を防ぐためには、それらが室内空間に侵入するルートを塞ぐことが有効な対策となる。

　一方で、発生源対策には限界があることから、換気によって化学物質濃度を下げる対策も重要である。これは、建築物の気密性が向上したことがシックハウス症候群が広まった原因であることを考えれば、最も理にかなった対策といえる。換気には、窓を開放して通風を図る自然換気と、換気扇や送風機等の強制換気設備を使用する強制換気の2通りがある。学校施設においても、近年の建築物は強制換気設備を備えたものが多くなっているが、自然換気も併用することが望ましいといわれている。学校施設の室内空間は住宅よりも格段に広く、強制換気設備があったとしても十分な換気性能が得られる場合は多くないとみられることが、その理由である。特に週休2日制が広まったことに伴い、土日の2日間を通じて閉め切り状態になる場合が多いことから、月曜日に高濃度が発生しやすいことが指摘されている。一部の学校施設では24時間換気を採用しているところもあるが、省エネルギーに逆行するというマイナス面があるので、判断が難しい点でもある。

シックハウス症候群に関連する法制度と行政対応

　シックハウス症候群は建築物の内部において発生する疾病であることか

第三部　大気と水資源と建造物

ら、その対策に関する法制度の中心は建築基準法である。1990年代の社会的関心の高まりに応じて2003年に建築基準法が改正され、シックハウス対策のための規制が盛り込まれた。この時点では、クロルピリホスとホルムアルデヒドの2物質が規制対象となり、クロルピリホスを発生させるおそれのある建築材料は使用禁止となった。またホルムアルデヒドを発生させるおそれのある建築材料については、内装に使用する面積を制限する規制が行われた。さらに、室内空間への換気設備の義務づけだけでなく、天井裏空間への換気設備設置またはホルムアルデヒドを発生しない建築材料の使用の義務づけが定められている。

　これらの規制実施により、室内空間におけるホルムアルデヒド濃度は低下し、新築住宅において厚生労働省が定める指針値を上回ることは非常に稀となった。しかし、規制対象となっていない揮発性有機化合物の影響が、近年では注目されるようになっている。表1に示したように、シックハウス（シックスクールを含む）の原因となりうる物質は、既に禁止されたクロルピリホスは当然除かれるとして、ホルムアルデヒド以外にもかなりあるため、建築業界を中心に自主的な取り組みが進められている。

　また、学校施設を所管する文部科学省では、1992年に「学校環境衛生の基準」を定めて（2002年に一部改訂）児童・生徒・学生の健康影響の防止を図ってきたが、2004年に「教室等における室内汚染対策について」という通知を学校教育法に基づくすべての学校に対して送り、対策の実施を求めた。この通知は、その前年に文部科学省が日本建築学会に委託して実施した「学校施設における化学物質による室内空気汚染防止対策に関する調査研究」に基づいて出されたものである。この調査の報告書には、シックハウス症候群に関する現状や対策の要点だけでなく、学校施設の設計時、建築発注時、完成引渡し時など、学校施設の建築の計画段階から完成後のフォロー段階まで、あらゆる段階での留意事項が詳しく記載されている。

学校施設におけるシックハウス症候群（シックスクール症候群）の将来展望

　前項までに述べたように、技術的な対策や制度的な対策が進んできたことから、現状では新たな発生は減少傾向にある。ただし、ライフスタイルの変化に伴う子供の体質面での変化など、まだ変動しつつある要因も絡んでいることから、今後このまま減少が続くとはいい切れない面もある。当面必要なのは、技術的な対策のより一層の強化を進めるとともに、濃度測定、健康診断等のモニタリングを高い頻度で行うことであろう。

4.　アスベスト問題

アスベスト問題とは

　アスベストは石綿とも呼ばれる鉱物の一種であり、古くから耐火材、断熱材、吸音材、絶縁材、自動車のブレーキ材料などとして広く使われてきた。その性状によって、白石綿（クリソタイル）、青石綿（クロシドライト）、茶石綿（アモサイト）、アンソフィライト、トレモライト、アクチノライトの6種が主なものであるが、使用量の大半が白石綿であるとされている。これらのアスベストは鉱物の一種であり、極めて径の細い繊維状の物質である。

　アスベストは極めて細い繊維状の物質であることから、材料の表面が空気にふれる状態にあると、容易に空気中に飛散することになる。そのため呼吸によって人間が吸入しやすく、吸入されたアスベストは肺に達して、種々の疾病の原因となる。アスベストを吸入することによって発生する疾病は、中皮腫が代表的であり、他に石綿肺、肺がんなどがあることが知られている。

第三部　大気と水資源と建造物

日本におけるアスベスト問題の歴史

　アスベストの吸入による人体影響は、日本でも古くからある程度知られており、第二次世界大戦前の 1920 年代には、既にアスベストに起因する石綿肺の症例が報告されている。また 1930 年代後半には、現在の厚生労働省にあたる内務省保険院により、アスベスト工場労働者に対する大規模な調査が行われた記録があり、対策の必要性が報告されている。ところがこれらの知見は、あまり対策に結びつくことはなかった。国レベルでの対策が始まったのは 1960 年施行のじん肺法といわれているが、それもまだ部分的な対策であった。

　それが一気に世間の注目を集めるようになったきっかけは、2005 年に明るみに出た、兵庫県尼崎市の（株）クボタ神崎工場およびその周辺における中皮腫患者の発生である。（株）クボタは日本でも有数の機械メーカーであり、神崎工場は主に水道管を製造していた。その工程でアスベストが使用され、2005 年時点では既に社員に多数の中皮腫患者が発生していた。そして工場内だけではなく、周辺住民にも患者が発生していることが明らかになったことが報道されたことにより、日本中にアスベストショックが広がった。その後、アスベストを使用する産業である建設業、造船業、輸送用機械製造業、機械器具製造業、化学工業などでも多数の患者が発生していることがわかり、国が対策をおろそかにしてきたことの責任が多くの裁判で問われる結果となった。

　これらのアスベストを直接取り扱う産業における人体影響に続いて、建築材料として使われたアスベストによる影響の懸念が広まった。日本では長い間、建築物の天井や壁面にアスベストを吹き付ける工法がとられてきた（図 1）。建築材料に用いられるアスベストは、セメントに混入されるものが主であり、その場合は解体時の飛散だけが問題となるが、吹き付けアスベストの場合は、経年劣化によって吹き付け材の表面から飛散するため、建築物の内部空間にアスベストの繊維が多数含まれる状況が発生する。2005 年のクボタ事件によるアスベストショック以降、全国の建築物、特に学校施設を含む公共施設における吹き付けアスベストの問題が注目を集

図1　吹き付けアスベストの例（国土交通省『目で見るアスベスト建材（第2版）』）

1　吹付け石綿

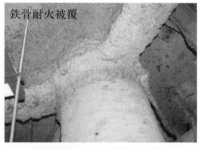

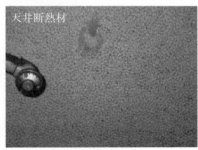

めるようになった。

　その後、国や地方自治体による調査が行われ、多くの建築物で図2に示すような吹き付けアスベスト除去工事が行われてきたが、現在もなお、未施工の建築物が一部残っている状況にある。

学校施設におけるアスベスト問題の状況

　わが国では多くの建築物に吹き付けアスベストが用いられてきたことを前項で述べたが、学校施設を含めた公共施設では特にその例が多かったことが知られている。

　学校施設でのアスベスト問題に最初に注目して、対策に乗り出したのは、

第三部　大気と水資源と建造物

図1（つづき）

2　石綿含有吹付けロックウール（乾式・半湿式）

〔主な使用部位と用途〕
・鉄骨耐火被覆
・天井断熱材
・機械室吸音材　など

〔特徴〕
・石綿の含有量が30%以下
・飛散の度合いが高い

3　石綿含有吹付けロックウール（湿式）

〔主な使用部位と用途〕
・鉄骨耐火被覆
・特にELVシャフト内に多い

〔特徴〕
・飛散の度合いは比較的低いが劣化具合によっては異なる

図2 吹き付けアスベスト除去工事の工法 (国土交通省「建築物のアスベスト安全対策の手引」)

1970年代の米国といわれている。米環境保護局（EPA）は1979年に学校施設のアスベスト対策の支援策を策定し、1982年からはすべての学校を対象とした実態調査に着手して、多くの児童・生徒・教職員がアスベストのリスクに直面していることを明らかにした。

日本ではこの米国の動きを受けて、当時の文部省が1987年に学校施設でのアスベスト使用状況の調査を指示した。この調査の結果、全国の1337校に吹き付けアスベストを使用した教室があることが判明した。アスベストは耐火性能に優れているため、学校の理科実験室や給食室にも多く用いられていることがわかり、重大な問題と認識された。1987年に東京都練馬区の石神井小学校では、吹き付けアスベストが劣化して天井から垂れ下がっている事態が発見され、初めてアスベスト粉塵対策を導入した除去工事が行われた。しかし、時間の経過とともにこれらの問題意識は低下し、粉塵対策が不十分なままで除去工事が行われたり、除去せずに封入してしまう形の工事が行われるなどの状況が多くみられた。

2005年のクボタ神崎工場周辺の事例によるアスベストショックの広がりを受け、文部科学省は学校や図書館等の文教施設での再調査を実施した。その結果、全国で958の文教施設でアスベストが残っており、飛散の可能性があることが判明した。

学校施設に勤務する教職員は、児童生徒よりも長期間にわたってその学

第三部　大気と水資源と建造物

校に勤務し、一日の在校時間も長いため、よりアスベスト吸入によるリスクにさらされることになる。2001 年には、滋賀県の小学校に勤務していた教員が中皮腫と診断され、2002 年に死亡した。その後、2009 年までの間に中皮腫または肺がんと診断された学校教職員は、全国で 139 人にのぼった。滋賀県の事例は後に公務災害として認定されたが、認定されないケースが圧倒的に多く、社会問題となった。

　大学施設でもアスベスト問題は多く発生しており、1987 年に東京大学の教員グループが自主的に実施した調査では、構内の多くの場所にアスベストが除去されずに残っていることを指摘している。当時東京大学に勤務していた教職員で中皮腫を発症して死亡した者もおり、後に公務災害に認定されている。

　一般にアスベストの影響は、年少者ほど出やすいとされている。それは、残された生存年数が長いことのほかに、体重 1 キログラム当たりの呼吸による吸入量が大人よりも多いことや、呼吸器のアスベストに対する感受性が高いことなどが原因と考えられている。その意味では、学校施設でのアスベスト対策は重要性が高く、その中でも保育園・幼稚園のように 6 歳以下の幼児を対象とした施設では、特にその重要性が高いといえる。

アスベスト問題に関する法制度と行政対応

　アスベスト対策のための法制度が 1960 年のじん肺法に始まることは、既に述べた。それ以前にも、1947 年の労働基準法や労働安全衛生規則の中で粉じんを対象とした労働安全のための規制は定められていたが、アスベストを直接の対象としたものではなかった。

　じん肺法により、労働安全面での法規制は前進したが、一般環境におけるアスベスト問題に関する法制度は全く未整備のままであった。ようやく 1970 年の大気汚染防止法改正によって粉じんが規制対象に含まれることになり、次いで 1971 年に「特定化学物質等障害予防規則」（特化則と略称される）が制定され、アスベストもその対象物質の一つに指定されたが、やはり労働安全対策が目的の中心であった。

一般環境中のアスベスト対策が法的に整備されるのは、ずっと後の1989年の大気汚染防止法改正まで待たなければならない。この改正により、特定粉じん（アスベスト）発生施設に対する規制が定められた。またアスベストを含有する廃棄物についても、1991年の「廃棄物の処理及び清掃に関する法律」改正において廃棄アスベストが特別管理廃棄物に指定され、管理体制の強化が義務づけられるなどの改善が図られた。

これらの法制度の他にも、前項で紹介した文部省（現文部科学省）による調査や指導の実施など、行政対応はいくつか図られてきたが、全般的には法制度や行政対応の面での対策の遅れがあったことは否定できない。

学校施設におけるアスベスト対策の今後の展望

2015年に文部科学省が公表した、学校施設や図書館、文化会館等の文教施設におけるアスベスト対策の実施状況によると、全国の13万1262施設のうち対策未実施部分が残っている施設は976施設であり、その割合は0.7％まで低下している。未実施面積でみても合計で74万3484平方メートルとなっており、大幅な減少がみられる。しかし少数とはいえ、未実施施設が残っていることは事実であり、今後も早急な対策が必要といえる。

また、アスベスト対策の必要性は、吹き付けアスベストだけに限ったことではない。建築材料の中に含まれているアスベストは、建築物の解体中に飛散するため、その対策も重要である。建築解体工事におけるアスベスト対策は当然法規制の対象ではあるが、アスベストの存在に気づかずに解体工事が行われるケースも少なくないことが指摘されている。学校施設の周辺の住宅や一般のビル建築物が解体される際にそういうことが起こると、児童生徒に影響が及ぶ危険性があることは十分認識しておかなければならず、今後の重要な課題である。

5.　おわりに

本稿では、学校施設を中心とした公共施設における建築材料由来の人体

第三部　大気と水資源と建造物

影響リスクの問題について、代表的事例としてシックハウス（シックス
クール）症候群の問題とアスベスト問題を取り上げて、歴史的概要と現
状・課題を述べた。日本は環境問題対策の先進国とよくいわれるが、これ
らの問題については必ずしも先進的ではないことが、本章の記述からもわ
かるはずである。過去に対する反省をもとに、今後の対策に遺漏がないよ
うに最大限の努力をしていかなければならないと考えられる。

参考文献

中皮腫・じん肺・アスベストセンター編『アスベスト禍はなぜ広がったのか——日本の
　　石綿産業の歴史と国の関与』日本評論社、2009 年。
藤田克彦『アスベスト発生源はあなたの家？』東京図書出版、2016 年。
鬼頭英明「学校における室内空気汚染対策——教材教具に必要な安全基準」『JEMA 教
　　材情報』（社団法人日本教材備品協会）平成 18 年 7 月号、2006 年。
国土交通省「建築物のアスベスト安全対策の手引」（www.mlit.go.jp/common/001112453.
　　pdf）。
国土交通省『目で見るアスベスト建材（第 2 版）』2008 年（http://www.mlit.go.jp/kisha/
　　kisha08/01/010425_3/01.pdf）。
宮本憲一・川口清史・小幡範雄編『アスベスト問題——何が問われ、どう解決するの
　　か』岩波ブックレット No. 668、2006 年。
文部科学省『石綿 6 種類の使用の有無の分析調査の実施状況調査データ集』2008 年。
文部科学省『学校施設等における吹き付けアスベスト等対策状況フォローアップ調査
　　データ集』2015 年。
中井里史『シックハウス——健康で安全な家をもとめて（シリーズ地球と人間の環境を
　　考える No. 09）』日本評論社、2004 年。
日本建築学会編『シックハウス対策のバイブル』彰国社、2002 年。
日本建築学会（文部科学省委託調査研究）「学校施設における化学物質による室内空気
　　汚染防止対策に関する調査研究報告書」2003 年。
大阪府建築士会・大阪県建築士事務所協会・日本建築家協会近畿支部編『シックハウス
　　がわかる』学芸出版社、2004 年。
大島秀利『アスベスト——広がる被害』岩波新書 No. 1320、2011 年。
吉川敏一編『シックハウス症候群とその対策——シックハウス・シックスクールを防ぐ
　　ために』オーム社、2005 年。
吉野博・石川哲編『シックハウス症候群を防ぐには——長期に亘る実態調査をふまえ
　　て』東北大学出版会、2011 年。
由良晶子・伊木雅之・清水忠彦「新築・改築小学校における室内空気汚染と児童の健康
　　影響実態調査」『日本公衆衛生学会誌』Vol. 52、No. 8、pp. 715-726、2005 年。

第四部
環境保全の
取り組みと意識

持続可能な社会に向けた
日本の取り組み
――不法投棄対策を例に

藤倉まなみ

1. はじめに

　日本は、1950 年代から 60 年代の高度経済成長期に経済成長を優先したため、激甚な大気汚染や水質汚濁等の公害を経験した。全国的な公害反対運動や裁判を経て、1970 年の通称「公害国会」において 14 の環境関連法が成立し、人の健康や生活環境の保全を第一とする政策に転換し、大気汚染や水質汚濁は改善した。

　廃棄物についてみると、1970 年頃までは、工場・事業場だけでなく、市民による廃棄物の投棄もいたるところに見られた。1970 年の公害国会で「廃棄物の処理及び清掃に関する法律」（以下、「廃棄物処理法」という）が成立し、廃棄物の収集体制が整備され、人々の意識も向上し、街はきれいになった。しかし、1990 年代になると業者が関与する大規模な事案が発生し、不法投棄は悪化していった。そこで、廃棄物処理法が逐次改正・強化されるとともに、2000 年には循環型社会形成推進法が制定され、現在は循環型社会に向けたさまざまな取り組みにより、不法投棄も減少しつつある。本稿では、不法投棄対策を例に、持続可能な社会に向けた日本の取り組みを概観する。

　なお、「循環型社会」とは、①廃棄物等の発生抑制、②循環資源の循環

第四部　環境保全の取り組みと意識

的な利用、③適正な処分が確保されることによって、天然資源の消費を抑制し、環境への負荷ができる限り低減される社会をいう。循環型社会は、持続可能な社会を構成する重要な基盤である。

2.　不法投棄等の発生状況とその要因

廃棄物処理法における定義と規制

　廃棄物処理法は、廃棄物の排出抑制、適正な分別・保管・収集・運搬・再生・処分等の処理により、生活環境を保全することを目的とし、廃棄物の処理について、主に①方法の基準、②業者の基準、③施設の基準を定めている。同法では、事業活動に伴って生じた燃え殻、汚泥、廃油、廃プラスチック等の 20 種類を「産業廃棄物」と定義し、産業廃棄物以外の廃棄物（家庭ごみ、オフィスのごみ等）を「一般廃棄物」と定義している。

　また、廃棄物処理法第 16 条では、「何人も、みだりに廃棄物を捨ててはならない」とされており、これに反して野山等に廃棄物を投棄することを「不法投棄」という。また、これとは別に、許可を受けている処理業者が、許可された容量を超えて埋立地に廃棄物を山積みにするなど、廃棄物処理法の基準に違反した処理をすることを「不適正処理」という。本稿では、不法投棄と不適正処理を総称して「不法投棄等」という。

不法投棄等の発生状況

　環境白書に記載された、警察庁による廃棄物処理法違反の検挙件数（総数およびそのうち産業廃棄物、2010 年まで）を図 1 に、総検挙件数の態様別内訳を図 2 に示す。

　図 1 を見ると、廃棄物処理法違反の検挙件数は法施行後増加して 6,000件超となったが、1986 年から始まるバブル経済期にいったん減少し、2000 年頃より再び増加して 2007 年に過去最大の 6,709 件を記録している。また、図 1 の 1995 年以降に示すとおり、検挙件数でみると、一般廃棄物

持続可能な社会に向けた日本の取り組み

図1 廃棄物処理法違反の検挙件数（総数および産業廃棄物）（1995年以降、内数）

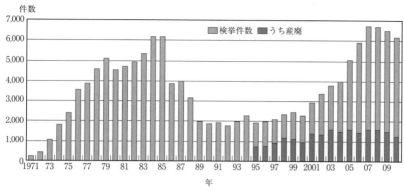

出典：昭和50年版～平成23年版環境白書および昭和48年～平成23年警察白書より筆者作成

図2 廃棄物処理法違反の態様別検挙件数（一般廃棄物を含む総数）

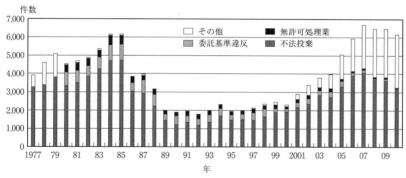

出典：図1に同じ、筆者作成

の方が産業廃棄物よりも多い。態様別の検挙件数をみると、図2のとおり、不法投棄が最も多いが、近年はその割合が減少傾向にある。なお、本図には明示していないが、廃棄物処理法違反の事件数は、1971年の同法施行以降、一貫して、公害（環境）関係事犯の中で最も多い。

また、産業廃棄物について、警察白書に掲載された不法投棄等の量およ

第四部　環境保全の取り組みと意識

図3　産業廃棄物の不法投棄等の量

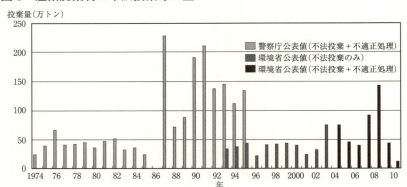

（注）1986年は0ではなく、データが公表されていない。
　　　警察庁公表値は暦年、環境省公表値は年度。
　　　環境省公表値には、その年度に判明した過年度分を含む。
出典：昭和50年～平成8年警察白書および「産業廃棄物の不法投棄の状況」（環境省）
　　　平成11年度～平成22年度より筆者作成

図4　検挙事件1件当たりの不法投棄等の量

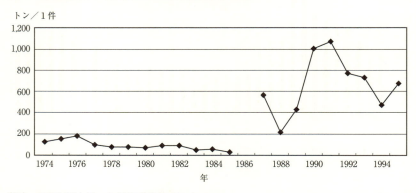

（注）1986年はデータが公表されていない。
出典：図1および図3に同じ、筆者作成

持続可能な社会に向けた日本の取り組み

び環境省が公表している不法投棄等の量を図3に示す。1974年から1985年の間は年間40万トン前後であるが、1990年をピークとするバブル経済期前後には年間200万トンを超える不法投棄等が報告されており、最も多いのは1987年の227万8,400トンである。警察庁公表のこの量は、検挙に至った事件が対象であるので、容疑者不存在など検挙に至らなかった事案を含めると、実際の不法投棄等の量はこれよりも多いはずである。

　図1、図2によれば、1990年代のバブル経済後には検挙件数が減っていたが、同時期に警察に確認された不法投棄等の量は図3のとおり増加していることから、警察庁公表値について1件当たりの不法投棄等の量を算出すると、図4のとおり1990年代には大規模事犯が検挙されていたと考えられる。

不法投棄の拡大

　環境省（当時厚生省）が不法投棄等の対策に本格的に乗り出すのは、1997年の廃棄物処理法改正からである。そこで、不法投棄等が実際にいつから生じ、どのように悪化していったのかを明らかにするために、廃棄物処理法施行後から1997年頃までの環境白書、厚生白書および警察白書から、不法投棄の特徴が現れている記述を抜粋したものを表1に示す。

　表1より、以下の点が指摘できる。

（1）　廃棄物処理法は、1970年12月の公害国会において成立し、9か月後の1971年9月に施行された。廃棄物処理法により廃棄物の処理は排出事業者の責任とされたが、法施行時点でほとんどの排出事業者は自ら処理施設を整備することができず、また最終処分に係る許可業者や適法な最終処分場が不足していたことから、施行当初より無許可業者による不法投棄等が行われている。

（2）　1974年にはすでに利得を目的とした暴力団の介入や不法投棄の県境を越える広域化が見られる。

（3）　排出事業者は1973年時点で委託処理後の廃棄物に注意を払っておらず、費用節減のために無許可業者が選好される状況はその後も

第四部　環境保全の取り組みと意識

表1　環境白書等の記述に見る不法投棄等の拡大（廃棄物処理法施時より1996 年度まで）

年度	不法投棄等に関する記述
1972	• 産業廃棄物の処理は原則として事業場が行うべきこととされているが、自ら処理は必ずしも適正に行われておらず、工場敷地等に産業廃棄物を蓄積させ、その量を増大させている。中小企業は、資金的、技術的能力から自己責任を直ちに完遂することが困難。（環） • 処分業者、最終処分場、産業廃棄物処理施設建設用地などの確保が必要。（環） • 公害事件検挙件数 791 件のうち廃棄物処理法違反は 421 件で、公害事犯の中では最多。（警）
1973	• 検挙人員は 1605 人で、無許可のもぐり業者による不法投棄が圧倒的多数。（警） • 排出者である事業者がその産業廃棄物の処理の状況について何ら情報を得ていない事例、明らかに不適正と思われる処理が行われている事例、処理が行われないまま自社敷地内に保管されている事例などが判明。これらの事例には環境保全上好ましくないものもあり、最近はそのいくつかが不法投棄の形で顕在化。（厚）
1974	• 東京都内の産業廃棄物が遠く宮城、福島各県等にまで運搬されて、不法投棄される等産業廃棄物の不法投棄事犯がますます広域的に行われるようになっている。（環） • また産業廃棄物を排出する企業が、下請業者等に対して、取引上の地位を利用して産業廃棄物の処理を無理に押しつけた事例、暴力団員が産業廃棄物の不法投棄において利得を図る等の事例が見られた。（環）
1975	• 産業廃棄物を自ら処理し、または正規の処理業者に委託すると、処理費用がもぐり業者に処理を委託した場合に比較して割高となることから、安易にもぐり業者に処理を委託するものが増加の傾向。また、もぐり業者は、利益をより多くするため、手段を選ばずに不法投棄をするなどの傾向。（環）
1976	• 不法投棄事犯のほとんどが産業廃棄物。（警） • 不況のしわ寄せと警察取り締まりの強化により、一部の悪質業者は犯行の手段方法を悪質化。例えば、廃棄物の不法投棄についても山林、原野、休耕田などの所有者をだまして不法投棄し環境汚染を生じさせるもの、排出源企業の自家処理を装うため社名入りのユニホームを貸与するもの、無許可業者に委託するに際し許可証のコピーを配布して許可業者を仮装させるなどの事例。（環） • 廃棄物に関する事犯が大幅に増加、1 事犯で数万トンの廃棄物を不法投棄するもの、処分地を求めて都道府県の区域にわたり不法投棄するものなど大型化、広域化。（環）
1977	• 不法投棄事犯のほとんどが産業廃棄物。資金源を求めて暴力団が介入。 • 産業廃棄物の不法投棄事犯は、引き続き増加の傾向。大都市周辺における最終処分地不足を反映して、内容的には大型化、広域化。特に大規模な建設廃材の無許可処分や不法投棄に関する事犯が目立った。（環） • 警察取締り、行政の改善命令、住民苦情を恐れ、これを隠ぺいするため、手段が巧妙化。例えば、発覚を恐れ、穴を掘ってドラム缶のまま廃油を不法投棄する事犯、無線機を装備して相互に連絡を取りつつ人目を忍んで不法投棄する事犯など。（環）
1978	• 不法投棄事犯のほとんどが産業廃棄物。約 313 万本に上る大量の廃タイヤを山林に不法に埋立処分した事案など、廃タイヤの処分に困って不法投棄する事犯が各地でみられた。（警） • 環境保全上特に大きな影響を与える廃油、廃酸、廃アルカリ等の不法投棄事犯が多く見られた。（環）
1979	• 不法投棄事犯のほとんどが産業廃棄物。産業廃棄物の最終処分場の不足と処理費用の高騰などを反映して、排出源事業者が処理経費を節減するために不法投棄する事犯や処理経費の安い無許可業者に処分を委託する事犯が多くみられたほか、廃棄物処理法の違反前歴を有する無許可業者らによる常習的な不法投棄等の事犯が各地でみられた。（警）

208

持続可能な社会に向けた日本の取り組み

1980	・不法投棄事犯の 80% 強は、公害防止について本来強い自覚を持つべき排出源事業者によって行われており、その原因、動機は「処理費節減のため」が 45.2% を占め、一部の排出源事業者の公害防止意識の低さが指摘される。（環） ・産業廃棄物処理業者による不法投棄は 19.2% であるが、許可業者によるものは 3.7% と比較的少ない。一方、無許可業者による不法投棄は 15.5% になるが「最初から営利目的で」を原因、動機とするものが、9.1%（無許可業者による不法投棄の 59%）を占めており、今後、これらの悪質な無許可可業者の一掃が望まれる。（環）
1981	・公共工事（下水道建設工事）に伴って生じた汚泥の処理委託を受けた無許可の産業廃棄物処理業者が、従業員に対し、奨励金を支給して約 2,000 トンの汚泥を公共用地や空き地等へ不法投棄した事例。（警）
1983	・廃棄物処理法違反で有罪判決を受け執行猶予中の解体業者は、産業廃棄物の不法処理がかなりの利益になることに目を付け、産業廃棄物処理許可証を偽造するなどして無許可で建設廃材等約 1 万トンの処理委託を受け、これを休耕田等で埋立処分。廃棄物処理法違反で逮捕するとともに、処理を委託した大手建設会社等を委託基準違反で検挙した事例。（警）
1984	・廃棄物の無許可処理業事犯が容易に暴利が得られることから増加しているほか、処理経費を節減するための不法投棄事犯や事業者の委託基準違反も前年に続いて増加。（警）
1987	・折からの建設ブームを反映し、建設工事に伴って生じる建設廃材や木くずなどの建設系廃棄物の不法処分事犯が多発、個々の事件の大型化が顕著。他人の土地に大量の建設廃材等を不法投棄したもの、廃油を大量に不法投棄して国立公園内の松を多数枯らしたもの、廃材等の焼却により付近住民に多大な迷惑を及ぼしたもの、度重なる行政指導を無視して不法行為を継続していたものなど依然として「環境破壊を利益の手段とする」悪質な事犯が目立つ。（環） ・建材廃材のみの処分許可を有する廃棄物処理業者が、40 数回に及ぶ行政指導を無視して、約 1 年間で 600 の建設業者等から約 28 万トンの建設系廃棄物を受け入れ、さらに、木くずを製紙工場に転売して二重にもうけるなど約 3 億円の利益を得ていた。主ként者のほか、違法を承知で建設系廃棄物の処分を委託していた建設業者など、101 法人 180 名を検挙し送致した事例。（環）
1988	・大都市圏を中心として、建設工事及び解体工事に伴って生じた建設廃材や木くず等の産業廃棄物の大規模な不法処分事犯が目立った。（警）
1989	・暴利を得る目的で、大都市におけるビル建設に伴う解体工事や大規模建設プラントによって生じた大量のコンクリート片等の建設廃材を隣接県の山林等において無許可処分していたもの、化学工場等から排出された廃油等の産業廃棄物を不法投棄していたものが目立った。（環） ・産業廃棄物の中間処理業者は、自ら処理しきれない廃油等約 1 万キロリットルの処理を無許可処理業者らに約 1 億 5,000 万円で再委託し、無許可処理業者らはこのうち約 8,900 キロリットルを福島県内の廃坑に捨てていたほか、周辺の空き地数箇所にドラム缶のまま埋立処分していた事例。（環）
1991	・都市部における建設工事や解体工事に伴って生じた大量の建設廃材を隣接県の山林等において無許可処分、不法投棄していたものが目立った。（環） ・香川県豊島事案発覚。逮捕 9 人を含む 78 法人 101 人を検挙。（環）
1992	・廃棄物処理許可業者が、自社の最終処分場の延命を図るため、一般廃棄物及び産業廃棄物の混合廃棄物約 6 万 6,000 トンを暴力団が設置した無許可処分場等に不法処分した事例。逮捕 5 人を含む 2 法人 11 人を検挙。（警）
1993	・暴力団幹部らが、注射器、建設廃材等を収集して不法処分し、これを隠蔽するため、廃棄物を適正に処分した旨のマニフェスト（管理票）を偽造していた事例。
1995	・最終処分場の確保が困難になっている状況は、産業廃棄物の不法投棄の一因。（環） ・廃油・医療廃棄物等の特別管理産業廃棄物に係る事犯が目立ったほか、形態別では都市部から排出された産業廃棄物が県境を越えて不法処分される事犯等が相次ぐ。（警）

（注）年度は記述内容の生じた時点を表す。1972 年の内容は 1973 年版の白書に記載されている。
　　　太字は筆者による。（環）：環境白書、（警）：警察白書、（厚）：厚生白書

第四部　環境保全の取り組みと意識

継続している。公共工事でも無許可業者に委託している（1981 年
の事例）。

(4)　1976 年には、石油ショックによる不況の影響が指摘されている。
また許可証の偽造などの巧妙な手段が利用され始めている。

(5)　1979 年には、違反前歴を有する無許可業者らによる常習的な不法
投棄が見られており、罰則による抑止効果が十分働いておらず、今
日では欠格要件で不適格となる違反前歴を有する無許可業者（悪徳
業者）による不法投棄が横行している。

(6)　1987 年から 1992 年頃までのバブル経済期には建設廃棄物の不法
投棄が多発しており、この頃から建設業の下請け業者などの建設廃
棄物の末端排出者と不法投棄等を行う悪徳業者との関係が深まった
のではないかと推測される。産業廃棄物の不法投棄等に関与する者
にとっても、バブル経済期であったであろう。

(7)　許可を有する業者が不適正処理や不適正な再委託を行う事例は、
1987 年、1989 年、1992 年の事例に見られる。許可を隠れ蓑とし
た不法投棄もバブル経済期に発端があると見られる。

(8)　香川県の豊島事案が発覚し、1991 年に廃棄物処理法が改正された
後も、マニフェストの偽造や、適正処理費用の高い特別管理産業廃
棄物の事犯が見られる。

(9)　1992 年の事例に見られるように、一般廃棄物も不法投棄され、悪
徳業者の資金源となっている。

不法投棄等の発生要因

廃棄物処理法が 1970 年に制定されたときに、事業者はその事業活動に
伴って生じた廃棄物を自ら適正に処理するものとする「排出事業者の処理
責任」を負うものとされた。排出者たる事業者は、廃棄物を自ら処理する
か、許可を受けた処理業者に委託して処理させることとされた。

廃棄物処理法制定以前の旧清掃法時代には、企業が排出する廃棄物も家
庭からの廃棄物とあわせて、市町村が処理することとされており、その量

持続可能な社会に向けた日本の取り組み

の増大や、質の特殊化から市町村の処理施設では処理しきれなくなるという問題が生じていた。このため、当時大きな問題となっていた大気汚染や水質汚濁と同様に、汚染者負担の原則（Polluter-Pays Principle）を廃棄物処理にも導入したのである。すなわち、産業廃棄物の処理に税を使うことは原則として許さないという考え方である。

　これ以降、日本では、零細企業に限り市町村が産業廃棄物をあわせて処理できる「あわせ産業廃棄物」規定による場合を除き、市町村の一般廃棄物処理施設では産業廃棄物は受け入れないこととなった。そして、産業廃棄物の処理は原則として民間セクターによることとなった。同時に、許可制の「廃棄物処理業者」が規定され、産業廃棄物収集運搬業および産業廃棄物処分業は都道府県の許可を得て業として産業廃棄物の収集・運搬または処理を行うこととなった。これにより、産業廃棄物の処理はビジネスとして経済原則の下に置かれることになった。その結果、産業廃棄物の不法投棄が横行した。

　一般に、廃棄物の不法投棄等の発生要因は以下のように指摘されている。廃棄物は不要物であるので、通常の財やサービスと異なり、お金の流れと物の流れが同一の「負の財」といわれる。通常の財の市場取引であれば、支払金額に見合うサービスのレベルを求めるのに対し、廃棄物については、通常の財の市場取引と異なり、サービスのレベルが求められない。排出者は目の前から廃棄物がなくなるという目的に対して対価を支払っており、廃棄物を手放しさえすれば、その後の状態には関心を払わない。したがって、排出者は廃棄物の処理にかかる費用をできる限り低く抑えようとする。その結果、不法投棄にかかる費用が適正処理に係る費用よりも安く済むのであれば、排出者は不法投棄を選好する。優良業者は施設の建設費、維持管理費に経費がかかり、処理料金が高くなるが、不法投棄等は廉価だからである。「悪貨は良貨を駆逐する」というグレシャムの法則は、ここに当てはまり、優良業者が市場の中で優位に立てない。

　廃棄物処理を請け負う側も、罰金額に比較して不法投棄に伴う不当利得が大きければ、「捨て得」となり、罰則による抑止効果が十分働かない。日本では、1996年まで、罰金額の最高は50万円に過ぎず、不法投棄の

211

第四部　環境保全の取り組みと意識

横行を促してきた。

　表1に示したように、法の施行直後は排出事業者における責任感の欠如、許可業者および許可施設の不足が直接的な原因となり、排出事業者や無許可業者が不法投棄等を行っていた。不法投棄等が常態化したため、暴力団等の反社会勢力の資金源となった。無許可業者は違反前歴があっても繰り返し犯行を行っており、当時の罰則は抑止力になっていない。不況時には手口が巧妙化し、逆にバブル経済期には廃棄物の排出量の増大とともに大規模事案が形成されるに至っている。また、バブル経済期には建設廃棄物の不法投棄が多発しており、この頃から建設業の下請け業者などの建設廃棄物の末端排出者と不法投棄等を行う悪徳業者との関係が深まったのではないかと推測される。

　1990年代には、廃棄物の排出量の増大と大都市圏における廃棄物の最終処分場の不足から不法投棄等が増加し、廃棄物に対する国民の信頼が薄れ、新規の産業廃棄物処理施設が新設できず、さらに不法投棄等に至るという悪循環が生じている。

　千葉県庁で1996年から産業廃棄物の取締にあたっていた石渡正佳は、2002年に不法投棄ビジネスの構造を分析し、産業廃棄物の通常の収集・処分価格が10,000〜20,000円/m^{3}のところ、不適正なルートでは2,000〜4,000円/m^{3}で処理され、年間1兆円と見られるブラックマーケットを形成していること、このマーケットの存在が、不法投棄ビジネスが後を絶たない原因であることを指摘している。さらに石渡は、トラックに積んだ産業廃棄物を山林などに投棄する「一発屋」と呼ばれる不法投棄だけでなく、「穴屋」と呼ばれる中間処理施設や最終処分場の許可を得た業者が、産業廃棄物を処理能力以上に継続的に受け入れ、大量に野積みしたり、処理せずに再度場外へ搬出し不法投棄に回したりして巨額の利益を得る構造を示している。廃棄物処理法では、産業廃棄物の収集・運搬や処理を他人に委託する場合、排出者が委託者に対して産業廃棄物管理票（マニフェスト）を交付し、委託した内容通りの処理が適正に行われたことを確認することを求めている。しかし、一発屋や穴屋など，不法投棄を行う業者は，マニュフェストの偽装も行うとしている。

212

持続可能な社会に向けた日本の取り組み

また、環境省によれば、排出事業者による捨て逃げ（一発屋）は、件数は多いが不法投棄等の量の寄与は少なく、量的に多いのは自社処理や有価物と称する不適正保管であることが示されている。

3.　産業廃棄物の不法投棄等の対策

産業廃棄物の不法投棄等の発生と、処理を市場に委ねた結果のブラックマーケットの形成という問題に対し、国は逐次にわたる廃棄物処理法改正等により対策を強化してきた。特に 1997 年以降の改正について、環境省ではこれを「産業廃棄物処理の構造改革」とし、「無責任状態での経済原則」から「自己責任が伴う中での経済原則」に基づく処理への構造の転換を図っている。

廃棄物処理法の改正の経緯を見ると、まず 1975 年に生じた六価クロム鉱さいによる汚染を契機として、1976 年に一部改正が行われ、措置命令規定の創設、委託基準の設定、処理業の許可の欠格条項の新設など許可制度の強化、最終処分場の廃棄物処理施設への位置づけと構造・維持管理基準の設定、産業廃棄物処理施設の届出制の創設、技術基準による事前調査導入、有害な産業廃棄物等を不法投棄した者に対する罰則の強化などが行われた。

その後、1980 年頃よりいわゆるバブル経済期になると、廃棄物の発生量は増加傾向に転じた。産業廃棄物についても、土地の資産価値の増大を背景に、都市域における住宅・オフィスビルの需要が増大し、土木・建築工事が盛んとなり、それに伴う建設廃材などの発生量も増加した。このような廃棄物の量の増大や廃棄物処理費用の上昇、最終処分場のひっ迫などの要因により不法投棄や悪質な不適正処理は後を絶たず、1990 年には香川県豊島のような大規模不法投棄事案も判明した。この事案は、瀬戸内海国立公園に位置する香川県豊島において、産業廃棄物処理業者が、廃棄物処理法に違反して関西、中国地方等の 1 府 9 県の化学工場等から排出されたカドミウム、鉛等を含有するシュレッダーダスト等の産業廃棄物を不法に投棄していたもので、廃棄物処理法違反により 78 法人 101 人が検挙

213

第四部　環境保全の取り組みと意識

表2　産業廃棄物の不法投棄等への対策

1. 廃棄物処理法の改正経緯

1991年	・特別管理産業廃棄物を創設、特別管理産業廃棄物を対象にマニフェスト制度創設 ・わが国の全域において廃棄物の不法投棄を禁止 ・改善命令及び措置命令の強化
1997年	・マニフェスト制度を全ての産廃に適用 ・許可の欠格要件を拡充（暴力団対策、黒幕規定）、名義貸しの禁止 ・産業廃棄物原状回復基金の創設 ・罰則の強化（懲役3年以下又は罰金1千万円・法人1億円以下に引き上げ 等）
2000年	・不法投棄された産廃の撤去命令の対象者を大幅に拡大、排出事業者の追加 ・廃棄物の野外焼却を禁止 ・許可の欠格要件を拡充（違反行為への間接的関与者、暴力団員を追加 等） ・罰則の強化（一廃不法投棄の罰条を産廃と統合、懲役5年以下又は罰金1千万円以下に引き上げ 等）
2003年	・都道府県等の調査権限の拡充（疑い物に係る立入検査を創設） ・特に悪質な業者について業・施設の許可の取消を義務化 ・廃棄物の疑いのあるものに係る立入検査・報告徴収権限の拡充 ・罰則の強化（不法投棄の未遂罪の創設、法人の一廃不法投棄の罰則を1億円以下に引き上げ 等）
2003年	・特定産業廃棄物に起因する支障の除去等に関する特別措置法の制定
2004年	・産廃の不適正処理に係る緊急時における国の関係都道府県への指示権限の創設 ・罰則の強化（不法投棄等目的の収集運搬に係る罰則の創設、不法焼却・受託禁止違反についての罰則の引き上げ 等）
2005年	・許可の欠格要件を拡充（暴力団員に支配されている個人を追加 等） ・罰則の強化（廃棄物の無確認輸出に係る未遂罪及び予備罪の創設 等）
2010年	・産業廃棄物を事業所の外で保管する際の事前届出制度を創設 ・建設工事に伴い生ずる廃棄物について、元請業者に処理責任を一元化 ・不適正に処理された廃棄物を発見したときの土地所有者等の通報努力義務を規定 ・従業員等が不法投棄等を行った場合に、当該従業員等の事業主である法人に科される量刑を3億円以下の罰金に引き上げ ・廃棄物処理施設の設置者に対し、都道府県知事による当該施設の定期検査を義務付け

出典：廃棄物処理法改正資料等より筆者作成

持続可能な社会に向けた日本の取り組み

2. その他の国の取り組み

▶行政処分の指針の通知（2001/5/15 → 2005/8/12 改訂）
• 不適正処理事案に対し、積極的かつ厳正な行政処分が都道府県等において実施されるよう通知
▶地方環境事務所の設置（2005/10/1）
• 監視パトロール
• 環境省不法投棄ホットライン（住民通報システム）への迅速な対応
• 自治体職員に対する研修会の開催、ブロック会議による広域的事案への対応
▶不法投棄撲滅アクションプランの策定（2004 年 6 月）
• 受け皿の確保と廃棄物処理システムの透明性の向上など廃棄物処理体制の強化
• 優良処理業者の育成や行政における体制整備など制度を支える人材の育成
▶不法投棄等事案対応支援事業（2003 年度～）
• 都道府県等が不法投棄等事案に対応する際、専門家支援チームを派遣

出典：廃棄物処理法改正資料等より筆者作成

3. 都道府県等の取り組み

▶監視パトロールの強化
• 監視担当職員の増員、民間警備会社への休日・夜間監視委託
• 運送業者、郵便局、地域住民なども監視に参画
• 空や海上からの監視活動も実施
• 運搬車両の路上一斉検査（関東地区一斉等広域的にも実施）
▶早期対応と行政処分の徹底
• 対処能力向上のための研修会への参加
▶警察との連携による取り締まり強化
• 警察官の環境行政分野への出向
• 情報交換会議の開催

出典：廃棄物処理法改正資料等より筆者作成

第四部　環境保全の取り組みと意識

された。また不法投棄された産業廃棄物の総量は約71万トンに上った。

　この香川県豊島の事案では、廃棄物の不法投棄が水質汚濁や土壌汚染などの環境汚染を引き起こすこと、投棄された土地の原状回復には多額の費用が発生することが改めて明らかになった。このため、廃棄物の処理に関する問題を解決するためには、従来の処理対策をさらに一歩進めて、国民、事業者、国および地方公共団体が廃棄物対策に関わる責任を明確にすることとあわせて、社会全体で減量化や再生利用を含めた適正処理のための取り組みを展開することが重要であると認識されるようになった。このような認識を基本として、1991年に廃棄物処理法の一部改正が行われた。その際に、初めて分別および再生が法律の目的事項に位置付けられた。

　しかし、1991年改正の後も、産業廃棄物処理をめぐる悪循環、すなわち「不法投棄等による環境汚染→住民不信増大→建設反対→都道府県等の要綱規制（住民同意等）→建設見込不明確→最終処分場の逼迫・立地困難→不法投棄」は継続した。さらに、産業廃棄物の野焼きが問題の一因となってダイオキシン類が社会問題化したこと、産業廃棄物施設の設置をめぐって地域紛争が激化したことから、1997年の改正では、罰則の大幅強化など不法投棄対策に大きな前進が見られた。

　1991年以降の不法投棄等に対する主な政策を、表2に示す。国では、（ア）国の関与の強化（緊急時の環境大臣による立入検査等）、（イ）都道府県等の調査権限の拡充（廃棄物の疑い物を対象）、（ウ）悪質な処理業者に係る許可取消しの義務化、（エ）マニフェスト制度の強化（排出事業者が最終処分終了を確認）、（オ）支障除去等の措置命令の対象拡大、（カ）不法投棄等に係る未遂罪の創設、（キ）不法投棄等に係る準備罪の創設、（ク）指定有害廃棄物（硫酸ピッチ）の処理の禁止などの強化が行われた。また、原状回復の経済的支援として、産業廃棄物原状回復基金が廃棄物処理法に盛り込まれるとともに、産業廃棄物原状回復基金制度の施行前に不適正処分が行われた産業廃棄物の処理に対応するため、「特定産業廃棄物に起因する支障の除去等に関する特別措置法」（以下、「産廃特措法」という）が制定された。そのような動きに伴い、地方自治体では、GPSを利用した携帯端末による不法投棄等の早期発見など、監視・規制の強化が図

られた。

4. 不法投棄等の対策の効果

このような取り組みについて、環境省は、「これまでの適正処理対策により相当程度の効果はあったものの、廃棄物処理の構造改革は未だ途上」と評価している。また、環境省では、「2009 年度までに 5,000 トン超の大規模事案をゼロにする」ことを目標にして、2004 年に「不法投棄撲滅アクションプラン」を策定しているが、2011 年に、その達成状況を以下のように評価している。

- 2009 年度に新たに判明した 5,000 トンを超える大規模不法投棄は 2 件、18,520 トンとなっており、件数、量ともにアクションプラン策定時の 2004 年度（大規模不法投棄は 7 件、305,499 トン）に比べると大幅に減少。また、2009 年度に新たに判明した大規模不適正処理は 4 件、303,244 トンで、2004 年度（大規模不適正処理は 18 件、234,906 トン）に比べると件数では大幅に減少、量では増加。
- このように、環境省等の種々の取り組みにもかかわらず、2009 年度にも大規模事案が新たに判明しており、2009 年度までに 5,000 トン超の大規模事案をゼロにすることはできず、残念ながらアクションプランの目標達成には至らず。

このように、不法投棄等は完全に撲滅されるまでには至っていないが、新規に判明する不法投棄等の件数および量はこれまでにないほど減少している。

また、不法投棄等の発生の減少だけでなく、廃棄物を排出する企業の意識の変容も見られた。以前は、廃棄物処理の委託基準に反していなければ、処理業者が不適正処分を行っても排出事業者に措置命令がかけられることはなかったが、2000 年改正以降は、委託基準を遵守していても、注意義務に違反したと見なされれば排出事業者に措置命令がかけられるようになった。企業は措置命令が下されると多額の費用負担を負わなければならないと同時に、違法行為を行ったということで社会的信用も失う。このた

217

第四部　環境保全の取り組みと意識

めに、企業は、処理費用が多少高くても、確実に適正処理をしてくれる優
良業者を選択するようになったのである。

　さらに、現実に発生した措置命令が企業の選択を後押しした。この改正
の契機の一つともなっている 1999 年の青森・秋田県境不法投棄事件では、
両県庁は首都圏を含む広範囲にある排出事業者のうち、不法投棄に関与し
た疑いのある約 12,000 社を割り出して報告徴収し、違反が判明すれば社
名公表して措置命令をかけていった。これを契機に企業の間に廃棄物処理
法コンプライアンスの認識が高まったと優良な産廃処理業者が指摘してい
る。

　経済産業省は、廃掃法の 2000 年および 2003 年改正を受けて、2004 年
に「排出事業者のための廃棄物・リサイクルガバナンスガイドライン」を
策定した。この中で、排出事業者に対し、経営リスクを回避するために不
適正処分に巻き込まれないように注意を促している。

　これらの強化を受けて、例えば、以下のような排出事業者の取り組みが
環境白書に報告されている。

　・電機産業の M 社は、電子マニフェストに GPS とデジタル画像を利用
　　し、廃棄物の排出から最終処分場までの各段階の画像をインターネッ
　　トで確認し廃棄物の徹底管理を図っている。
　・情報機器等製造の K グループでは、産業廃棄物処理業者の選定に係
　　るグループ統一ルール（新規業者の選定に係る現地調査の義務付け、
　　業者評価表の作成等）を作成、適用することにより、工場ごとの判断
　　のばらつきを抑え、廃棄物関係でのトラブルを事前に回避している。
　・事務用コピー機等製造の F 社では、使用済機器のリサイクルに係る
　　委託業務を、解体業務と再資源化業務の業者に別々に委託し、業務終
　　了後に委託料を支払う後払い方式を採用することにより、処理内容や
　　料金の透明性を確保し、不法投棄や不適正処理を防止している。

　優良業者の選択により処理費は上昇するため、これが排出事業者による
廃棄物の排出抑制・再利用・再生利用のいわゆる 3R を促す結果となった。
1990 年から 2005 年の 15 年間に、さまざまな 3R 政策とも相まって、日
本の産業廃棄物の最終処分量は 73％減少した。

218

持続可能な社会に向けた日本の取り組み

5　おわりに

　廃棄物の不法投棄は、環境の破壊だけでなく、暴力団などの裏社会の資金源となるなど社会問題である。処理費用を払う排出事業者に、不法投棄をするような処理業者を選ばせない仕組みが最も重要である。日本では、さまざまな不法投棄等による問題を経て、今日では新たな発生は大きく減少した。しかし、2016 年度末現在、過去に不法投棄等が行われ、廃棄物が不適正な状態で残存している事案は全国に 2,604 件、1,585 万トンに上る。このような「負の遺産」を次世代に残さない社会システムの構築が現世代の責務である。

参考文献
石渡正佳『産廃コネクション』WAVE 出版、2002 年。
環境省（旧・環境庁）『環境白書』各年版。
環境省『産業廃棄物の不法投棄の状況』各年版。
環境省『不法投棄撲滅アクションプラン』2004 年 6 月。
環境省　中央環境審議会廃棄物・リサイクル部会（第 48 回）『資料 6　産業廃棄物の不法投棄等の状況（平成 21 年度）について〔概要〕』2011 年。
環境省　中央環境審議会廃棄物・リサイクル部会廃棄物処理制度専門委員会『廃棄物処理制度専門委員会報告書』2010 年。
経済産業省『排出事業者のための廃棄物リサイクルガバナンスガイドライン』2004 年。
警察庁『警察白書』各年版。
厚生労働省（旧・厚生省）『厚生白書』各年版。

大学と東京都との連携による
環境保全および環境人材の育成

小礒　明

1.　環境保全における人材育成の意義

　環境問題の解決の鍵を握っているのは、「人」である。

　地球温暖化の防止、省資源・省エネルギー、自然環境の保全などの様々な環境問題を解決し、持続可能な都市を築いていくためには、次世代を担う人材を、陸続と社会に輩出していくことが不可欠である。とりわけ、社会に巣立っていく大学生が、職場や地域、家庭など、あらゆる場面で環境に配慮した行動を取ることができるよう、必要な知識と経験を身に付けさせることは、大学が果たすべき重要な使命と考える。

　様々な環境問題の中でも、特に、自然環境の保全を担う人材を育成するためには、知識に偏重することなく、「体験」を重視した教育カリキュラムを構築することが重要であるが、そのためには、自然環境保全の「現場」を持ち、そこで活動する地元の NPO などとも良好な関係を築いている「地方自治体」との連携を図ることが有効である。

　要約すると、大学は、「体験」を重視した教育カリキュラムを構築・提供し、地方自治体は、「体験」を通して学ぶ「場」を作り出す役割を担い、大学と自治体が相互に連携して、大学生の教育に力を注ぐことによって、自然環境の保全を担う人材の継続的な育成が可能になる。

第四部　環境保全の取り組みと意識

　本稿では、これまでの桜美林大学と東京都との連携による、環境保全と人材育成の取り組みを紹介しながら、東京の自然環境の保全と、それを担う環境人材の育成の今後を展望していく。

2.　東京における自然環境の保全

東京の自然環境の概要

　東京都は、1300万人超の人口を擁する大都市でありながら、豊かな自然に恵まれている。その行政区域は、本土部から小笠原諸島にかけて、南北1900キロメートルにも及び、高低差は2000メートル以上で、気候帯が冷温帯から亜熱帯にまたがっていることもあって、多様な自然環境を有している。

　東京には、4つの国立公園・国定公園のほか、6つの都立自然公園があり、それらの自然公園の面積は東京都全体の面積の36％にも及ぶ。この割合は、全都道府県の中で滋賀県に次いで2番目に高い。このことからも、東京が、いかに自然豊かな都市であるかが分かる。

　このように多様な自然環境を持つ首都は、世界でも稀である。

東京の特徴的な自然環境である「里山」

　東京の特徴的な自然環境の一つに、「里山」がある。

　里山とは、原生的な自然と都市との中間に位置し、集落とそれを取り巻く二次林、それらと混在する農地、ため池、草原などで構成される地域のことをいう。農林業など、様々な人間の働きかけを通じて、その環境が維持されてきた。

　筆者は、多摩地域（東京の西部）に住む人たちや、教鞭をとっている桜美林大学の学生たちと、東京に残された貴重な里山を守る活動に取り組んでいる（写真1）。

　人々は古来、里山の下草を刈り、家畜の排せつ物などとともに堆肥にし

写真1　里山と里山保全活動の様子

て農地に投じ、豊かな土壌をつくってきた。里山の落ち葉やかん木を切って作る薪は燃料として、山菜や木の実、キノコは食料として利用されていた。里山は地域の生活を支える循環的なシステムであり、適度に人の手が入ることで維持されてきた。こうした農林業における地産地消、ゼロエミッションが日本の伝統文化であるともいえる。

里山は、樹林、農地、水辺など、様々な環境特性から構成されているため、一般的な緑地と比べ、そこに生息する生物種が極めて豊かな土地となっている。

こうした里山を保全する活動は、多様な動植物の生息・生育環境として、また、食料や木材など自然資源の供給、良好な景観の維持、文化の伝承といった観点からも重要な地域を維持するものであり、今後ますます重要になるものと考えている。

良好な自然を守る「保全地域」制度

東京都には、良好な自然環境を開発から守る仕組みとして、条例(自然保護条例)に基づく「保全地域」の制度がある。

保全地域に指定された土地は、自然のまま残すのが基本であり、建物の新築や増改築、木竹の伐採はできず、車の立ち入りなども禁止されているため、土地の造成などを伴う開発はできない。その代わり、相続などに際して、売却の必要性が出て、地権者からの申し出があった場合には、都が

第四部　環境保全の取り組みと意識

表1　東京都の保全地域の指定状況

平成 26 年 3 月末現在

保全地域名	指定年月日	指定面積等（㎡）	保全地域名	指定年月日	指定面積等（㎡）
1 野火止用水（歴）	昭 49.12.13	9.6km / 197,104	28 立川崖線（緑）	6.11.15	28,014
2 七国山（緑）	50.12.26	101,395	29 国分寺崖線（緑）	6.11.15	37,195
3 海道（緑）	50.12.26	86,730	30 八王子石川町（緑）	7.3.9	30,616
4 東豊田（緑）	50.12.26	60,079	31 戸吹（緑）	7.3.9	106,795
5 勝沼城跡（歴）	50.12.26	120,506	32 町田代官屋敷（緑）	7.3.9	12,717
6 谷保の城山（歴）	50.12.26	15,217	33 柳窪（緑）	7.3.9	13,592
7 矢川（緑）	52.3.31	21,072	34 八王子館町（緑）	8.2.29	24,392
8 図師小野路（歴）	53.7.4	366,056	35 八王子長房（緑）	8.2.29	73,919
9 桧原南部（都自）	55.4.30	4,053,000	36 町田関ノ上（緑）	8.2.29	16,171
10 南沢（緑）	60.5.31	25,355	37 八王子川口（緑）	8.10.17	20,292
11 清瀬松山（緑）	61.3.31	43,356	38 東村山大沼田（緑）	9.3.18	21,752
12 南町（緑）	62.8.10	11,219	39 東村山下堀（緑）	9.7.10	10,261
13 八王子東中野（緑）	62.8.10	10,710	40 八王子戸吹北（緑）	9.12.16	95,432
14 瀬戸岡（歴）	63.1.9	15,337	41 日野東光寺（緑）	9.12.16	14,855
15 清瀬中里（緑）	平元 3.30	24,718	42 町田民権の森（緑）	10.10.27	18,968
16 小山（緑）	元 3.30	19,737	43 玉川上水（歴）	11.3.19	30.0km / 653,986
17 氷川台（緑）	元 12.15	10,097			
18 宇津木（緑）	4.2.12	52,403	44 青梅上成木（森）	14.12.2	228,433
19 清瀬御殿山（緑）	4.3.24	15,168	45 横沢入（里）	18.1.5	485,675
20 宝生寺（緑）	5.3.5	142,777	46 多摩東寺方（緑）	19.12.12	14,902
21 八王子大谷（緑）	5.3.5	31,186	47 八王子堀之内（里）	21.3.26	75,858
22 碧山森（緑）	5.3.5	12,981	48 八王子暁町（緑）	22.3.23	23,838
23 国分寺姿見の池（緑）	5.11.12	10,553	49 八王子滝山（里）	25.3.22	38,755
24 小比企（緑）	6.3.29	17,642	50 連光寺・若葉台（里）		
25 保谷北町（緑）	6.3.29	10,580			
26 前沢（緑）	6.3.29	11,885			
27 東久留米金山（緑）	6.3.29	13,216			

（都自）自然環境保全地域　　（歴）歴史環境保全地域　　（里）里山保全地域
（緑）緑地保全地域　　（森）森林環境保全地域

買い取る仕組みとしている。

　このように、土地の所有権に対して厳しい制約を課す制度を持っているのは、全国の地方自治体の中でも東京都のみである。先述の「里山」も、「保全地域」に指定されることによって、将来にわたり、開発から守り続けることができる。現在、都内50か所、約760ヘクタール、東京ドーム約160個分もの自然地が、保全地域に指定されている（表1）。

　しかしながら、樹林地を、何も手を加えずに放置したままでは、木が生い茂り、光が木の根元まで差し込まなくなるなど、地表から荒廃してしまう。このため、間伐や下草刈りなど、適度に手を加える管理活動を継続し

表 1 付図

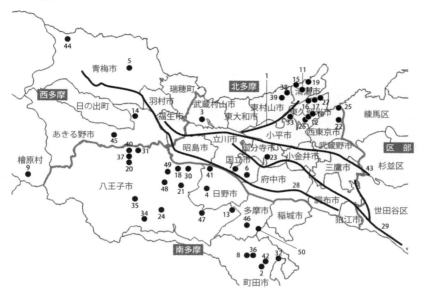

て行っていく必要がある。

　こうした保全活動を行うのに、東京都の職員だけでは手が回らないため、都の管理の下で、地元のボランティア団体や NPO、企業など、都内の様々な主体の協力を受けて行っているが、その一角を担っているのが、のちほど述べる、大学生による「東京グリーン・キャンパス・プログラム」である。

東京における生物多様性の保全

　2012 年 5 月に、東京都は「緑施策の新展開」という計画を策定した。この計画は、東京都の生物多様性地域戦略でもあるが、この中で、緑の「量」だけでなく、緑の「質」にも着目した施策に取り組むことの重要性を示している。

　具体的には、単に自然地をそのままにしておくのではなく、生物多様性

第四部　環境保全の取り組みと意識

写真2　タマノカンアオイ

　保全の観点から、希少な動植物の生息・生育状況を把握して、希少種の持ち去りを防ぐとともに、外来生物の駆除など、具体的な取り組みを進めていく必要がある。

　東京都の自然環境の一つのバロメータとなるのが、レッドデータブックに記載されている絶滅危惧種の存在である。多摩丘陵には、タマノカンアオイ（多摩の寒葵）という植物が生育している（写真2）。多摩の里山の象徴ともいえる植物で、濃い紫色の可憐な花を咲かせる。それがニュータウン開発などによって、生息環境が荒廃し、現在では絶滅危惧種に指定されている。筆者は桜美林大学の学生たちと、町田市にある七国山緑地保全地域で里山保全活動を行っているが、タマノカンアオイは、もはや1株しか残っていない。

　一方で、耕作放棄された田んぼを復田したり、水辺や湿地を再生させるなど、自然環境の回復を図る活動を続けていくと、消滅した絶滅危惧種が復活することもある。実際に、立川市にある矢川緑地保全地域では、湿地を回復させたところ、一度絶滅したアズマツメクサという希少植物が復活した（写真3）。同様の取り組みを、他の保全地域にも広げていくべきである。

　希少な動植物が消滅する大きな原因として、開発や盗掘といった人為的な要因がある。人間には、自然を大切にしよう、慈しもうとする心がある

写真3　アズマツメクサ

　一方で、利己的な欲望のままに振る舞おうとする心もある。法的に持ち去り行為を規制するだけではなく、人間のモラルも高めないと、絶滅危惧種を守ることはできない。

　一つの絶滅危惧種を守るのは、将来、同じ運命をたどるかもしれない人間を守ることにもつながると思う。その意味で、希少種の保全は人間のモラルの問題でもあることを、若い世代にも語り継ぎ、自覚を促すことが必要と考える。

3.　自然環境保全を担う人材の育成

東京グリーン・キャンパス・プログラム

　東京都が緑地保全活動の一環として、大学との協働で進めているのが東京グリーン・キャンパス・プログラムである。これは、都が大学と協定を結び、次世代の担い手である大学生に緑地保全活動を体験する機会を提供することで、緑の保全に対する関心の喚起や行動力の醸成を促す、わが国初の事業である（図1）。

　2008年度から開始したこの事業では、現在、桜美林大学が七国山緑地保全地域（町田市）で、恵泉女子学園大学が多摩東寺方緑地保全地域（多

第四部　環境保全の取り組みと意識

図 1　東京グリーン・キャンパス・プログラムの仕組み

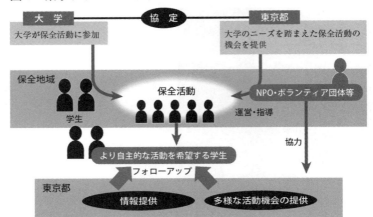

摩市）で、明星大学が日野東光寺緑地保全地域（多摩市）で、首都大学東京が八王子暁町緑地保全地域（八王子市）で、それぞれ下草刈り、竹刈り、伐木、萌芽更新などの作業を行っている。2013 年度までに、延べ 41 回の保全活動を行っている。

　最初に都と協定を結び、活動を始めた桜美林大学では、里山の生活様式を学ぶために、保全地域内の畑を耕してサツマイモなどの作物を春に植え、育てて、秋に収穫と味覚を体験する取り組みも行っている。

　また、今年度からは、あきる野市にある都立小峰公園で、稲作体験も開始した。学生たちは、春は田植え、秋に稲刈りを体験し、わが国古来の里山の営みを幅広く体験できるようになり、嬉々として活動に参加している。

　この事業における東京都、大学、NPO の役割分担は、東京都が環境教育の場所として保全地域を提供し、NPO が大学生に対する作業の指導を行い、大学は授業に学生を参加させ、NPO に指導料を支払う形となっている。この仕組みにより、東京都は保全活動の担い手を確保でき、NPO は活動資金を得ることができ、大学は学生の教育効果の向上を図ることができ、それぞれに不足するものを補い合い、ウィン―ウィンの関係を作っている。とりわけ、多くの NPO では、活動参加者の固定化、高齢化が進

写真4　東京グリーン・キャンパス・プログラムの様子

んでおり、次世代を担う大学生との交流は、保全活動の担い手を確保することに止まらず、こうしたNPOの方々の生きがいにもなっている。

　グリーン・キャンパス・プログラムでの活動体験により、学生が友達や家族に話題を提供したり、体験を生かした仕事に就くこともある。また、中高年になって、時間にゆとりができたときに、地域の自然保護活動に参加するきっかけにもなる。さらには、自分の子供にも同じような活動体験をさせるなど、その効果は想像以上に大きいと実感している。

　学生たちは、最初は面倒くさいと思いながらも、体を動かすうちに、嬉々として間伐や下草刈りなどの作業を行うようになり、帰る頃には、生き生きと目を輝かせ、皆が達成感に満ちた表情に変わっている（写真4）。

　人が自然との関わりを持ち、適度に手を加えることで良好な自然が維持されることを、自らの体験として知り、一人ひとりのライフスタイルに自然保護の活動が取り入れられていく。このように、「環境問題の解決の鍵は人づくりにあり」というのが、長年この問題に取り組んできた私の結論である。

ECO-TOPプログラム

　東京都は、2008年度から、自然環境に軸足をおいたジェネラリストを育成する人材育成・認証制度「ECO-TOPプログラム」（自然環境保全のための人材育成プログラム）を設けている（表2）。大学や大学院が自然

第四部　環境保全の取り組みと意識

表2　ECO-TOP プログラムの仕組み

東京都と大学が連携して、環境人材を育成

〈大　学〉

自然科学 6単位以上	生態学、植物学 等	30単位以上	
社会科学 6単位以上	環境政策論 等		
人文科学 6単位以上	環境倫理論 等		
総合科目	救急救命演習 等		
インターンシップ	行政、NPO、企業	4単位以上	

単位認証　〈東京都〉

単位取得　〈学生〉

卒業後は環境分野で活躍

　環境保全のために設けた教育課程を都が認定するものであるが、履修している大学生に、行政・企業・NPO でのインターンシップを課していることが主な特徴である。プログラムの修了生には、社会人になってからも活動を続けてもらうことを期待して、東京都が卒業時に修了者登録証を交付しており、卒業後も自然環境保全に関する最新の情報や、保全活動の情報が提供されるなど、継続的な支援が行われている。

　現在、認定を受けた大学・大学院は、首都大学東京、玉川大学、千葉大学、東京農工大学、法政大学、桜美林大学、武蔵野大学の7校である。桜美林大学では2009年度から毎学年、リベラルアーツ学群で環境学を専攻している学生十数人がこのプログラムを履修しており、2009年度から2013年度までの5年間で、計129名の修了生を輩出している。修了生の主な就職先は、官公庁職員、教職員、NPO法人、民間企業（旅行会社、環境コンサルタント、食品メーカーなど）となっている。

　インターンシップは20日間で、行政・企業・NPOという、異なる3分野の職場体験が義務付けられており、学生の負担は重いものがあるが、各団体の環境活動に関する理念や手法、方針の違いなどを比較しながら学ぶことができる。学生は、企業では環境関連のCSR活動に参加したり、NPOでは動植物の調査に同行したり、行政機関では自然保護活動を体験

230

写真5　ECO-TOP認定大学　合同行事

左：インターンシップ合同報告会（於：東京都庁二庁ホール）。認定6大学約60名の学生が都庁に集まり、学生間で意見交換
右：エコプロダクツ展への出展（於：東京ビックサイト）。学生26名も参加し、ECO-TOPプログラムの取り組みをPR

するなど、将来の自然環境保全活動に役立つ体験を積んでおり、職業選択においても貴重な経験となっている。桜美林大学では、職場体験したNPO法人に就職した学生もいる。

　この事業のポイントは、参加大学が合同でインターンシップ報告会を開いている点である。報告会では、他大学の学生や、企業、NPOの担当者などが集まる場所で、自らのインターンシップ経験についてプレゼンテーションや意見交換を行うことにより、将来の行動につながる経験知を深めている（写真5）。

　修了生からは、「座学では得られない新しい発見が多数あり、自身の発想力の幅を広げることができた」「インターンシップ終了後に、自らNPOの会員となり、活動に参加している」「社会人としての姿勢を学んだ。この経験が自分の将来を決めるきっかけにもなり、環境意識の高い企業に就職を決めることができた」といった感想が寄せられている。

　今後、ECO-TOPプログラムの修了生が、就職先の企業・団体等でより一層活躍し、評価を高めていくことによって、このプログラムの社会的な認知度が高まり、インターンシップの受入企業も増え、環境問題に関わる大学と社会の好ましいネットワークが構築されていくと考える。

第四部　環境保全の取り組みと意識

4. 環境人材の育成に向けた今後の展望

　東京グリーン・キャンパス・プログラムやECO-TOP プログラムを通じて、大学は、「体験」を重視した教育カリキュラムを構築することができる一方、東京都は、将来の自然環境保全を担う人材の育成を図ることができ、大学と東京都との連携によって相乗効果を上げているといえる。

　今後、地域で活動するボランティア団体やNPO のメンバーが高齢化し、緑地保全活動の担い手が不足することも懸念されるため、大学と東京都との連携による環境人材の育成は、ますます重要な取り組みになっていくものと考えている。

前近代日本における自然環境と
人間社会[1]

ブルース・L・バートン

1.　はじめに

　本稿は、日本の環境史に関して論ずるものである。「環境史」を定義し、その内容を紹介した上で、前近代日本の環境史に関する先行研究を紹介し、それを踏まえて、環境史の観点から前近代日本の歴史はどのように理解すればよいのか、どのような特徴を持っているのかについて簡単に触れる。

　まず、環境史（環境歴史学、environmental history）とは何かについて述べたい。環境史とは、ただ単に自然環境の過去のあり方とか、それが時代とともにどのように変わっていったのかを解明するための研究ではなく、自然環境と人間社会とのかかわりの歴史の研究である。

　環境史は、歴史学の他の分野と切っても切れない関係にある。例えば各時代において人々がどのような価値観を持ち、自然界を見たのかというこ

---

1)　本稿は、2014 年 12 月 6 日に桜美林大学において開催された第 14 回桜美林大学北京大学学術交流における口頭発表の内容に加筆を施したものである。加筆した内容は、Bruce L. Batten and Philip C. Brown, "Introduction: Green Perspectives on the Japanese Past," in Bruce L. Batten and Philip C. Brown, eds., *Environment and Society in the Japanese Islands: From Prehistory to the Present*, Oregon State University Press, 2015, pp. 1-18 および　Bruce L. Batten, "Climate and Environment in History," in Karl F. Friday, ed., *Routledge Handbook of Premodern Japanese History*, Routledge, 2017, pp. 23-37 と部分的に重なることをお断りしておく。

第四部　環境保全の取り組みと意識

とは、思想史の対象であるが、同時に環境史の対象でもある。あるいは各時代に人々が天然資源をどのように利用して消費したのかは、経済史の対象でもあるが、環境史とも密接な関係にある。文化史や、政治史、社会史などもいずれも、環境史と関連するものである。

　歴史学以外の学問分野の中にも、環境史に関連する、あるいは対象を共有するものが多い。環境史の専門家は、考古学や、地質学・気象学・生物学・生態系学など、様々な学問分野の研究成果を参考にしながら、研究を進めていく。

　これだけ学際的な環境史研究は、当然、様々な方法論が用いられる。歴史学一般で使われる文献資料ももちろん使用されるが、その他に絵巻物といった絵画資料や、遺跡や遺構といった考古学資料、花粉や年輪といった科学的データも取り扱う。

　環境史が一般に学問の一分野として認められるようになったのは比較的最近のことで、1970年代、アメリカから発祥した。その背景には、レーチェル・カーソンが『沈黙の春』[2]で取り上げた環境問題が多くの人の注目を集め、70年代の環境保護運動を生み出したことがある。それにより、その時代を生きていた歴史学研究者も環境に関心を持つようになり、環境問題の歴史的ルーツを調べ始めるところから出発したと思われる[3]。

2.　前近代日本の環境史に関する研究

　次に、前近代日本の環境史に関する先行研究を簡単に紹介したい。日本人による研究と外国人による研究に分けて述べることとする。

---

2)　Rachel Carson, *Silent Spring*, Houghton Mifflin, 1962 ［レーチェル・カーソン、青樹簗一訳『沈黙の春』（新潮社、1974年)].

3)　環境史の学問分野としての成立については、Donald J. Hughes, *What Is Environmental History?*, Polity Press, 2006 に詳しい。

日本人による研究

　日本の学界では、内容的に環境史と重なる研究が昔から行われてきた。例として、列島の人口の歴史的推移を復元しようとする歴史人口学があり、戦後、多くの研究がなされてきた。地形・景観・土地利用などを対象とする歴史地理学も良い例であり、膨大な先行研究も蓄積されている。あるいは、日本は自然災害が非常に多い国なので、大昔から災害に関する研究も盛んである。これらは現代から見ると「環境史」といえるかもしれないが、最近まではそのように見なされていなかった。日本の歴史学界で人間社会と自然環境の関係に注目して体系的に研究が始められたのは、最近のことで、1990 年代からである。その先駆的な研究としてまず挙げられるのは、1995 年から 1996 年にかけて京都の国際日本文化研究センターの企画により出版された『講座 文明と環境』というシリーズである[4]。全 15 巻からなるシリーズで、内容は次の通りである。

　　第 1 巻　地球と文明の周期／第 2 巻　地球と文明の画期／第 3 巻　農
　　耕と文明／第 4 巻　都市と文明／第 5 巻　文明の危機／第 6 巻　歴史
　　と気候／第 7 巻　人口・疫病・災害／第 8 巻　動物と文明／第 9 巻
　　森と文明／第 10 巻　海と文明／第 11 巻　環境危機と現代文明／第 12
　　巻　文化遺産の保存と環境／第 13 巻　宗教と文明／第 14 巻　環境倫
　　理と環境教育／第 15 巻　新たな文明の創造

　「地球」や「文明」というキーワードからも分かるように、『講座 文明と環境』は、日本の歴史のみならず、世界史全体を環境という観点から見直そうという、当時としては画期的な試みであった。優れた内容も多く含まれ、やや語弊はあるかもしれないが、全体として「昔は良かった」というメッセージを強く打ち出したシリーズである。ストーリーとしては、昔は人々が自然環境と調和しながら暮らしていたが、農業を始めると、景観

---

4)　梅原猛・伊東俊太郎・安田喜憲総編『講座 文明と環境』全 15 巻（朝倉書店、
　　1995-1996 年）。

第四部　環境保全の取り組みと意識

や環境を壊すようになり、さらに 18 世紀、19 世紀の産業革命を契機に、人間社会による自然環境の破壊が加速度的に増加し、現在に至った経緯が描かれている。いずれにしても『講座 文明と環境』は、「環境史」という用語こそ使われていないが、内容的には日本における環境史の始まりといっても過言ではない。

『講座 文明と環境』のインパクトがあまりにも大きかったせいか、そのあとしばらく体系的な研究は休眠状態となった。しかし、21 世紀に入るとまた環境史の研究が目立ち始めた。やや特殊な例ではあるが、2008-2009 年に人と動物との関係史を描いた『人と動物の日本史』という 4 冊からなるシリーズが出版され[5]、そのあと、より包括的な内容をはらんだシリーズも 2 つ出版された。2011 年の『シリーズ日本列島の三万五千年 人と自然の環境史』（全 6 巻）[6]と 2012-2013 年の『環境の日本史』（全 5 巻）[7]である。

『シリーズ日本列島の三万五千年 人と自然の環境史』は、京都の総合地球環境学研究所（Research Institute for Humanity and Nature：RIHN）の企画によるもので、内容は次の通りである。

第 1 巻　環境史とは何か／第 2 巻　野と原の環境史／第 3 巻　里と林の環境史／第 4 巻　島と海と森の環境史／第 5 巻　山と森の環境史／第 6 巻　環境史をとらえる技法

各巻のタイトルから分かるように、このシリーズは、生態系的な観点で日本の歴史を見直そうとしたものである（責任編集者は生態学者の湯本貴和である）。「賢明な利用」という用語をキーワードに、前近代の日本社会が果たして自然と「共生」できたかを客観的に検討し、必ずしもそうではなかったことを論じたシリーズであった。

---

5)　西本豊弘他編『人と動物の日本史』全 4 巻（吉川弘文館、2008-2009 年）。
6)　湯本貴和編『シリーズ日本列島の三万五千年——人と自然の環境史』全 6 巻（文一総合出版、2011 年）。
7)　平川南他編『環境の日本史』全 5 巻（吉川弘文館、2012-2013 年）。

次の『環境の日本史』は、平川南をはじめ日本史プロパーの研究者の編集によるもので、その出版が、日本史研究の中で「環境史」の正当性がやっと認められたことを意味したといっても過言ではない。『環境の日本史』の内容は、次の通りである。

第1巻　日本史と環境——人と自然／第2巻　古代の暮らしと祈り／第3巻　中世の環境と開発・生業／第4巻　人々の営みと近世の自然／第5巻　自然利用と破壊——近現代と民俗

他のシリーズとは違って、テーマではなく時系列順で構成されている点が特徴である。大まかな内容は、大昔は自然界が絶対的で人間の力は弱かったが、人間が徐々に力を付けて自然界を自らのニーズに合わせて利用できるようになり、やがては自然界を壊し始めた、という流れを描いている。

『環境の日本史』の出版後も、日本の環境史研究は盛んに行われた。現在進行中の企画としては、上述の総合地球環境学研究所の「気候適応史」プロジェクトがある。この研究はプロジェクトリーダーの古気候学者・中塚武をはじめ、古気候学者・歴史学者・考古学者らが共同で取り組んでいるもので、その目的は、「縄文時代から現在までの日本を対象に、高分解能古気候学の最新の成果を歴史学・考古学の膨大な知見に結びつけ、過去の様々な時代に起きた気候変動の実態を明らかにするとともに、気候変動に対する社会の応答のあり方を詳細に解析」[8]することである。成果本（全6巻）が近いうちに出版される予定で、英語の要約バージョンも企画されている。

外国人による研究

日本での主な研究は以上の通りであるが、外国でも（特に英語圏におい

8）　http://www.chikyu.ac.jp/nenrin/

第四部　環境保全の取り組みと意識

て）前近代日本の環境史に関する研究が行われているので、次にそれを紹介したい。紙幅の関係で、代表的な研究者の紹介は数名にとどめ、便宜上、日本史プロパーの研究者と、世界史のそれに分けて述べよう。

　日本史プロパーの分野で、前近代の環境史研究に最も貢献しているのは、元イェール大学の Conrad Totman（コンラッド・タットマン）で、彼は、1980 年代から先駆的な本を次から次へと出版している。最も有名なのは、1989 年に出版された *The Green Archipelago* という本で、1998 年に『日本人はどのように森をつくってきたのか』という邦題で日本語訳が刊行された。[9] この本において Totman は、江戸時代の林業に着目してその持続性を強調し、「賢明な利用」という用語こそ使わなかったが、江戸時代の日本は、ある意味で自然界と調和した社会であり、当時の日本人が森林という天然資源を循環的に利用することにより大きな環境破壊を免れることができたと論じた。

　次に日本史の専門家ではないが、日本の環境史に触れた世界史研究者を 2 人紹介したい。

　1 人目はカリフォルニア大学ロサンゼルス校の Jared Diamond（ジャレド・ダイヤモンド）である。Diamond は 2005 年に *Collapse* という本を出版し、同じ年に『文明崩壊』という邦題で日本語訳も刊行された。[10] この本は、過去に崩壊してしまった社会や文明の実例をいろいろと挙げ、その中で、日本の歴史にも触れている。先ほど紹介した Totman の研究を主な根拠に、前近代の日本は珍しく自然環境を大事にして崩壊しなかった社会、持続可能な社会であったと強調している。

　2 人目は、オハイオ州立大学の Geoffrey Parker（ジェフリー・パーカー）である。2013 年に 17 世紀の小氷期をテーマにした *Global Crisis* という本を出版し、その本の中で、Parker はその時代の寒冷化が、北半球のほとんどの国で、飢饉などを呼び起こし、国家の崩壊にもつながる社会的ダメー

---

9)　Conrad Totman, *The Green Archipelago: Forestry in Preindustrial Japan*, University of California Press, 1989［コンラッド・タットマン、熊崎実訳『日本人はどのように森を作ってきたのか』（築地書館、1998 年）］.

10)　Jared Diamond, *Collapse: How Societies Choose to Fail or Succeed*, New York: Viking, 2005［ジャレド・ダイアモンド、楡井浩一訳『文明崩壊』上・下（草思社、2005 年）］.

ジを与えたが、日本だけは無事だったと述べている。その上で Parker は
日本が小氷期を生き抜いた理由を、（1）人口がまだ飽和状態ではなく社
会的な余裕があったことと、（2）幕府によるガバナンス（治安の維持、
経済発展を重視した政策、対外関係の独占など）がきちんと行われていた
ためと分析している。[11]

3. 環境史の研究が教えてくれるもの

　他にもたくさんの研究があるが、前近代日本の環境史に関する主な研究
は、以上の通りである。では、その成果から果たして何がいえるだろう。
ここでは、自然環境が人間社会に与えた影響と、人間社会が自然界に与え
た影響に分けて述べることとする。

自然環境が人間社会に与えた影響

　まず自然環境が人間社会に与えた影響についてであるが、比較的最近ま
では、日本列島の自然環境が人間社会の形成あるいはあり方に絶大な影響
を与えてきたと論じることが一般的だった。先駆的な例は、1935 年に出
版された和辻哲郎の『風土』[12]であるが、上記の『講座 文明と環境』の責
任編集者の一人である安田喜憲もこの考え方を引き継いでいる。安田は、
日本を含む、森林に覆われているアジアのモンスーン地帯は、アニミズム
や多神教を中心とする文明を生み出し、それが西アジアの漠砂が生み出し
た一神教を中心とする文明とは対照的に、自然界を重んじ、自然と共生す
るものであったという考えを、『講座 文明と環境』をはじめ多くの出版物
で論じている。[13]極端な環境決定論であり、今、安田の考えに賛同する歴
史学者はほとんどいないといっても過言ではない。

---

11)　Geoffrey Parker, *Global Crisis: War, Climate Change and Catastrophe in the Seventeenth Century*, Yale University Press, 2013, pp. 484-508.
12)　和辻哲郎『風土──人間學的考察』（岩波書店、1935 年）。
13)　例えば、Yoshinori Yasuda, ed., *Forest and Civilisations*, Roli Books & Lustre Press, 2001.

第四部　環境保全の取り組みと意識

　日本列島の自然環境が人間社会に与えた影響については、他にも様々な説がある。例えば、日本の美しい、四季のある自然環境の中で育った日本人は、他の民族よりも自然が好きだという説がある。また、日本列島は、台風、火山、地震、津波といった自然災害が多いために、日本人は人生の儚さを他の民族よりも意識し、「宿命」に対抗せず「仕方がない」として受け入れる傾向があるともいわれている[14]。こうした主張は、100パーセント間違っているとはいえないが、歴史学研究の立場からいうと飛躍しすぎといえよう。まず、日本人は本当に他の民族よりも自然を愛したり、宿命に素直に従ったりするという客観的なデータはない[15]。また、仮にそうしたデータがあったとしても、そのような「国民性」が、直接に日本の自然環境のあり方の影響によるものだという証拠もまったくない。

　他に聞く諸説についても同じような問題がある。一部の歴史学研究者は、日本は島国で、海外からの侵略の恐れがほぼないから、日本社会は、ゆったりと独自の形で発展できたという説を支持している。これに関連して、海外からの威圧がないため、緊張感に欠け、中央集権的な国家ができにくい国だったと主張する研究者もいる[16]。実際、日本の長い歴史を見渡すと、中央政府が弱かったり、機能しなかったりした時代が多いが、これを、地形のせいにする説もある。つまり、山が多く、陸上の交通が大変なことが、中央集権的な国家が成立しにくい要因となった、というのである[17]。これらの主張は、いずれも一理あると思われるが、自然環境との因果関係を証明することはほぼ不可能である。

---

14)　例えば、Ian Buruma, "A Very Fatalistic Race: How the Japanese Have Always Drawn Strength from Disaster," *MailOnline*, 19 March 2011（http://www.dailymail.co.uk/news/article-1367825/Japan-earthquake-tsunami-How-country-drawn-strength-disaster.html）.

15)　日本人の「自然愛」については、Stephen R. Kellert は逆に否定している。Stephen R. Kellert, "Japanese Perceptions of Wildlife," *Conservation Biology*, 5, no. 3（1991）, pp. 297-308.

16)　Edwin O. Reischauer, *The Japanese Today*, The Belknap Press of Harvard University Press, 1980, pp. 31-36；John W. Hall, *Government and Local Power in Japan, 500-1700*, Princeton University Press, 1966, p. 6；W. G. Beasley, *The Japanese Experience: A Short History of Japan*, University of California Press, 1999, pp. 1-2.

17)　Reischauer, *The Japanese Today*, p. 8；Wm. Wayne Farris, *Japan to 1600: A Social and Economic History*, University of Hawai'i Press, 2009, p. 3.

とはいえ、自然環境が人間社会や歴史の流れに影響を与えてきたことは間違いないだろう。その最も分かりやすい例は、上述した自然災害である。日本には自然災害に関する史料は多いが、最も有名なのは13世紀初頭に記された鴨長明の『方丈記』である。『方丈記』では、著者の長明が経験した1177年の大火、1180年の辻風、1181-82年の飢饉、1185年の地震について述べられている。[18]火山と津波については『方丈記』に登場しないが、他の史料にはたびたび散見する。日本の長い歴史を通して、自然災害は絶えず起こり、多くの犠牲者を生み出してきた（ただ、自然災害による死傷者の規模は、自然要因のみならず、社会的要因にも左右されることを指摘しておきたい）。

　過去の自然災害に関する情報は、当時の人が残した史料だけではなく、考古学の発掘調査によっても知られる。紀元前5500年頃に起きた鬼界カルデラの大噴火は、九州から一時人間の姿が消えたくらいの影響力があった。もう一つの例として鹿児島県の橋牟礼川遺跡では、文献史料からも知られる874年の開聞岳の火山噴火により火山灰で埋もれた集落跡が見つかっている。[19]関東でも、例えば1707年における富士山の噴火や、1783年の浅間山の噴火により火山灰に埋もれた集落跡が発見されている。1596年の慶長伏見地震による液状化の跡も京都で見つかっており、古墳時代や中世における洪水によって破壊された水田跡と集落跡も各地の発掘調査により知られている。[20]

　これらはいずれも短期間に起きた「事件」によるものであるが、そうした出来事によるものではなく、環境や地形そのものが人間社会に影響を与えた事例もたくさんある。人は当然、交通アクセスが容易な場所、必要な資源が得られやすい場所に住む傾向がある。日本人が、弥生時代以来、ア

18）　西尾實校注『日本古典文学大系　30 方丈記・徒然草』（岩波書店、1957年）24-35頁。

19）　Gina L. Barnes, "Vulnerable Japan: The Tectonic Setting of Life in the Archipelago," in Bruce L. Batten and Philip C. Brown eds., *Environment and Society in the Japanese Islands: From Prehistory to the Present*, Oregon State University Press, 2015, pp. 21-42.

20）　これらの例はいずれも、大塚初重他編『考古学による日本歴史　16 自然環境と文化』（雄山閣、1996年）による。

第四部　環境保全の取り組みと意識

クセスが容易な、農業を含む人間の生活や営みに適した盆地や沖積平野に
集中的に住んだのは、そのためである。個々の場所においても、地理的な
状況が、住居などの分布・あり方に影響した。地理学者の故河角龍典の研
究によると、8世紀の平城京では、貴族の住居は水源の近くに設けられて
おり、官庁や寺院といった大きな建物は、その重量を支えられる完新世の
台地の上に立てられていた。[21]

　日本列島全体を鳥瞰すると、自然環境の違いによって生じた社会的・文
化的差異がかなり目立つ。例えば、弥生時代以降における稲作の地理的分
布は、明らかに気候などにより決定づけられたものであった。東北以北の
地域では、当時の技術では稲作が不可能だったので普及しなかった。南西
においては、気候よりも土壌や地形の問題であるが、やはり自然環境のあ
り方が稲作の普及を妨げた。そのために、弥生時代以降、日本列島の社会
は、稲作を基盤とした「中の文化」と、採集狩猟を基盤とした「北の文
化」と「南の文化」に分かれていった。[22]「中の文化」＝日本プロパーの地
域は時代が下るとともに、拡大していく傾向にあったが、弥生時代に成立
した三部構造そのものは、19世紀まで存続した。琉球諸島の社会、日本
の社会、北海道のアイヌ社会の様々な違いは、最終的には、気候をはじめ
自然環境の違いによるものだといっても過言ではない。[23]

　このように、自然環境のあり方が日本社会に影響を与えた例がいくつも
あるが、自然環境は、いつまでも変わらぬ固定的な存在ではなく、長期的
に見ると少しずつ変わっていくものでもある。一番分かりやすい例は、気
候変動である。では、日本列島において、気候変動は、社会にどのような
影響を与えただろう。

　結論からいうと、因果関係が特定しにくいものばかりではあるが、気候
と社会が同じような時期に変化したという興味深い事例がいくつかある。
まずは氷河期の終わりに伴う気候変動と縄文文化の出現である。以前は、

21）　Tatsunori Kawasumi, "Settlement Patterns and Environment of Heijō-kyō, an Ancient Capital City Site in Japan," in *Environment and Society in the Japanese Islands*, pp. 43-57.
22）　藤本強『もう二つの日本文化──北海道と南島の文化』（東京大学出版会、1988年）。
23）　Bruce L. Batten, *To the Ends of Japan: Premodern Frontiers, Boundaries, and Interactions*, University of Hawai'i Press, 2003, pp. 235-262.

縄文文化を特徴付ける土器の生産は、氷河期が終わり、気候が温暖化して
から始まったと考えられてきたが、現在は、土器生産の始まりは、より早
く、気候がまだ激しく変動していた時期に求めるべきだという考えが一般
的となっている[24]。いずれにしても、細かいメカニズムは分からないが、
縄文文化の出現は氷河期の終わりと何らかの関係にあったと思われる。ま
た、同じ縄文時代に関して、縄文中期における気温の上昇と人口の増加、
それから後期における気温の低下と人口の減少といった、偶然の一致とは
思えない点も注目に値する[25]。もう一つの例は、中世における激しい気候
変動と政治的動乱の関連である[26]。「気候適応史」プロジェクトの中塚武に
よると、人間社会は、100年、1000年単位の長期的な気候変動に問題な
く対応できるし、短期的・突発的な異常気象にも対応できるが、予想でき
ない、10年単位の変動にはとても脆いという[27]。

人間社会が自然界に与えた影響

　このように、自然界が人間社会に与えた影響は大きいが、その逆もある
のかというと、答えは「イエス」である。人間の活動が自然界に与える負
担を「エコロジカル・フットプリント」というが、まず指摘しておきたい
のは、そのエコロジカル・フットプリントが一般に古い時代ほど小さく、
新しい時代ほど大きいということである。もちろん、古い時代においても
人の活動が自然界に影響を与えた例はたくさんある。特に北米やニュー
ジーランドにおいて、人間の登場が大型哺乳類などの絶滅を促したことは
よく知られているし、世界各地の原住民が、火を扱うことによって、森林
などが焼け、景観が変わってしまったこともあった。しかし、それ以上の

24)　Junko Habu, *Ancient Jomon of Japan*, Cambridge University Press, 2004, pp. 26-42.
25)　Habu, *Ancient Jomon of Japan*, pp. 46-50.
26)　この関係を最初に指摘したのは、William S. Atwell だと思われる。William S.
　　Atwell, "Volcanism and Short-Term Climatic Change in East Asian and World History,
　　ca. 1200-1699," *Journal of World History*, 12, no. 1（2001）, pp. 29-98.
27)　中塚武「気候変動と歴史学」平川南編『環境の日本史　1 日本史と環境——人と
　　自然』（吉川弘文館、2012年）38-70頁、中塚武「高分解能古気候データをもちいた
　　新しい歴史学の可能性」『日本史研究』646号（2016年）、3-18頁。

243

第四部　環境保全の取り組みと意識

影響はなかったのである。対照的に、現代の人間の活動は、温暖ガスの排出による地球温暖化や、「第6の大量絶滅」と呼ばれる生態系の破壊の原因となるほど自然界に重大な影響を及ぼしている。これらの変化をもって、新しい地質時代である「新人世（Anthropocene）」の到来を唱える学者が多い。

　日本については、過去の人間が自然界に影響を与えていたという実例は、文献史料からも、発掘調査でも示されている。古い順でいうと、北米などと同様に日本列島においても更新世の大型哺乳類の絶滅は、狩猟など、人間の活動に影響を受けているという説があるが、不確定である（最近の研究はどちらかというと否定的である）[28]。それはともかく、その後人間の営みが景観などを変えた事例は枚挙に暇がない。農業の始まりとともに、人間は本来日本列島に存在しない作物や家畜を大陸から意図的に導入したし、誰も意図しなかったが、人間の行き来に便乗して勝手に列島に入り定着した外来種もあった[29]。人は森林を伐採し、水田や畑を開拓した。池や水道、堰といった灌漑施設を作った。洪水を防ぐため、堤防を建てたり、河道の改修を行ったりして治水事業を展開した。道路、町、城郭を建設した。長期的に見れば、これらの事業は、時代が下るとともに拡大してきた。理由は、人口や組織力の増加や、技術水準の向上である。

　最も目立つ変化は、森林の破壊だったのではないかと思われる。それは、水田や畑を作るために木を伐採したところから始まったが、土器や鉄、塩の生産に必要な燃料のためにも森を伐採した。平城京や平安京を飾った寺院、神社、宮殿といった建築物のために、多くの木が犠牲となった。中世となり、鎌倉、堺、博多といった新しい都市の出現や、戦国時代における

---

28)　Akira Iwase, Keiichi Takahashi, and Masami Izuho, "Further Study on the Late Pleistocene Megafaunal Extinction in the Japanese Archipelago," in Yousuke Kaifu, Masami Izuho, Ted Goebel, Hiroyuki Sato, and Akira Ono eds., *Emergence and Diversity of Modern Human Behavior in Paleolithic Asia*, Texas A & M University, 2015, pp. 325-344.

29)　意図的に導入された作物については、星川清親『栽培植物の起原と伝播［改訂増補版］』（二宮書店、1987年）。帰化植物については、淺井康宏『緑の侵入者たち──帰化植物のはなし』（朝日新聞社、1993年）。家畜その他の外来動物については、松井章『動物考古学』（京都大学出版会、2008年）。

多くの城下町の建設も森林の破壊に拍車をかけた。[30] そのために日本の景観は大きく変化した。絵図を分析した小椋純一の研究によると、室町時代後期までに、京都周辺の多くの山はすでに禿げ山化していたという。[31]

これらの変化をどう評価するかは価値観の問題でもある。原生林など、自然のままの自然環境に価値を置くならば、人間の営みによるすべての変化は悪である。もちろん、人間の立場から見ても明らかにマイナスとしかいえない変化もあった。森林の破壊は、浸食作用の原因となり、洪水を引き起こした。都市化は、屎尿による地下水や川の汚染につながった。[32] しかし、こうした事例もあるものの、多くの変化は、人間社会の発展を目指し、実現したものとして肯定的にとらえることもできる。

少しずつではあったが、日本人は、自然界を「利用」するだけではなく「管理」する能力も持つようになり、その結果日本の社会は、よりレジリエンス（resilience、弾力性）のあるものとなった。[33] レジリエンスという概念は、最近、日本の中世史・近世史研究に少しずつ反映されるようになっている。オハイオ州立大学の Philip C. Brown（フィリップ・C・ブラウン）は、江戸時代の新潟地方における治水事業を対象にした論文において、藩主や農民の耐えざる努力や工夫により、洪水調節の効果がだんだん大きくなり、その結果、農民の生活がより安定的となり、農地や生産も拡大していったと指摘している。[34] レジリエンス論に触れたもう一つの例は、斉藤修による飢饉の研究である。斉藤によると、中世から近世にかけて、気候が悪化していったにもかかわらず、飢饉の頻度とインパクトが減っていった。言い換えれば、日本の社会はよりレジリエンスのあるものとなっ

---

30) Totman, *The Green Archipelago*, pp. 9-33.
31) 小椋純一『絵図から読み解く人と景観の歴史』（雄山閣、1992 年）。
32) 汚染については、Kawasumi, "Settlement Patterns and Environment of Heijō-kyō, an Ancient Capital City Site in Japan," pp. 49, 54-55.
33) レジリエンスの概念については、Brian Walker and David Salt, *Resilience Thinking: Sustaining Ecosystems and People in a Changing World*, Island Press, 2006.
34) Philip C. Brown, "Floods, Drainage, and River Projects in Early Modern Japan: Civil Engineering and the Foundations of Resilience," in *Environment and Society in the Japanese Islands*, pp. 96-113.

第四部　環境保全の取り組みと意識

た。斉藤はその理由として、大名によるガバナンスの改善を挙げている。[35]

　レジリエンスに関連して、サステナビリティ（sustainability、持続可能性）という概念もある。サステナビリティに関しても、中世から近世にかけての時期は、大きな画期であったと考えられる。以下、ローカルな事例と全国的な事例に分けて紹介しよう。

　ローカルな事例として、琵琶湖、里山、都市環境の3つが挙げられる。琵琶湖に関しては、佐野静代の研究が注目される。佐野によると、琵琶湖は、人工の多い京都に近い割に、その水が19世紀まできれいなままであった。その一つの理由に、アシやその他の植物の定期的な収穫を佐野は挙げている。言い換えれば琵琶湖周辺の人々は、天然資源の「賢明な利用」を行ったということである。[36] 次の里山は、人間が「管理」した空間で、村落、田畑、雑木林などからなる。村落や田畑はもちろんのこと、雑木林も人工的なもので、人々は燃料、炭、肥料、測量となる植物や動物を得るために管理していた。里山はよく、システムとしてある程度持続可能なものであったといわれる。[37] 最後に、江戸をはじめとする近世の都市は、比較的に衛生状況が良くて、小さな「エコロジカル・フットプリント」を有していたようである。例えば、都市人口の屎尿が周りの農地で肥料として使われていたことはよく知られている。[38] 古い時代の平城京と平安京、あるいは同じ近世のヨーロッパの都市とは対照的である。

　全国的なレベルでのサステナビリティについても、様々な研究がある。鬼頭宏によると、江戸という町だけではなく、近世の日本全体も、「5R」を重視していたという。「5R」とは、①リペア（repair、修繕）、②リユース（reuse、再利用）、③レンタルとリース（rental & lease、貸借）、④リサイクル（recycle、再資源化）、⑤リデュース（reduce、廃棄物の発生抑制）、

35)　Osamu Saito, "Climate, Famine, and Population in Japanese History: A Long-Term Perspective," in *Environment and Society in the Japanese Islands*, pp. 213-229.

36)　Shizuyo Sano, "Traditional Use of Resources and Management of Littoral Environments at Lake Biwa," in *Environment and Society in the Japanese Islands*, pp. 75-95.

37)　K. Takeuchi, R. D. Brown, I. Washitani, A. Tsunekawa, and M. Yokohari, eds., *Satoyama: The Traditional Rural Landscape of Japan*, Springer, 2003.

38)　江戸の衛生状況については、Susan B. Hanley, *Everyday Things in Premodern Japan: The Forgotten Legacy*, University of California Press, 1997, pp. 104-128.

のことである[39]。鬼頭はまた、1750 年には日本の人口が増加しなくなった
ことに注目し、この点においても、維持可能な社会の手本であったと論じ
る[40]。近世社会のサステナビリティについては、上述した Conrad Totman
や Jared Diamond の研究でも触れられている。

4.　おわりに

　以上を簡単に要約すると、前近代日本の環境史に関する研究からは、次
のようなストーリーを描ける。つまり、古い時代においては、日本の社会
は、自然環境の力に対して弱く、順応することしか生きていく術がなかっ
た。しかし時代の経過とともに、技術力、組織力、人口などが増加し、自
然環境から影響を受けるだけではなく、自然環境に影響を及ぼすことも多
くなってきた。時には、人間の営みは、浸食作用、洪水、地下水の汚染な
ど、マイナス効果ももたらしたが、長期的には、徐々に自然環境を「管
理」する力をつけ、社会として崩壊することなく少しずつ発展できるよう
になった。江戸時代になると、日本社会は持続可能な特徴もある程度備え
るようになった。もしそうだとすると、日本の環境史に関する研究は、現
代社会にとっても学ぶべき成果を生み出す可能性がある。今後、さらなる
発展を大いに期待したい。

---

39)　鬼頭宏『環境先進国・江戸』（PHP 研究所、2002 年）。
40)　鬼頭宏『人口から読む日本の歴史』（講談社、2000 年）。

中国古代诗歌中的自然观浅探

中国の古代詩歌に見られる自然観について

程　郁綴

【日本語要約】農業文明の時代から工業文明の時代を経て、情報革命の時代を迎えた今、人類の文明は急速な発展と長足の進歩を遂げてきた。しかし、それと同時に人類と自然との関係には大きな変化、それも望ましくない変化が起きている。自然を征服し、改造する中で、人類は多くの苦杯を嘗めさせられてきた。だが中国の文化史には自然に親しんできた長い伝統がある。本稿では、崇拝と畏怖の対象としての自然観、楽しみ親しむ対象としての自然観、親しみながら自己啓発の対象とする自然観という3つの観点から、中国の詩歌に見られる自然観について時系列的に考察する。

第四部　環境保全の取り組みと意識

　　中华文化源远流长，博大精深。在中华文化寥廓广袤的星空中，诗歌毫无疑问是一条灿烂的银河。这条灿烂的银河，是由无数大大小小的星星和星座组成的。在内容丰富的蕴涵中，诗歌中所体现的自然观，就是其中一个重要方面。

　　自然，本是一个抽象的概念，指的是一切非人为的、天然的存在。老子《道德经》：“人法地，地法天，天法道，道法自然。”《后汉书·李固传》：“夫穷高则危，大满则溢，月盈则缺，日中则移。凡此四者，自然之数也。”既可以包括自然界，即宇宙间生物界和非生物界的总和，也就是整个物质世界；也包含不勉强、不拘束、不呆板的人的自然天性。
　　本文所说的自然，是指客观自然界；所说的自然观，是指人与客观自然关系的观念。简要的浅探一下中国古代诗歌中所体现的人对客观自然的认识和审美情趣，希望从中获得有益的借鉴。

1．将自然作为崇拜和敬畏对象的自然观

　　大自然是人类赖以生存的主要物质基础。作为客观存在的自然山水，从古到今都跟人类生活都有着十分密切的关系，人类离不开自然，人类生活离不开山水空间。人类社会的发展有一个过程，人类对于自然山水的认识也有一个逐步深化的过程。越是在远古时代，人们对自然的依赖性就越强，对山水的感受就越深。从畏惧自然山水，到盲目崇拜自然山水，到逐步亲近喜爱乃至于欣赏自然山水，进而发展到适度的利用和改造自然山水。人类用语言文字、用诗歌文学来记录、描写和讴歌自然山水，抒发和阐述自己的情感、感受和观念，这自然而然也经历了一个逐步发展、不断提高、持续升华的过程。

　　在生产力十分低下的夏商周时代，人们对于自然的认识还是十分幼稚的。周人是崇拜百神的泛神论者，自然界中与农业生产和日常生活关系密切的日月、雷电、风云、山川等，都是人们崇拜的对象。《诗经》已经有对山岳崇高和河水猛烈的描写。如：“崧高维岳，骏（峻）极于天”（《大雅·崧高》），

250

"江汉浮浮"（《大雅·江汉》），"河水洋洋"（《魏风·硕人》）等，在诗中山水主要是作为背景来描写的，表现的也主要是人们对巍峨高山和奔涌河水的敬畏和景仰之情。

与此相关连，人们也在生产和生活实践中逐步意识到自然山水也还起到娱悦和慰藉作用。《诗经·秦风·蒹葭》的第一章写道："蒹葭苍苍，白露为霜。所谓伊人，在水一方。溯洄从之，道阻且长。溯游从之，宛在水中央。"通过自然界中苍苍的蒹葭、蜿蜒的河水，创造和渲染了一种飘缈惝恍、迷离不定的意境，抒发了追求伊人、可望而不可即的美好而又美妙的心情。从中我们可以看出人们对自然景物，已经有了初步的审美意识和欣赏情趣。

从《诗经》到楚辞，时间上经历了三百多年，空间上是从黄河流域中原文化，到长江流域南方文化，人们对于自然山水的认识和审美，也向前推进了一步。诗人们所关切的不仅仅是自然山水的物质功用，而且开始显示出对自然山水之美的赏爱意识，开始注重对自然山水审美过程中的精神价值的追求。如《九歌·湘君》中所描写的"令沅湘兮无波，使江水兮安流"；《九章·抽丝》中所描写的"望北山而流涕兮，临流水而太息"等，开始借登山临水以直接或者间接抒发作者内心的某些情感，既可能是离别之情，也可能是故国之思。

总而言之，在先秦早期的诗歌中所体现出来的，主要是人们对自然山水的崇拜和敬畏之情；诗歌中所出现的山水景物，往往是作为生活的背景和陪衬、或者用来比兴的媒介物，而不是作为一种独立的审美对象。而人们受道家"道法自然"（《道德经》）思想的影响，开始更多地发现自然和自然美的价值，并且用诗歌将自己对自然的观察和从中获得愉快的心情表达出来，那还要等到魏晋南北朝时期的诗歌了。

2．将自然作为审美和欣赏对象的自然观

中国传统文化讲天人合一；中国古代思想家认为，人与万物一体，都属于一个大生命的世界，人与万物同类，都是平等的物种。到了宋人张载则总结出一句名言："民，吾同胞；物吾与也。"（《西铭》）意思就是说：世上的

251

第四部　環境保全の取り組みと意識

民众都是我的亲兄弟，天地间的万物都是我的好伙伴。所以，人们渐渐地把自然看作审美对象，从对自然的喜爱和欣赏中获得欢愉、满足和精神上的宽慰。到了魏晋时期玄学盛行，当时的玄学把儒家提倡的"名教"与老庄提倡的"自然"结合在一起，引导人们从山水中寻求人生的哲理与趣味。所以随着对山水审美意识的日益浓厚，以描写自然为对象的田园诗山水诗便应运而生。

　　东晋大诗人陶渊明（365-427）每当做官为宦时，就感到不自由，受到羁绊和束缚："望云惭高鸟，临渊愧游鱼。"强烈渴望回到自然田园的怀抱中来："羁鸟恋旧林，池鱼思故渊。"一旦回到田园，诗人便进入了一种自由适意的生活境界，欣喜之情便溢于言表之外。其《饮酒》其五诗，抒发了诗人与自然达于和谐圆融最高境界的人生体味。诗曰：

　　　　结庐在人境，而无车马喧。问君何能尔，心远地自偏。
　　　　采菊东篱下，悠然见南山。山气日夕佳，飞鸟相与还。
　　　　此中有真意，欲辩已忘言。

诗人一俯东篱采菊，一仰则悠悠然、不期然而然见南山；太阳自然而然升起落下，飞鸟呼朋唤侣结伴而还，大自然充满生机而又有规律地远转不息。诗人取山气自然生成之佳景，飞鸟结伴相还之常象，寓人生自得之意。这当中，"心远地自偏"已经超出了人与物质自然的和谐，而进入到一个更高的境界。诗人认为即便是人在红尘闹市，身在寰宇之中，只要心无滞物，置官场名利于度外，也能够神游象外，身心自由——这是超乎人与物质自然的关系，而在更高的精神层次上达到了天人合一。清人王士禛对这首诗的评价十分精彩，兹录如下："通篇意在'心远'二字，真意在此，忘言亦在此。从古高人只是心无凝滞，空洞无涯，故所见高远，非一切名象之可障隔，又岂俗物之可妄干？有时而当静境，静也，即动境亦静。境有异而心无异者，远故也。心无滞物，在人境不虞其寂，逢车马不觉其喧。篱有菊则采之，采过则已，吾心吾菊。忽悠然而见南山，日夕而见山气之佳，以悦鸟性，与之往还，山花人鸟，偶然相对，一片化机，天真自具，既无名象，不落言诠，其谁辨之。"

（《古学千金谱》）

这之后，把自然界的美景引到诗中，使山水成为独立的审美对象，那还是南朝宋谢灵运（385-433）所开创的山水诗。谢灵运的山水诗，把自然界中的美景引进诗中，使山水成为独立的审美对象。如"春晚绿野秀，岩高白云屯。""林壑敛暝色，云霞收夕霏。""野旷沙岸净，天高秋月明。""池塘生春草，园柳变鸣禽"等等，犹如一幅幅鲜明的图画，从不同的角度向人们展示了大自然的美。

与谢灵运同时代的陶弘景，在书信体散文《与谢中书书》中，描述江南山水之美，清丽自然，精当传神："高峰入云，清流见底；两岸石壁，五色交辉；青林翠竹，四时俱备；晓雾将歇，猿鸟乱鸣；夕日欲颓，沉鳞竞跃；实是欲界之仙都。"他的小诗《诏问山中所有赋诗以答》："山中何所有，岭上有白云。只可自怡悦，不堪持赠君。"诗人隐居山林，只可自己以山水陶娱性情，自得其乐，但无法将这种体会转赠他人。潇洒通脱，风神高逸。南朝民歌《子夜四时歌》中也有这样一首小诗："春风动春心，流目瞩山林。山林多奇采，阳鸟吐清音。"以山水入诗，山水与人的情感水乳交融，温馨美好。

以谢灵运为奠基人的山水诗，比以陶渊明为奠基人的田园诗，更进一步地表现了人与自然的沟通与和谐，标志着一种新的自然审美观念和审美趣味的产生。诚如林庚先生所指出的："山水诗是继神话之后，在文学创作上大自然的又一次的人化。"（《中国文学简史》）袁行霈先生也认为："山水诗的产生，标志着人对自然美的认识加深了。大自然已经从作为陪衬的生活环境或作为比兴的媒介物，变成具有独立美学价值的欣赏对象。山水诗启发人们从一个新的角度，即美学的角度去亲近大自然，发现和理解大自然的美，这无论在文学史上或美学史上都是具有积极意义的。"（《中国山水诗选·序言》）

3. 将自然作为亲近和启迪对象的自然观

到了唐宋时期，唐诗宋词中所体现出来的人们对自然山水的观念和审美情趣，发生了更大的变化，有了更进一步的提高和升华。一方面，人们与自

第四部　環境保全の取り組みと意識

然山水的关系更加亲近友好，把山水拟人化、朋友化，心心相印，情景交融；另一方面，人们从自然山水的种种特性和奇异形态中，受到启迪，获得灵感，创作出意味深长的哲理诗；从而将山水诗的创作推进到一个新的阶段。

盛唐大诗人李白（701-762）自称"常时饮酒逐风景，壮心遂与功名疏"；因为饮酒和游山玩水，竟然连功名都不想要了。他"五岳寻仙不辞远，一生好入名山游"，写下了大量气势豪迈的山水诗。如：歌颂黄河——"黄河之水天上来，奔流到海不复回。""黄河落天走东海，万里泻入胸怀间。"歌颂长江——"大江茫茫去不还"；歌颂庐山——"屏风九叠云锦张"；歌颂横江大潮——"涛似连山喷雪来"等等。所有这些充满浪漫情调的山水描写，或雄奇壮丽，或飘逸明秀，极具个性色彩，充满了对大自然的欣赏和喜悦之情。

在李白笔下，最能体现诗人与自然山水亲近关系的，还要数他的绝句《独坐敬亭山》。诗曰：

众鸟高飞尽，孤云独去闲。相看两不厌，只有敬亭山。

敬亭山在今安徽宣城北，山上原有亭曰敬亭，相传为南齐诗人谢朓吟咏处。《古今图书集成·山川典》载："敬亭山，一名昭亭山，又名查山，东临宛句，南俯城闉，万壑千岩，云蒸霞蔚，固近郊胜境。"诗人李白在现实生活中怀才不遇而感到孤独寂寞时，便到大自然的怀抱中去寻求慰藉。前两句写众鸟都高飞远去了，长空中一片云彩也没有，静谧的大自然中，只剩下诗人和敬亭山了。诗人深情地凝视着敬亭山，敬亭山似乎也在一动也不动地全神贯注着诗人；人间似乎只有敬亭山愿意与诗人相依为命，亲密陪伴。"相看两不厌"的"相"字和"两"字同意重复，把诗人和敬亭山紧紧地联系在一起。人山相对，脉脉含情，人与自然物我两忘，浑然一体，遗世之情，自在言外。清人黄叔灿评赞此诗曰："'尽'字、'闲'字是'不厌'之魂，'相看'下著'两'字，与敬亭山对若宾主，共为领略，妙！"（《唐诗笺注》卷七）

到了宋代，自然与人的关系更为亲近。绘画领域里，北方出现了荆浩、南方出现了董源等一批山水画大家，全景山水画气势磅礴，笔墨间体现了人

254

对自然的由衷欣赏和喜悦感受。如董源的《潇湘图》，苍茫的山峦延绵起伏，平远而又幽深；滩涂浅水间有俯仰多姿的芦苇；岸边有人奏乐，船上有人撒网。观此图，好像置身于烟雨蒙迷蒙的江南山水幽境之中，产生出超乎尘世之外的联想。

绘画中如此，诗词中也是如此。南宋词人辛弃疾《贺新郎》（甚矣吾衰矣）中有句曰："问何物、能令公喜？我见青山多妩媚，料青山见我应如是。情与貌，略相似。"这与李白《独坐敬亭山》"相看两不厌"是一样的手法。词人在现实生活中无人无物可喜，只好将一往深情倾注到自然物上，不仅词人自己觉得青山如此"妩媚"多情，而且感知到青山看词人似乎也很"妩媚"多情。"这种手法，先把审美主体的感情楔入客体，然后借助染有主体感情色彩的客体形象，来揭示审美主体的内在情感。这样便大大加强了作品里的主体意识，易于感染读者。"（蔡厚示先生评语）

辛弃疾还有一首《西江月·遣兴》词，写作者与自然的关系，也十分传神。词曰：

醉里且贪欢笑，要愁那得工夫。近来始觉古人书，信着全无是处。
昨夜松边醉倒，问松"我醉何如？"只疑松
动要来扶，以手推松曰"去"。

词的下片描写了一个极富有戏剧性的场景：词人昨夜在松边酣饮醉倒，居然跟松说起话来。词人问松："我醉的样子如何？"醉眼中见风吹松枝摇动，词人误以为是松树要来扶他，便用手推开松树说"你一边去吧！"意思是我自己可以，不用你扶。既活灵活现地展示了词人酣醉的神态，又显露出词人狂放不羁的倔强的性格。人与松为友，人与自然和谐相融，亲密无间。

唐宋诗词中所描写到的山水，不仅表现了作者与山水亲近友好的一面，而且还有不少描写作者从山水中受到哲理的启迪，创作出耐人寻味的哲理诗，读了给人以理性的教益和艺术的享受。

中唐宣宗皇帝李忱与庐山禅师在游庐山瀑布时，曾经写过一首《瀑布联句》。共四句，前两句是禅师所作，充满了禅意，意在说明人生出处要高；

第四部　環境保全の取り組みと意識

出处不高，难免下游。出处。谓出仕与隐退；此古代士大夫之大节。汉蔡邕《荐皇甫规表》："修身力行，忠亮阐著，出处抱义，皦然不污。"诗的后两句为宣宗皇帝续作，表现了一种志存高远、一往无前的博大襟怀。诗是这样写道：

千岩万壑不辞劳，远看方知出处高。
溪涧岂能留得住，终归大海作波涛。

面对那认准远大目标而义无反顾的瀑布，从瀑布那不会在小花小草前流连忘返、不会在小溪小涧面前徘徊止步的自然属性中，诗人得到启发："溪涧岂能留得住，终归大海作波涛。"这是何等的笔力，何等的气势，鼓舞人们自强不息，奋力前行，奔向人生和事业的浩瀚大海，去掀起万顷波涛，成就辉煌未来！借山水以明志言理，鼓舞人心。

　　宋代诗人中从自然山水中得到启发、而将思想观念渗透到山水形象中的哲理诗，还有王安石的《登飞来峰》："飞来峰上千寻塔，闻说鸡鸣见日升。不畏浮云遮望眼，只缘身在最高层。"从飞来峰上登高望远中，说明身居高层，自然能不畏浮云遮蔽，高瞻远瞩，"一览众山小"（杜甫《望岳》）。又如苏东坡的《题西林壁》："横看成岭侧成峰，远近高低各不同。不识庐山真面目，只缘身在此山中。"从庐山峰峦高低起伏、前后错落中，引发出当局者迷、旁观者清的生活哲理。再如南宋诗人杨万里的《过松原晨炊漆公店六首》其五曰："莫言下岭便无难，赚得路人错喜欢。正入万山圈子里，一山放过一山拦。"这也是从自然山脉重重环绕的现象中，感悟出人生当不断进取，犹如翻过一山、又有一山在前一样，必须努力不懈，进取不息，才能登上峰巅，领略无限风光！

4. 余论

　　应该承认，从远古的蒙昧时代到漫长的农业文明时代，再到工业文明时代，以至于今天的信息革命时代，人类取得了飞速的发展和巨大的进步。但是，人类与自然的关系却发生了巨大的、甚至可以说是不良变化，出现了这

样那样的问题，令人深思，促人警醒。

正如我们北大教授楼宇烈先生在今年的"北京论坛"主旨报告中所揭示的那样："当人类从神的脚下站立起来以后，人的主体性、独立性、能动性得到肯定以后，人就想要替代神来主宰天地万物了。随着理性的肯定，随着科学的发展、科技力量的增长，人类竟然喊出了'人定胜天'的豪言壮语，认为人类应当、而且能够征服自然、改造自然。并且在作为人类理性力量的成果——科学和技术的日益发展、不断进步下，'科学主义'、'科技万能'的思想日益滋长和膨胀。人类自以为凭着人类理性的力量，科学、技术的力量，可以随心所欲地去征服自然、改造自然、主宰宇宙。原来的人本主义，逐渐被异化为人类要去主宰天地万物的'人类中心主义'了。而人类对自然的征服与改造，又异化成了对自然资源财富的过度开发和掠夺，以满足人类的物欲，使人沦落为物欲的奴隶。"

其实，人类在亲近自然、欣赏自然的过程中，适度地利用和改造自然，也是正常的，是人类发展所需要的，实际上也一天也没有停止过；但一定要切实把握好"度"。而"人类中心主义"的思想观念，极大地破坏了人与自然亲近友好的关系。体现在诗歌中，最突出的就是50年代末期的"大跃进"民歌。诸如"喝令三山五岳开道，我来了！""大红旗下逞英豪，端起巢湖作水瓢。不怕老天不下雨，哪方干旱哪方浇。"把自然作为改造和征服的对象，移山填海，改天换地，人定胜天，结果出现了气候失调、"厄尔尼诺现象"、水土流失、洪水泛滥、沙尘暴、雾霾天等种种生态危机，人类自作自受，尝到了自己酿造的一杯苦酒。

现在是到了人类应该清醒的时候了！让我们一起努力，呼唤人和自然友好相处美好情景的回归，重新回归到大自然的怀抱！

(2014年11月12日于北大)

第五部
日中文化の交流──今と昔

日本における
漢字・漢語の現状と将来[1]

寺井泰明

1. 古代における漢字・漢語の受容と受容史研究の現在

　日本列島と中国大陸・朝鮮半島の間は「一衣帯水」を隔てるのみで、現在のように国境が管理されない大昔から、物と人の往来は頻繁に行われていた。

　中国で漢字の存在が確認できるのは紀元前 1300 年に遡るが、日本には独自の文字は存在しなかった。だから、日本列島に住む人々は漢字の伝来によって文字の存在を知ったと思われる。そのことが確認できるのは紀元後 1 世紀のことで、「貨泉」の 2 字が鋳込まれた王莽・新の発行した貨幣が西日本各地で出土している。また、同じく 1 世紀、後漢・光武帝から与えられた金印が福岡県志賀島から出土しているが、これには「漢委奴国王」の 5 字がある。しかし、こうした文字を目にすることのできる日本人は少数であったろうし、また、目にしたとしても、どれだけの人が理解できたかは分からない。

---

1)　本稿は、2015 年 11 月 7 日北京大学において開催された第 15 回桜美林大学北京大学学術交流での口頭発表の内容に加筆したものである。研究成果の紹介については、浅学の身の記憶に残ったものに限られており、偏った部分もある点はご容赦願いたい。

第五部　日中文化の交流——今と昔

　19世紀末、熊本県の江田船山古墳から出土した鉄剣には「治天下獲□□□鹵大王世奉事典曹人名无利弖 八月中用大鉄釜幷四尺廷刀八十練九十振三寸上好刊刀 服此刀者長寿 子孫洋々得□恩也不失其所統 作刀者名伊太和 書者張安也」（下線・圏点は引用者）との文字が銀で象嵌されていた。下線部は日本人と思われる人名が漢字に音訳されたものである。1968年、埼玉県の稲荷山古墳からも5世紀のものと思われる鉄剣が出土し、同様の人名が読み取れたことから研究が進み、こうした漢字・漢文が当時一定程度広がっていたことが判明した。しかし、上記漢文の末尾には「書者張安」と渡来人と思しき名があり、日本人自身が未だ漢字を駆使して漢文を書くまでの能力に至っていなかった可能性が窺える。

　しかし、ここで注目すべきは、研究史上の成果である。すなわちこのように、錆に蔽われた鉄剣から文字を読み取るといった科学技術が、当時の文化状況の解明に大きな貢献を果たしたことである。X線、赤外線などによる透視技術や、放射性炭素の濃度から出土文物の年代を測定する方法が大きく進歩して、歴史研究のあらゆる分野に利用され、次代以降の木簡の解読等にも威力を発揮し、当時の漢字・漢文の実態が次々と明らかにされた。例えば、平川南編、稲岡耕二・犬飼隆・水野正好・和田萃著『古代日本の文字世界』（大修館書店、2000年）は卑弥呼の時代から万葉集に至るまでの文字の世界を、多くの図版を示して提示したし、国立歴史民俗博物館の平川南館長を中心とした古代文字の研究は、韓国の国立中央博物館などと共同して、多くの木簡の解読作業から列島と半島との人や文物の交流を具体的に明らかにし、当時の漢字の用法の具体例を多く提示した[2]。

　歴史の流れに話を戻せば、7世紀に入ると大陸・半島と列島の交流が活発化したことは、多くの史料に残されていて、明確に捉えることができる。遣隋使や遣唐使が漢字・漢文によって多くの先進文化を吸収し、日本に持ち帰り、建国に寄与する一方、日本人自身の手によって、固有名詞に限らず、幅広く漢字による表記・表現が行われるようになった。整った正格の漢文としては、例えば聖徳太子の「十七条憲法」や「三経義疏」などがあ

---

2)　その成果は展示やシンポジウムを通して社会に開示されている。国際企画展示「文字がつなぐ」図録（国立歴史民俗博物館、2014年）参照。

り、また、「法隆寺金堂薬師仏造像銘」は一部が日本語化した変体の漢文で書かれている[3]。

漢字・漢語は、日本においては「音（字音）」と「訓（字訓）」の両様の読み方で読まれた。漢字の中国音をまねて読むのが「音」であり、例えば、「山」は「サン」、「薬」は「ヤク」と読む類である。一方、漢字の意味を日本古来のことば（和語）に置きかえて（翻訳して）読むのが「訓」であり、「山」は「やま」、「薬」は「くすり」と読む類である。

さて、「音（字音）」は、中国のどの地方の、どの時代の発音を受けたものであるかによって、呉音、漢音、唐宋音などに分類される。「極楽」を「ごくらく」と読むのは呉音（主に奈良時代に中国南方から入った音）であり、「自然」には「じねん」と読む呉音と「しぜん」と読む漢音（主に平安時代に入ってきた長安一帯の発音を反映した音）があり、「椅子」を「いす」と読むのは唐宋音（主に鎌倉・室町時代に入ってきた音）である。このように、いつ頃どのような経路で伝わったかによって、字音にも大きな変化があるが、従来、訓（和語）と思われていたものが、実は音（中国音の借用）であったと判明する例も多い。

最近の研究は、主に呉音よりもっと古くに半島を経由して相当の音の変化を経て日本に入り（一般に「古韓音」と呼ばれる）定着したため、古来列島に存在する和語と思われていたものが多く存在することを明らかにした。梅（うめ）、馬（うま）、銭（ぜに）、文（ふみ）、紙（かみ）などは、従来「字訓」と見なされ、今も多くの辞書にはそのように記されてあるが、例えば「文」はその「字音 bun」が fumi に変化し、また、「紙 kami」は「簡 kan」の訛音であったことなどが、順次明らかにされてきた。

7世紀から8世紀にかけては、こうした漢字・漢語の「音」「訓」が次第に定着していく時期であり、また、こうした漢字の音と訓を利用して和語を表記する所謂「万葉仮名」が成立・定着していく時期でもある。

---

3) 例えば、「召於大王天皇与太子而誓願賜」と記して「大王天皇（おほきみのすめらぎ）と太子（ひつぎのみこ）とを召して誓願（こひちかひ）賜（たま）ひ」と読ませ、また、「将造寺薬師像作仕奉詔」と記して「寺を造り薬師の像を作り仕へまつらむと詔（の）りたまひき」と読ませる。このように、日本的に改変された特殊な漢文を変体漢文と称する。

第五部　日中文化の交流——今と昔

　次の 8 世紀は所謂「記紀万葉」の時代である。まず、『万葉集』は 4 千首以上の和歌（和語による歌）を漢字（万葉仮名）で表記し、本格的な仮名（平仮名、片仮名）への道を拓いた。しかし、和歌以外の記述は「漢文」でなされるのが一般であった。『古事記』の序文や、正史としての『日本書紀』は日本人の手によって正格の漢文で記された。ただ、一方で日本人が日本語として消化できるような工夫がこらされ、それが日本語の表記法に大きな進歩をもたらした。『古事記』の本文は変体漢文で記され、『日本書紀』も、漢字・漢語に詳細な訓が施された。

　また、この頃から 9、10 世紀にかけて、仏典や経典など、多くの漢籍がもたらされたが、その漢文を日本語で読む（訓読する）ことも進歩を遂げた。当時、漢文の行間に、日本語で読むための漢字の訓や送り仮名（「訓点」という）を小さく記入することが行われたが、これが、後に現行の漢字仮名交じり文へと発展することになる。この「訓点」は漢文の本文を汚さないよう、先の尖った串など（「角筆」という）で、紙を凹ませる方法がとられた。この角筆の痕を見出し訓点を研究することが、近年、小林芳規らによって長足の進歩を遂げた。小林は『角筆文献の国語学的研究』（汲古書院、1987 年）などで多くの学術賞を受ける一方、『角筆のみちびく世界——日本古代・中世への照明』（中公新書、1989 年）などによって、広く世間にその成果を紹介している。また、訓点の用法を広く収集した研究成果として築島裕『訓点語彙集成』（汲古書院、2007-2009 年）が近年刊行され、これを利用した訓点の研究、日本語の歴史の研究に大きな成果が期待される。

　9 世紀以降は、仮名が創始され次第に定着していく時期に当たる。漢字の草体から平仮名に至る過渡的書体を「草仮名」と称するが、最近の出土文物からもこの時代の草仮名の使用状況を見ることができる（写真 1）[4]。そして、10 世紀初頭には『古今和歌集』や『土佐日記』など、仮名を中

---

4)　朝日新聞 2012 年 11 月 29 日は、「最古級のひらがな」の記事で、平安京跡から草仮名の書かれた 9 世紀の土器が発見された旨報じている。「計」から平仮名の「け」、「乃」から「の」、「比」から「ひ」などの、漢字から平仮名へ移行する中間的な字形を見ることができる。

写真1　9世紀の草仮名、平安京跡出土

心とした作品が著されたのである。

　この時期には文字に限らず、語彙においても漢語の日本的消化が進んだ。先に触れた「うめ（梅）」「ふみ（文）」「かみ（紙）」などは漢語と意識されることはほとんどなくなったかに見えるし、和語「かく」は「掻く」の意味でしかなかったものが新たに「書く」の意味を獲得し、「かう」も「交う」の意味だけでなく「買う」の意味でも広く用いられるようになっていった。また、「榊」などの国字が創られ、「椿」などの国訓（誤訓）も定着するようにもなっていく[5]。ただ、史書類や法制書類は正格の漢文で、また、皇室・公家の日記などは多くが変体の漢文で記され、9世紀の『東大寺諷誦文稿』など、漢字仮名交じり文で書かれたものもある。

　以上のような、日本での漢字・漢語の受容史・受容法については、山田孝雄『国語の中に於ける漢語の研究』（宝文館出版、1978年［初版1940年、訂正版1958年］）を初めとして、大いに研究が進んだ。また、概説書も、佐藤喜代治編『漢字講座』（明治書院、1997年再版［初版1988年］）、中田祝夫・林史典『日本の漢字』（中公文庫、2000年）、犬飼隆『漢字を飼いならす』（人文書館、2008年）などと数多い。さらに、『国語語彙史の研究』（和泉書院、1980年以来34集）、『国語文字史の研究』（和泉書院、

---

[5]　「椿（つばき）」や「萩（はぎ）」「柏（かしわ）」などの国訓（誤訓）については、拙稿「椿とツバキ」（桜美林大学『中国文学論叢』23、1998年）、「萩とはぎ」（桜美林大学『中国文学論叢』27、2002年）、「柏とかしは」（『千葉工業大学研究報告　人文編』27、1990年）［いずれも拙著『植物の和名・漢名と伝統文化』日本評論社、2016年所収］参照。

第五部　日中文化の交流──今と昔

1992 年以来 14 集）などの研究誌や、『日本古典漢語語彙集成』（勉誠出版、2015 年）といった基本資料の出版もあって、盛んな研究が行われている[6]。

2.　西欧近代文明の受容と漢字・漢語

　古代の日本文化の形成に漢字・漢語の果たした役割は語り尽くせないほど大きく、また、多方面に亘った。今も研究が盛んで、社会の関心が高いのも、その影響の大きさによる。それは、中世から近世に至っても変わらないばかりか、西欧近代文明の受容に際しても、漢字・漢語の果たした役割は大きかった。

　鎖国中の 19 世紀には、主に蘭学という形で西欧の近代科学の知識が吸収されたが、種々の用語は漢語に翻訳された[7]。そこで蘭学者には、翻訳するためにも、翻訳語を理解するためにも、漢字・漢語の知識が必須であった。18 世紀末からの蘭学者・大槻玄沢がその息子・磐渓に漢学を学ばせ、蘭学者の翻訳顧問としたことは、磐渓の子で日本初の近代的国語辞典『言海』の編纂者として著名な大槻文彦によって伝えられた逸話である。

　こうした翻訳漢語が、古代とは逆に中国で受容され、今も中国語の中に生きることは周知のことである。この漢語の逆流現象についての研究も、近年盛んである。中国における研究については割愛するが、荒川清秀『近代日中学術用語の形成と伝播』（白帝社、1997 年）、朱京偉『近代日中新語の創出と交流』（白帝社、2003 年）、陳力衛『和製漢語の形成とその展開』（汲古書院、2001 年）、沈国威『近代日中語彙交流史』（笠間書院、

---

6)　机辺にあるものに限っても、水口幹起『日本古代漢語受容の史的研究』（汲古書院、2005 年）、松本光隆『平安鎌倉時代漢文訓読語史料論』（汲古書院、2007 年）、笹原宏之『国字の位相と展開』（三省堂、2007 年）、『杉本つとむ著作選集 5　日本文字史の研究』（八坂書房、1998 年）、林忠鵬『和名類聚抄の文献学的研究』（勉誠出版、2002 年）、貞苅伊徳『新撰字鏡の研究』（汲古書院、1998 年）と数多い。
7)　鎖国中は長崎の「出島」を外国への唯一の窓口として、オランダ（和蘭）との交易のみが認められたので、西欧の学術は「蘭学」として受け容れられた。

266

日本における漢字・漢語の現状と将来

2008 年）などは、日本で行われた研究・出版である。筆者も最近、常緑樹ユズリハの文化と名称についての調査中に、日本で与えられた漢名「交譲木」が中国に受容されている事実を発見した。「交譲木」はそもそも中国の古典に描かれていて、隔年交代で東西の枝木が栄える楠（クスノキ科）の奇木である。それが、日本で誤解されてユズリハの漢名とされた。さらにそれが、現代中国の植物辞典に採用されているのである。これは西欧語の翻訳ではないが、近代日本の植物学用語が植物辞典の翻訳を通して中国に受容された例である。

3.　現代日本の漢字・漢語研究

　古代以来の漢字・漢語の受容に関する研究に隣接して、純粋に漢字を音・義・形の各方面から研究する所謂「文字学」も、現代には盛んに行われてきた。高田忠周『古籀篇』（古籀篇刊行会、1925 年）、島邦夫『殷墟卜辞研究』（汲古書院、1958 年）、加藤常賢『漢字の起原』（角川書店、1970 年）、『赤塚忠著作集 7　甲骨金文研究』（研文社、1986-89 年）など、東京大学を中心とした研究の伝統を承けて、藤堂明保は漢字をその古音と字形の双方から検討し、単語家族（word family）としてまとめる研究を進め、その成果は『漢字語源辞典』（学灯社、1964 年）、『学研漢和大字典』（学習研究社、1978 年）によって、一般の利用が可能になった。また、松丸道雄・高嶋謙一『甲骨文字字釈綜覧』（東京大学出版会、1994 年）は、松丸を中心とする長年の研究成果がまとめられたもので、甲骨文研究の貴重な資料となっている。他にも、三根谷徹、河野六郎、頼惟勤、平山久雄など、音韻研究までを含めた多くの研究者と研究成果が存在する。一方、関西では白川静が古代の呪術信仰からの漢字論を展開し、『字統』（平凡社、1984 年）や『文字逍遥』（平凡社、1987 年）など多くの著作で、世の漢字への関心を喚起した。

　以上の日本における漢字研究（文字学）は、その分量としては本家たる中国に及ばないものの、一定の水準をもって、例えば『古文字詁林』など、中国の重要な工具書の引用するところともなり、それが様々な研究に利用

267

第五部　日中文化の交流──今と昔

されることとなっている[8]。

　また、こうした研究成果は広く一般に提示されることで、社会の漢字・漢語に関する知的水準が高められてきた。1967 年には〈中国文化叢書〉全 10 巻が大修館書店より刊行されたが、その第 1 巻は「言語」、第 9 巻は「日本漢学」である。漢字史については藤枝晃『文字の文化史』（岩波書店、1991 年）、阿辻哲次『図説 漢字の歴史』（大修館書店、1989 年）、日本における漢字については高島俊男『漢字と日本人』（文藝春秋、2001 年）、大島正二『漢字伝来』（岩波書店、2006 年）、笹原宏之『日本の漢字』（岩波書店、2006 年）などと、単行本の発行件数が多いだけでなく、朝日新聞の日曜版に漢字の字形や字義についての囲み記事が連載される[9]など、社会一般に根強い関心のあることが窺える。

　こうした社会的需要に応える研究者は、代表的学会の会員数として日本中国学会が 1700 名、東方学会が 1500 名（いずれも概数）にのぼるが、漢字・漢語の研究者はそのごく一部に過ぎず、決して多いとはいえない。

　［付言］　日本の漢字・漢語研究に寄与した所謂「和刻本」や漢籍の旧鈔本などが今も多く存在するが、それが中国に渡って中国の図書館等に保存され、現代の日本での研究に資することがある。また、逆に日本にもたらされた漢籍が日本で保存され、中国本土ではかえって亡佚してしまった例もある。前者については近年その目録が刊行されている[10]し、後者では、『玉篇』の残巻など、日本に残ったものが中国で刊行された例もある。また、空海の『篆隷万象名義』は日本の国宝であるが、中国でも影印本が刊行され、それがまた、日本で研究に利用されたりもしている。こうした研

---

8)　筆者も先日「槐の文化と語源」なる拙論を発表するに際し、藤堂明保『漢字語源辞典』、白川静『字統』などとともに朱祖延主編『爾雅詁林』（湖北教育出版、1996年）、李圃主編『古文字詁林』（上海教育出版、1999 年）などの中国を代表する工具書を利用したが、『古文字詁林』の「鬼」の項が引く高田忠周の学説が大いに参考となった。
9)　前田安正ほかによる「漢字んな話」のコーナーが連載され、後に単行本としても三省堂より刊行されている。
10)　李玉『北京大学図書館日本版古籍目録』（北京大学出版、1995 年）、王宝平『中国館蔵和刻本漢籍書目』（杭州大学出版社、1995 年）、沈津ほか『日本漢籍図録　1 〜9』（広西師範大学出版社、2014 年）などがある。

日本における漢字・漢語の現状と将来

究の国境を越えた交流は大変喜ばしいことであり、今後のさらなる進展が期待される。

4. 日本の教育政策、漢字政策
　——漢字・漢語の文化を支えたもの

　以上に見てきたごとく、古代以来、日本人は漢字・漢語によって中国文化に学び、受け容れ、日本古来の文化と融合させ、独自の文化を樹立し、同時に漢字・漢語への研究を続けてきた。古代の国家・制度の創設において、仏教文化の受容において、また、近世の統治思想においても、漢学（漢字・漢語・漢文による学問研究）は主要な働きをしてきた。そして、その成果は、一部の支配層や知識人に止まるのではなく、広く庶民層に至るまで浸透していった。近世の寺子屋における庶民の子弟教育では「読み書き算盤」の習熟が主要な教育内容であったが、「読み書き」の訓練に用いられた教材の中心には千字文や二十四孝、さらには四書五経、十八史略、唐詩選などが往来物や百人一首などの国文とともに採り上げられた。それが、明治以降の学校教育の中の漢文教育へと継承され、論語や唐詩選、あるいは十八史略などに題材を採った史伝類などは、日本人の国民的教養となったのである。そして、こうした底辺の教育水準が逆に研究水準を押し上げ、支えもしたのである。

　しかし、敗戦時には、軍国主義思想を支えたものとしての漢字・漢文への批判が起こり、また、漢字習得への労力の大きさから、子供たちへの負担軽減を理由とした漢字廃止論も起こってきた。これに対しては、識者による論破もあって廃止には至らなかったが、根底では、長い歴史の中で育まれた漢字・漢文への国民の愛着が大きく働いたというべきであろう。

　結局、国字政策は漢字廃止ではなく、漢字制限へと向かうこととなった。詳細は省くが、1946 年には「当用漢字」1850 字が制定され、義務教育で教える漢字が規定され、新聞・雑誌など社会一般の用字もこれを尊重してきた。その後、新しい用字傾向に合わせて字種の取捨選択が行われ、1981 年に「常用漢字」1945 字が「当用漢字」に替わって制定され、

269

第五部　日中文化の交流——今と昔

2010 年には「改定常用漢字」2136 字へと改められて今日に至っている[11]。

漢語には、元はその源を同じくしたものが時代とともに語義が細分化し、それにつれて漢字の字種も細分化して総数が増え、字形も同時に複雑化してきた歴史がある。そこで、行きすぎた細分化を整理し、使用する漢字の字数を制限し、字形の簡略化を図ることは、それなりに意義のあることであった。しかし、反面、正確な表現を阻害する側面を持つのも当然のことであり[12]、制限を緩める方向への圧力は常に存在した。そこへパソコン、ワープロソフトなどの情報機器の進化と普及があり、ペンで「書く」からキーを「打つ」時代へ変化したことによって、複雑な字形を簡単に書くことが可能になった。こうしたことが作用して、漢字政策は制限を少しずつ緩める方向へ進んだ。それが、上記の常用漢字の字数の増加傾向の背景にある。

情報機器の進化によって、字形を記憶する労力が減少する一方、漢字の教授法にも進歩があった。漢字の字形をその基本構造から理解し、親しみを持って記憶に結びつける方法が一般化した。象形字・指事字の原形に親しみを持たせ、その組み合わせの妙を感じることから会意字・形声字の理解へと進む方法である。小学校低学年で会意字の構造を理解し、中学校では六書全般の知識が教授される。こうした漢字についての理解を基礎として、中学校、高等学校では漢文を学ぶこととなる。故事成語、論語、唐詩などの、現代日本語にも残る訓読された漢文であるが、高等学校では訓点の付いた漢文を読む力も求められるようにまでなる。これらの教材からは、貴重な人生訓や思想の神髄を学び、あるいは自然を捉える情感を育てることができた。国語教育全体に占める時間的な割合は少ないながら、日本人の感性・思想に大きな影響力を持ち、教養を高めてきたのである。そして、

---

11)　時代の変化に沿った新しい用字の傾向を反映して「改定常用漢字表」では勺、匁など一般には使われなくなった単位を表す漢字が外され、鬱、闇、蔑、罵、嫉、潰など、暗い世相を反映した漢字が多く加えられた。

12)　例えば、日本でも「豆豉」が調味料としてではなく健康食品として売りに出されたが、販売者（日本サプリメント社）は「豉」字が常用漢字でなく一般に知られていないため、「鼓」字で代用し、「豆鼓」に「トウチ」のルビを付して広告している。また、例えば「迂回」を「う回」、「彗星」を「すい星」と書く「まぜがき」の読みづらさなど多くの不便が存在する。

学校教育を終えた一般人にも、例えば、『漢文名作選』（大修館書店）が書店の店頭に並び、『三国志演義』は版を重ね、『孫子の兵法』はサラリーマンの愛読書となる環境が存在する。こうした社会全体の基盤があって、漢字・漢語あるいは漢文（中国文学、中国思想、中国史）の研究者が生まれ、研究が進められてきたのである。

ところが、この漢字・漢語ないし漢文教育の量的な縮小傾向と、その当然の結果としての質的水準の低下が、かねて指摘されてきたことながら、近年特に著しい。情報化やグローバル化に即した教育、英語教育への需要の高まりなど、「時代の要請」に従わざるを得ないことがその最大の原因ではあるが、日中関係の冷却と若年層の「嫌中」といった要素も見逃せない。いずれにせよ、日本人の思想、思考法、国語力など、個人の教養に限らず文化全体に関わる大きな問題であることは確かである。

5. 国際情勢と漢字・漢語

漢字習得の労力を軽減する施策は、日本では漢字制限を中心に行われたが、かつての中国では識字率の向上が緊急の課題であった。そこで、簡化字の普及が図られた結果、今や十分な成果が得られたといえよう。ただ、中国の簡化字と旧来の繁体字には字形の相異も大きく、国際間においては読みとれない不便も増加した。無論、日中間に「同文同種」を言うのは誤りであるが、中国を訪れた日本人が「書店」「大街」などの看板や標示を見れば、中国語を習ったことがなくてもその意味を理解することは可能であったものが、簡体字では理解が困難となる。日中間に限らず台湾や香港などの繁体字との交流も、時間が経てば経つほど困難が増していく道理であった。しかしその困難が、経済交流の活発化、あらゆる面での国際交流の活発化（グローバル化）によって抑制される現象も生まれつつある。

韓国においては漢字が表舞台から消えて久しいが、語彙そのものは漢語に由来するものが多く[13]、表記上の不便も指摘されていた。また、古典的

---

13)「人民網日本語版」2009 年 1 月 15 日によれば、ハングル学会の「大辞典」には約 16 万 4 千字の単語があるが、その約 52％にあたる 8 万 5 千余りが漢語に由来す

第五部　日中文化の交流——今と昔

な文献は漢字を多用しており、漢文で書かれた古典も多い。ある統計によれば、韓国の図書館にはハングルで書かれた書籍は5％以下しかないという[14]。こうしたことから、韓国内でも低学年からの漢字教育を強化すべしとの意見があった[15] が、近年では中日韓の経済交流を推進する上での必要から、経済界からも漢字習得を求める動きが大きくなってきている[16]。また、これらの動きを反映して、韓国内における HSK（「漢語水平考試」、中国政府公認の中国語検定試験）の受検者数も増加しつつあるという。

　日本における漢字・漢語教育の衰退傾向と、日中関係の冷却については既に述べたとおりだが、友好推進の努力は両国の民間を中心に継続されている。過去の歴史をどのように認識するかについて中国側から受ける批判は、日本人としては謙虚に受け止めねばならないし、また、国を愛することや、自らの民族の尊厳を言うことが偏狭で独善的な排外主義に走ってしまわないよう心がける必要もある。中国における「反日」の動きが日本のマスコミで過大に採り上げられ、若者の「嫌中」傾向を強める結果に作用していることも憂慮すべきことである。しかし、日中間の国交が正常化する前にあっても、民間を中心とした友好運動は存在した。中国物産展や中国映画祭が度々開かれ、雑誌『中国』と『中国語』や、竹内好著『中国を知るために』（全3巻、勁草書房、1967-1973年）などが多くの学生や一般人の愛読するところとなった。こうした動きの背景にも、漢字・漢語から漢文に至る教育の成果や、三国志、水滸伝、さらには李白、杜甫、白楽天といった中国文化への広い関心が存在していたといえよう。

　以上は近い過去の話であるが、現在はどうか。中国では竹内好『中国を知るために』を意識したわけではないだろうが、編集長・蘇静による月刊

る単語だという。

14)　前掲「人民網日本語版」が引く韓国「全国漢字教育推進総連合会」陳泰夏理事長の言。

15)　例えば、前掲「人民網日本語版」には、韓国の「全国漢字教育推進総連合会」がこのほど、歴代首相が連名する「小学教育過程における漢字教育実施の建議書」を大統領府に提出し、韓国政府が小学校で漢字教育を早期に実施するよう求めたとある。

16)　些か旧聞になるが、朝日新聞2005年1月11日第4版は、韓国の経済5団体が、採用時に漢字能力を検証するよう前年3月に企業に勧告したが、多くの企業が勧告以前から実施していると報じている。

誌『知日』が多くの読者を獲得していると聞く。政治の表層だけでなく文化の深層からも相手方を理解しようとする点で、『中国を知るために』と同様の方向性を持っている。では、現代の日本ではどうか。中国に関する出版や報道は多いが、現在の政治状況、経済状況に対して否定的に捉えたものの割合が、具体的なデータを示すことはできないが、感覚的には増加しているように感ぜられる。一方、大学における中国語学習者数はといえば、英語を除けば最多、あるいはトップクラスにあるといえよう。例えば桜美林大学においては、必修の英語以外では、この数年、中国語とコリア語が履修者数の最多を競い、スペイン語、フランス語、イタリア語、ドイツ語が続く。これは文科系の学生が大多数を占めるという大学の例であるが、東京大学の理科Ⅰ類の例を見ると、スペイン語、フランス語、中国語、ドイツ語の順で多いものの、スペイン語の28％からドイツ語の19％まで、その差はわずかである。中国文化への親近感が薄れる一方で、中国が日本の現在と将来にとって重要な国であるとの認識が強い故と思われる。しかし、それが必ずしも中国語や中国文化を専攻することにはつながらないという現実がある。桜美林大学リベラルアーツ学群は学生に自由に自らの専攻を決めさせているが、2015年に行った希望調査の結果によれば、英語学、コミュニケーション学、心理学などに比べて、中国語学、中国文学の専攻を希望する学生の数は7分の1ないし5分の1程度の少数である（図1）。

　最近の民間の世論調査によれば、日中の国民で相手国に対して良くない印象を持つ者は、日本では88.8％、中国では78.3％と、どちらも高いが、日中関係を重要であるとする者も、日本で74.4％、中国では70.1％であり、やはりどちらも高い[17]（図2）。今さら言及するまでもないことながら、両国関係の重要性は認識していながら、好感が持てずにいる現実があり、それが、日本での漢字・漢語の将来、日本の文化のあり方にどのように影響していくのか、注意を要する。

17）　日本の言論 NPO と中国国際出版集団が 2015 年 8 月から 9 月にかけて実施した「第 11 回日中共同世論調査」の結果（http://www.genron-npo.net/world/archives/6011.html　2016 年 3 月 17 日閲覧）。

第五部　日中文化の交流——今と昔

図1　桜美林大学 LA 学群学生の専攻選択希望

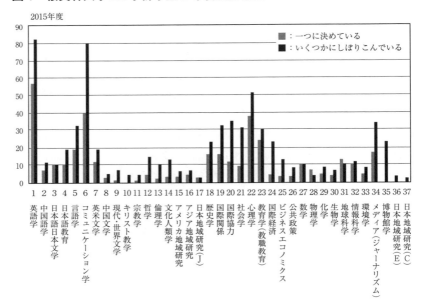

図2　日中国民の相手国への印象

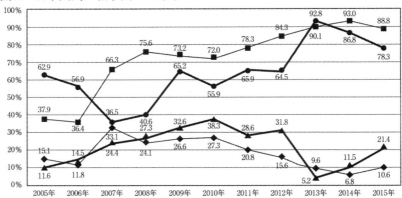

6. 漢字の魅力／漢字への親近感

　中国に対する好感が持てないとか、漢文教育の衰退傾向が止まらないといった負の環境下にあっても、日本人の"漢字好き"は健在であるということができる。無論、英語と欧米文化の優勢という傾向は、グローバル化の進展によってますます増大化するように見えるが、一方で、長い歴史の中で漢字・漢語の力によって成熟してきた日本語は、もはや漢字抜きでは存在し得ない。漢字・漢語は日本語の骨格をなし、日本文化の血肉となってしまっている。

　世にはカタカナ言葉が氾濫する。曰く「ウエアラブルのデバイス」「ビジネス、サービスにおけるシステムソリューション」等々。こうした日本語とも思えないような例は数限りないが、一方で、子供の名前には漢字を用いることが圧倒的に多い。最近の男児の名前で最も多い「はると」には「大翔」「晴人」など、女児の「はな」には「初菜」「春渚」などと、実に様々な漢字が用いられる。太郎、花子といった伝統的な命名は影を潜め、使用される人気の高い漢字には相当読みづらいものが並ぶが、それぞれ漢字の表意性を最大限に利用しようという意図が窺える。

　先に、会意字についての理解が、漢字教育の早い段階で重視されることを記したが、それぞれ別個の字形と字義を合わせることによって、第3の字義を示す"面白さ"は、識字教育の範疇を超えて、知的な遊戯ともなる。「食」を「人」を「良」くすると解釈したり、「辛」いことにも「一」を加えれば「幸」せになるなどと納得したりして、漢字を会意字として解釈する"知的な遊び"が盛んに行われる。文字学の観点からすれば正しくない"俗解"であるが、日本人に好まれ、時には信じられ、さすがに漢字は素晴らしいと称賛されもする。また、こうした"遊び"は新しい漢字を創作しようという動きにもつながる。「手」と「風」を一字に併せて「うちわ」と読ませたり、「的」の「丶」（点）を外にはずして「まとはずれ」、「父」の上部の2点を重ねて「じじじ」と読ませたりといった"遊び"であるが（図3）、産経新聞社などが主催する創作漢字コンテストには毎年1万点を超える応募があり、2015年で6回を数える。これも日本人の漢字愛好を

第五部　日中文化の交流——今と昔

図3　創作漢字：左から、「うちわ」、「まとはずれ」、「じいじ」

毛的爻

図4　朝日新聞「思うところをレッテルとしてお貼りください」

示す一例である。

　また、年末の恒例となっているのが、「今年の漢字」の選定である。日本漢字能力検定協会が、その一年の世相を反映した漢字一字を全国からの公募によって選び、京都清水寺の貫首がその字を揮毫する。その情景がテレビニュースとなって全国に放映され、国民が一年を振り返る。この行事は1995年以来続いている。これも漢字が国民生活に融けこみ、愛されている好例であろう。この日本漢字能力検定協会が実施する「漢字検定」には毎年200万人を超える受検者がある。

　テレビのゴールデンタイムと呼ばれる夕食時ないし夕食後の時間帯には、クイズ番組が多く、"知的遊戯"が多くの日本人に歓迎されていることが分かるが、このクイズには漢字に関するものが多く含まれる。例えば、「次の4つの漢字を2つずつ組み合わせて2字の熟語を作りなさい」という設問で、「王・皿・成・日」の4字が提示され、「旺盛」と答えさせる類などである。漢字の構造（造字法）の理解から字形を覚えやすくしようとする教育法に通じるものがある。また、図4は日刊紙の風刺漫画であるが、

写真2　Tシャツの漢字

漢字の一字で一義を表す性格がうまく利用されている[18]。さらには、漢字の字形の絵画性と表意性を利用して、Tシャツのデザインを楽しむ[19]など（写真2）、漢字愛好の例は枚挙に暇ない。

7. 漢字・漢語の将来

　大形の漢字辞典には5万字にのぼる字種が親字として収録されている。漢字は文字であると同時に単語であるから、一つの言語に5万の単語が存在しても何ら特異なことではない。英語やフランス語といった他の言語でも単語数は万を以て数えるはずである。しかし、文字として見れば、漢字の字数はアルファベット26文字に比べて格段に多い。そのため、漢字を記憶するのに必要な労力が大きすぎるとか、漢字を覚える労力は他の学習に振り向けるべきだとか、極端な場合は、漢字を廃止すべきだとかいった議論が起こってしまう。しかし、漢字の字形を5千字覚えることは、英単語5千語の字母の配列を覚えることに比べて、特に労力が多く必要なことだとも思えない。

　また、手で書くことの労力や索引作成の不便、検索の不便といった問題もコンピューターやワードプロセッサーが解決してくれた。中国の簡体字と繁体字、また、日本で使用される字体、さらには甲骨文などの歴史的書

---

18)　朝日新聞 2015 年 6 月 25 日朝刊。
19)　https://www.google.co.jp/search?「漢字 T シャツ」画像検索結果（2016 年 3 月 17 日閲覧、http://www.amazon.co.jp　http://www.ttrinity.jp/product/1632790　http://28-t.com）。

第五部　日中文化の交流——今と昔

体まで、様々に異なった字体・書体を混在させて文章を綴ることも、例え
ば東京大学が整備・開発中のＴフォント[20]など、大形の字体セットの登
場で可能となりつつある。即ち、漢字を使用した文章の作成に際して、こ
れまでに存在していた障碍は、ほぼ除去されつつある。

　加えて、やや曖昧な用語ながら「漢字文化圏」の人口は、日本、中国だ
けでも 15 億人に近く、その他にも、世界に広がった華僑・華人などが漢
字を用いている。この数は、ヨーロッパとアメリカの人口の合計を超える。
また、中国の経済力・政治的発言力の強大化は漢字の存在感を大きくする。
（無論、そうだからといって、「同文同種」を賛美したり、漢字が日本と中
国の親近感を作りだしてくれると考えたりするのは誤りであり、過ちのも
とであることは先にも触れた。）

　漢字の将来を考えるときは、以上のような漢字を取り巻く環境よりは、
漢字そのものが持つ特性、生命力を見るべきである。その第一は、表意文
字（表語文字、単語文字）としての特性である。漢字 1 字は一つの文字
でありながら、単語としての意味を有することである。字形は複雑との批
判を受けても、1 文字でひとまとまりの意味を表す省スペースの簡潔性、
その簡潔性を利用して熟語を生み出す造語力は、漢字の優れた特性である。
「活動」から「就活、婚活、終活」と簡潔な熟語が生まれ、「補う」意味か
ら「補充、補欠、補筆、補講、……」、「省く」から「省略、省力、省熱、
省時、……」、「表す」から「表情、表敬、表音、表語、……」と際限もな
い。

　第二は、字形の魅力、芸術性である。アルファベットやアラビア文字に
も、字形の美を追求するカリグラフィーがあるが、漢字の書道には及ばな
い。また、Ｔシャツを飾ったり、象形字をあえて原初の甲骨文や金文に近

---

20)　東京大学大学院情報学環・学際情報学府坂村・越塚研究室が整備中の大規模漢字
フォントで、総字数 12 万字。諸橋轍次著『大漢和辞典』、『康熙字典』などから名
前・地名などの文字を含む約 8 万字、宋や明の時代の文献を基に抽出された約 3 万 5
千字の宋明異体字、古典で用いられる金文の釈文から抽出された文字などを含むとい
う。東アジア地域における文書情報処理における漢字フォント不足の解消、現代日本
における異体字問題の解決、漢籍（中国の古典文献）の電子化などによる東洋文化研
究支援などが期待される（http://charcenter.t-engine.org/tfont/about.html　2016 年 3
月 23 日閲覧）。

づけて絵画性を楽しんだりすることも、漢字には許される。発生当初の字形が少しずつ姿を変えながらも、基本的な意味を保ちつつ現代の字形につながっているのは、世に稀な漢字の特性である。

　世界の文字は、アルファベットやアラビア文字も含めて、ほとんどが象形文字、指事文字の表意文字から出発した。しかし、中国語を表す漢字が日本語を表す仮名に変形したように、体系を異にする言語の中で使われたことなどによって、ほとんどの文字は表音文字に変貌した。そうした中で、漢字は表意文字として残ったのである。それが、3千年前の意味と字形を今に伝える生命力の実際である。ただ、象形字や指事字ばかりでは、文明の進展に伴って必要となる複雑な、あるいは高度な意味を表すことができなくなる。表音文字化した他の文字は、いかなる音声言語をも表記することが可能である。漢字もそうした表音性が必要とならざるを得ない。そこで生まれたのが形声字や仮借字であった。会意字も複雑・高度な意味の表記に貢献したが、とりわけ表音性の獲得が漢字に大きな生命力を付加した。これで漢字は、漢字自体が持つ生命力によって将来的な生命が保証されたのである。

　以上のような漢字自体の特性と生命力に加えて、簡略化、字数制限、機器による省力化などといった外的条件が整備され、さらには、長い歴史が育んだ人々の愛着心や漢字・漢語の文化が加わり、漢字・漢語の生命は、人類の歴史が続く限り、日本においても中国においても、絶えることの無いものと思われる。ただ、日本における漢文教育の退潮が、文化全体の質的変化を結果することが危惧される。

日本版古籍与北京大学图书馆

日本刊行の漢籍と北京大学図書館

王　燕均

【日本語要約】中国で屈指の蔵書の規模を誇る大型総合図書館である北京
大学の図書館は、日本出版の中国古典籍の収蔵の面でも優れた伝統を持っ
ている。百年余にわたる博捜と蓄積の結果、日本出版の中国古典籍の収蔵
量はすでに全中国の首位に立つ。本稿では北京大学図書館の日本出版中国
古典籍の収蔵ルートおよびその沿革について調査、整理を行い、かつその
収蔵の位置づけと価値について評価を試みる。

第五部　日中文化の交流——今と昔

　　北京大学图书馆作为全国范围内藏书规模名列前茅的大型综合图书馆，
在日本版古籍收藏方面具有良好的历史传统，通过一百多年来的不断搜求和
持续积累，其日本版古籍的收藏数量已高居全国各馆之首。对北京大学图书
馆日本版古籍的收藏来源和沿革加以梳理总结，并对其收藏地位与价值进行
分析评估，无疑可为学术界研究日本版古籍西渐中土的整个大历史提供一个
具有代表性的珍贵范例。

　　本文拟从三个方面加以论述和分析。

1．日本版古籍的由来及其西渐中土的概况

　　北京大学图书馆所藏日本版古籍主要包括日本版中国古籍和日本版本土
古籍两大部分。另外，也有少量日本版的朝鲜等其他国家的古籍。

　　"日本版中国古籍"，是指古代所有日本版本的中国古籍而言，这其中包
括了所有在日本由日本人刊刻、抄录的中国古籍。因此，"日本版中国古籍"
的概念与日本学术界常用的"和刻本"概念是相似相近的。

日本版中国古籍的由来

　　日本版中国古籍是中国文献在日本流传的一种特殊形式。其最早的形式
为抄本，而真正的和刻本则始于公元八世纪，于今已有一千二百多年的历史。
最早的和刻版中国古籍为内典即佛教典籍。

　　公元八世纪的《百万塔陀罗经》是日本保存至今的最早的雕版印刷品，
也是日本古代版刻印刷史的起点。由于印刷的四种"陀罗尼"都是采用的汉
字译文，因此也可以说是和刻汉籍的起始。"百万塔陀罗经"摺本刊印后约
五百年，1247 年（日本宝治元年，宋淳祐七年）有"陌巷子"覆刻宋刊《论
语集注》十卷问世，世人称之为"宝治本论语"，此为和刻外典汉籍（佛教
以外之典籍）之始，也是古代日本文化人刊印宋学著作之始。

　　覆刻汉籍的隆盛局面与"五山版"密不可分。所谓"五山版"指十三世
纪中后期的镰仓时代（1192–1333）至十六世纪室町时代（1336–1573）后期，
以镰仓五山（建长、园觉、寿福、净智、净妙五寺）京都五山（南禅、元龙、建
仁、东福、相国五寺）为中心的刻版印本。它包括日本典籍，也包括中国典籍。

282

在中国典籍中，既有内典，也有外典，而外典绝大部分是宋元刻本的覆刻。

此后，和刻汉籍特别是汉籍外典的和刻日趋发展，出现了"博多版"、"俞氏版"等刻本。博多版是指十六世纪日本后奈良天皇时代以博多的阿佐井野家的刻版为中心的刻本。俞氏版是指元末明初（1350-1400）在日本从事刻版业的俞良甫覆刻的汉籍。

日本版刻十六世纪以前一直以宗教为中心，自1603年江户幕府建立后，官版迭起，先有后阳成天皇与后水尾天皇的敕版，世称"庆长、元和敕版"，后有德川将军家刻本，世称"伏见版"、"骏河版"，是为近世三大官版。在三大官版的刺激下江户时代（1603-1867）的印刷事业勃兴，特别是私家开版隆盛。不管是官版还是私家版，都刊印了大量的汉籍。但是与虔诚地以传播文化为宗旨的中世时代和刻家们不同，江户时代的和刻籍随着商业的发达与町人的崛起而带有经营的性质。

中国古籍向日本的外播，就其种类之多，数量之大，影响之深，都是世界文化史上所罕见的。就其内容而言，除了在中国历史上占主导地位的儒家经典以外，还包括了史籍、诸子、小说、杂著、方志、历算、医典以及佛经道藏等四十类左右。就其数量而言，这里仅举一例：根据日本著名学者大庭修先生统计，通过中国船只向日本输入的汉籍，仅长崎港在宝历四年（1754年，清乾隆十九年）就达441种、495部；而文化二年（1805年，清嘉庆十年）则达到313种、19798部之多。而整个江户时代传入日本的中国古籍，竟达万卷以上。

这些日本版中国古籍的大量出现是古代日本人热心吸收和学习优秀中国传统文化的最好见证，它给日本文化史的发展增添了新的内容，促进了中国与日本的文化交流，加深了两国文化的相互理解。另一方面，这些日本版中国古籍对于中国人来说，具有重要的特殊价值，即保存了一些在中国本土散逸的稀世古籍、翻存了一些在中国本土失传的珍贵版本、承载了一些中日文化交流的历史信息等等。因此，这些日本版中国古籍和一些日本版本土古籍一起，也逐渐引起中国人的注意，并被收存，有些还随着中日两国人员的往来，通过各种形式流播到了中土。这样，中国文化发展中的某些片断依赖这些日本版中国古籍传之后世，保存至今。因此日本版中国古籍的出现及其发展是中日文化交流史上的重要篇章，具有特殊的意义。

第五部　日中文化の交流——今と昔

日本版古籍西渐中土

据中国学者研究，早在公元 8 世纪的唐代，圣德太子的《法华经义疏》等日本版古籍就已由遣唐使及入唐僧携入中土并得到中土人士的激赏。故而可以说，唐代乃是日本版古籍西渐中土的肇始期，其品种主要以佛书为主。而到了五代时期，日僧宽建则携带菅原道真等的诗集入华，经此过渡，时至宋代，日本典籍的西传已逐渐浮显到历史的表层，出现了以天台宗佛书为代表的较大规模的典籍流入。元明时期，又有不少日本禅僧入华，携入大批日本僧人著述。

到了清代，日本版古籍的传入无论在数量上还是在质量上都远远超过了以往任何时代，从而进入了一个日本版古籍西渐的全盛期。此时的典籍品种也出现了由中世佛学典籍为主，转为以近世儒学典籍为主的新的历史趋势。此时的日本汉学水平之高已被越来越多的中土人士所认知，如山井鼎所著《七经孟子考文》一书在传入中国后便引起了文人士大夫的轰动，清儒多用以校刊经书，并被著录在《四库全书》之中。当时，中国知识界的许多著名学者，如朱彝尊、王鸣盛、鲍廷博、卢文弨、翁广平、阮元、俞樾等对传入的日本版古籍都十分青睐并加以研究，许多人还多次亲赴进口日本版古籍最多的乍浦港（即嘉兴港）访书探奇。特别是明治维新之后，中日之间的人员往来更加频繁，日本版古籍传入中国的数量也急剧增加。其时，日本由于时尚西学而轻视汉学，汉籍的身价也随之骤降，在日的中国人因而得以大量廉价搜购。据载，清末民国以来，大批中国学者抱着"访书"的愿望东渡扶桑，购回大量流日汉籍和日本版古籍，其著名者，就有黄遵宪、黎庶昌、杨守敬、傅云龙、缪荃孙、姚文栋、董康、罗振玉、张元济、盛宣怀、李盛铎、傅增湘、孙楷弟、王古鲁等。20 世纪 30 年代日本全面侵华以后，为了文化统治的需要，也向中国输入了一些日本版古籍。

中国大陆日本版古籍研究概况

中国所藏的这些日本版古籍，与日本所藏中国版古籍一样，都是今人研究中日文化交流史最好的实物见证，急待中日两国学者进行系统的著录与研究。可喜的是，从上个世纪末开始，在中日两国专家学者的共同推动与合作下，这项工作得到了长足的进展。其代表性成果，主要有，王宝平主编的

284

《中国馆藏和刻本汉籍目录》（杭州大学出版社，1995 年）及《中国馆藏日人汉文书目》（同上，1997 年）、李玉编著的《北京大学图书馆日本版古籍目录》（北京大学出版社，1995 年）及天津图书馆编著的《天津图书馆藏日本刻汉籍书目》（天津社会科学出版社，1996 年）等。

据初步调查，中国大陆六十多家图书馆共藏有日版古籍三、四千种左右，说明其在大陆的分布比较广泛，几乎中级规模的图书馆都有庋藏。其中，国家图书馆、北京大学图书馆、辽宁省图书馆、上海图书馆、大连图书馆等馆藏最多。而这些优势藏馆，除了北京大学图书馆外，其他一些藏馆的相关馆藏目录也正在加紧编制中。如辽宁省图书馆，已计划编辑出版《辽宁省图书馆馆藏日文文献目录》、《辽宁省图书馆馆藏日本刻汉籍书目》、《辽宁省图书馆馆藏重要日文文献摘要》等相关书目多种。

2. 北京大学图书馆所藏日本版古籍的来源与沿革

1898 年，京师大学堂藏书楼建立，是中国最早的现代新型图书馆之一。据查，作为北京大学图书馆的前身，当时的大学堂藏书楼已开始关注到对日本版古籍的收藏。从现在在库收藏的北京大学图书馆日本版古籍馆藏中，就可以发现诸多大学堂时代遗留下来的藏品。这些日本版古籍的最显著的特征就是它们都钤有"大学堂藏书楼之章"和"大学堂图书馆收藏记"等收藏印记。

辛亥革命后，京师大学堂藏书楼改名为北京大学图书馆。百余年来，北京大学图书馆经历了初创时期、传播新思想的新文化运动时期、建成独立现代馆舍的发展时期、艰苦卓绝的西南联大时期、面向现代化的开放时期。作为一所中国最著名综合性高等院校的附属图书馆为服务于日本文化及中日文化交流的深入研究一直致力于日本版古籍的搜求和采购。而在这其中最值得一提的，就是大藏书家李盛铎"李氏藏书"的并入和接收一事。因为，对于北京大学图书馆所藏日本版古籍来说，"李氏藏书"实堪称具有主体地位的核心馆藏。

李盛铎（1858-1937），江西德化人。清光绪十五年（1889）进士。历任清翰林院编修、国史馆协修、京都大学堂京办、山西布政司等职。民国后又

第五部　日中文化の交流——今と昔

曾担任大总统顾问、农商总长、参政院议长等职。

　　李盛铎在二十岁时结识了在上海经商的岸田吟香，日本明治维新之后，古籍在日本开始受到冷落，岸田回国搜罗古书运到沪上售卖，李盛铎便从中购买了不少日本古刻、活字及古抄本典籍。清光绪年间他又出使日本，在日本友人的帮助下购买了许多流散在日本的汉籍善本书，不少是国内久佚之书，由此形成了收藏有大量日本版古籍的"李氏藏书"，藏书中经、史、子、集均备，其中以子部医家类和释家类居多。根据1956年北京大学图书馆所编《北京大学图书馆李氏书目》统计，"李氏藏书"所藏和刻本共计621种，其中经部113种，史部69种，子部360种，集部79种。

　　"李氏藏书"中日本版古籍的收藏占据了北京大学图书馆现有日本版古籍馆藏的绝大部份。李氏藏书版本类型全，几乎涵盖了和刻本古籍发展史上个各主要阶段的代表性版本。如"春日版"、"五山版"、"俞氏版"、"博多版"、"庆长、元和敕版"、"伏见版"、"骏河版"等。同时，版本年代久，价值高，早期珍善本多，其中有些还是日本平安时代（794-1192年）后期、镰仓时代（1192-1333年）和室町时代（1336-1573年）初期，即相当于中国宋元时期的善本书。比如《成唯识论述记》古刻古抄配本二十卷（存七卷），有日本应德三年（1086）和元久元年（1204）的僧人题记，是形成于日本平安时代后期和镰仓时代初期的珍贵古籍版本。

　　此外，北京大学图书馆所藏日本版古籍还有多种来源，如采购、捐赠和接收等。如民国初年，日本阪谷男爵曾向北大馆捐赠东西文图书数百册；抗战结束后，接收了一批日伪时期北京大学的日本版古籍藏书和新中国成立以后在院系调整时接收了一批其他院校和收藏单位的日本版古籍藏书等。近年来，北京大学图书馆在国家政府的支持下，购入了一整批日本大仓文化财团大仓集古馆原藏的"大仓藏书"。这批藏书是以上个世纪初中国藏书家董康与日本大仓文化财团创始人大仓喜八郎的一大宗古籍图书为核心组成的，共有古籍图书931部、28143册。而在这其中也包括了和刻本190部、2576册。如其中的日本元禄间抄本《诚斋集》中还附有日本著名版本目录学家岛田翰写给董康的信札，具有很高的学术研究价值。这次入藏进一步充实了北大馆日本版古籍的馆藏规模及馆藏质量。

3. 北京大学图书馆所藏日本版古籍的地位与价值

根据书目著录的统计比较表明，北京大学图书馆是日本版古籍在中国最大的收藏重镇之一，在业界占据着举足轻重的地位。比如 1995 年杭州大学出版社出版的由王宝平先生主编的《中国馆藏和刻本汉籍目录》一书，共收录了中国大陆 68 家图书馆所藏日本明治年间及以前的和刻本 3063 种，其中经部 592 种，史部 352 种，子部 1516 种，集部 598 种，丛书 5 种，堪称国内和刻本汉籍之总汇。书中将各馆所藏和刻本汉籍的数量作了列表和排序，其中北京大学图书馆共收藏和刻本 679 种，计经部 152 种，史部 64 种，子部 385 种，集部 78 种，在国内各馆中高居榜首。据此，有的专家称"北京大学图书馆藏品多来自李盛铎旧藏，庋藏善本之富，令各家不能望其项背，其中尤以早期版刻称最。"

北京大学图书馆所藏日本版古籍不但品种数量多，而且质量价值高。下面拟从五个方面阐明其学术文献价值。

(1) 在北大馆藏日本版古籍中有一些相当于宋元时期的早期版本，其中有的还是中土久已失传的佚本典籍，它们均是极其珍贵的稀世珍品。

例如，日本平安时代到镰仓时代早期的《成唯识论述记》古刻古抄配本二十卷（存七卷）。该书是一部早在元代便已在中土失传的佛教典籍。此书为唐释窥基撰，是《成唯识论》的注释书。全书共分辨教时机、明论宗体、藏乘所摄、说教年主及判释本文五门，对《成唯识论》进行详尽解释。原书共二十卷，此本仅存七卷（即卷二至五、七至八、十），且每卷分本、末两部。其中古刻不到三卷，余皆古抄。在卷三本部末有日本古僧人荣辨训点此本的墨笔题字"元久元年元月八日移点毕"云云。此本的形成年代应系日本平安时代后期到镰仓时代早期，刻本部份当属著名的春日版系统。无论是抄本部份还是刻本部份，都是馆藏现存最早的日本版中国古籍。据载，是书在中土至元代就已失传，而在日本却多有古刻古抄本流传。其现存较早者，如栃木县日光市轮王寺藏平安时期《刊本成唯识论述记》十三卷等，均是日本的重要文化财。可见，此本实具有很高的版本研究价值和历史文物价值。

第五部　日中文化の交流——今と昔

(2) 在北大馆藏日本版古籍中有一些中国宋、元版古籍的日本覆刻本，其中有的中国原本今已不传或已残，因此日本覆刻本在很大程度上保存了这些中国原本的全貌。

　　例如日本室町时代覆宋兴国军学刻本《春秋经传集解》三十卷、日本文化十四年（1817）覆宋宝佑衡阳陈兰孙刻本。由于国内已无宋兴国军学刻本《春秋经传集解》的全本，所以借此本可以在很大程度上窥见是书的宋代名刻原貌。此书为晋杜预撰，是《左传》注解流传至今最早的一种，收入《十三经注疏》中。据杨守敬的研究，此本应系日本室町时代（1338-1573）覆宋兴国军学刊本。而此本在很大程度上保存了宋兴国军学刻本的全貌，且杨守敬将之与现存宋代诸本校勘后认为，"今世所存宋本《左传》无有善于此者"；另外，此本还迭经日中两国著名藏书家市野光彦、涩江道纯、森立之、杨守敬及李盛铎等人的收藏，故名家藏印琳琅满目，故此本具有很高的版本研究价值乃至历史文物价值。

(3) 在北大馆藏日本版古籍中有一些日本版中国古代传统名著的珍稀版本，有助于对这些名著在日本的流布传播情况进行更深入研究。

　　例如，日本天文二年（1533）刊本《论语》十卷，此刊本是日本现存最早的和刻本《论语》之一，连日本国内都少有收藏。此本为日本后奈良天皇天文二年（1533）八月由泉州堺的阿佐井野氏根据博士家清原氏的传本出版刊行的《论语》单经本。此本出于菅公手写本，即日本右大臣菅公于醍醐天皇昌泰二年（899）据唐石经抄录的《论语》白文本，也是后代日本流传《论语》经文的祖本。此本为日本历史上著名的《论语》精写刻本，因为刻于天文二年，故又简称为"天文本"或"天文版"，其年代相当于中国明朝嘉靖十二年（1533）。此本系由杨守敬从东瀛购回，后又归入李盛铎之木犀轩藏书的。此本开本宏阔，版式疏朗，字大如钱，品相完好，且有名人题跋，故价值极高。据查，天文本《论语》除北大馆有藏外，日本也仅有东洋文库、东京大学东洋文化研究所、庆应义塾大学图书馆等有藏。

(4) 在北大馆藏日本版古籍中数量最多的是医家、释家（包括释家诗文集）

等普通民间常备的典籍，这一特色也体现了其在这些特殊领域的特殊价值。

例如，日本宽文四年（1664）饭留氏忠兵卫刊本《澹居稿》在中国国内已无古刻本传世，而日本却有"五山版"和此本两种古代和刻本存世，因此十分珍贵。此书为元释至仁撰，皇甫琮辑。据载，至仁生前曾有诗文四十余卷，然到元末至正二十四年（1364）皇甫琮为其编辑《澹居稿》时，已大多湮灭于兵厄，是书即是释至仁殁后幸存的诗文结集。不过此本仅存其诗作部份，共录诗作一百零二首，其题材则多为友朋之间的唱和之作。唱和的对方，既有诗声远播的僧人，亦有虞集、张翥、贡师泰等名重一时的诗家。此外，题画诗在集中也占了一定比重。此本除北大图书馆入藏外，日本也仅有国立公文书馆、关西大学图书馆和东京文化财研究所等有藏，故具有较高的版本研究价值。

(5) 在北大馆藏日本版古籍中还有一些古代民间类书及日用类全书，这些书在古代均不被上层社会重视，故流散十分严重，但其中一些由于流传到了日本并出现了和刻本版本，才得以更好地保存并传世至今。

例如，日本宽文二年雨花斋刊本《增补较正赞延李先生雁鱼锦笺》一书《中国古籍善本书目》未见著录，可见已十分稀见。此书为明李赞延编，是一部明代民间常见的函牍类日用全书。此书分类整齐有序，前八卷为正编，共分通问类、起居类、造谒类、感谢类、求荐类、自叙类、书翰类、借贷类、取索类等二十余类分类介绍了适用于当时社会各界的书翰尺牍的体式样例。每类之下还多又分"奉书"和"答书"两类分别介绍书信往还的两种不同样式，而用"碎锦"介绍每类书翰常用的函简用句用语等。

日本宽文二年（1662）即相当于中国清康熙元年，故此本应为清康熙间日本重刻明雨花斋刻本。查《中国古籍善本书目》，是书未见著录。可见国内是书古本已较难觅见。而此日本宽文二年田九左卫门刻本乃是是书现存最早的和刻本，除北大图书馆外，日本也仅有东京大学东洋文化研究所等单位有藏，故此本有较高的版本研究价值。

结语

截止到目前，有关北大图书馆馆藏日本版中国古籍的研究整理情况是：

第五部　日中文化の交流──今と昔

1995 年出版了《北京大学图书馆日本版古籍目录》（李玉编）。

2014 年出版了《北京大学图书馆藏日本版中国古籍善本萃编》（朱强主编）。该书共遴选北京大学图书馆所藏具有代表性和特殊价值的日本版汉籍 28 种，并将其影印出版。其书 22 册，颇见规模。

近年来的新编馆藏日本版古籍及"大仓文库"中的日本版古籍，使其总数已达到 2000 种左右。新版的《北京大学图书馆日本版中国古籍目录》正在编纂中。

北大图书馆所藏日本版古籍具有多方面的历史文化价值。因此，以书本式目录和影印丛书等出版形式对这些日本版古籍进行揭示和介绍，具有重要的意义，它将这些典籍的价值回馈于社会，以此推进中日文化交流研究深入地开展。

上世纪中国经典漫画与其特色

前世紀中国名作漫画とその特色

呉　志攀

【日本語要約】中国語における「漫画」という言葉は日本語の「マンガ」に由来するが、中国の漫画はヨーロッパの影響で 1920 年代から上海、北京、天津などで新聞や雑誌に掲載されるようになった風刺画を指すのが一般的である。日本のストーリーを持った「マンガ」本に類似するのは伝統的な「連環画」といわれる絵本。本稿では中国の古典的名作「連環画」と漫画について紹介し、そのうえで中国の漫画の特色について論じる。また、中国の漫画に大きな足跡を残した豊子愷、日本の「マンガ」の影響下で大きく成長した新世代の若き漫画家についても簡単に触れる。

第五部　日中文化の交流——今と昔

1. 漫画、幽默讽刺画和连环画

在中国，"漫画"这个词是丰子恺先生（1898-1975）从日语"マンガ"引进来的。据周作人先生的考证，"日本的漫画由鸟羽僧正开山，经过锹形蕙斋，耳鸟斋，发达到现在。"现在流行的看法是，"漫画"这个词是葛饰北斋（Hokusai, 1760-1849）在日本第一次使用的。

1921年丰子恺先生到日本留学，他看到了日本画家竹久梦二（1884-1934）的绘画作品，对他的影响很大。回到中国后，丰子恺先生在他介绍绘画的文章中，第一次使用了"漫画"。同时，丰子恺先生的绘画风格也发生了很大变化，即开创了一种以描绘民间下层和家庭生活为内容，用水墨简笔写意风格的画法。这种画法不但容易表达人与人之间的亲情，还可以表现生活中的幽默，有时，还可以表达清淡的讽刺意味。他用笔简洁，却又活泼。画面或简单着色，如用一点中国画颜料中的朱砂、赭石、石绿和花青色，也可以不着色（附图1），他的大多数的画面，并不着色，只用墨线（附图2）。他的这种画法，可以说将中国历史上文人中小写意风格的人物画，改变得更

附图1　丰子恺《母亲又要生小弟弟了》　附图2　丰子恺《英文课》

附图 3　陈洪绶：《水浒叶子》

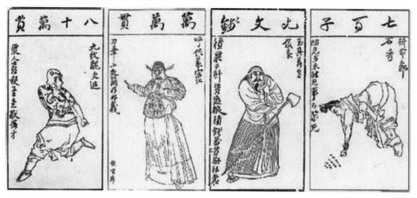

加富有当时城乡生活生气，更接近社会底层大众的口味。从此在中国的报纸和杂志上，丰子恺式的"漫画"作品逐渐发展起来。

中国自古已有一种线描写实风格的画种，俗称"绣像画"。《三国演义》、《水浒传》和《封神演义》等小说都有这种绣像画版本。陈洪绶（1598-1652）画的"水浒叶子"（附图3）就是古代这种白描人物画的代表。绣像人物画的绘画技法，要求画家使用毛笔勾线的能力很高，线条均匀而有弹性并富有质感。这种勾线技法流传至今，现在还有少数中国画家能达到这样高的勾线质量。另外，在清末民初时期，在上海北京也发展出反映现实生活，并采用中国传统线描勾画人物的画报，如当时《申报》为增加发行量出版了副刊《点石斋画报》（附图4）。

在上世纪20-30年代，在中国的大城市，如上海、北京和天津等地，由于接触到欧洲报纸刊登的幽默画，在当地也开设发展出具有欧洲风格的幽默讽刺画。这种画法通常不着颜色，以黑白线条组成。有时也有用黑白木刻来表现，画面效果特别醒目，很适合刊登在报纸和杂志上（附图5）。根据外国汉学家的说法，1920-30年代上海的漫画水平已经接近或达到欧洲的漫画水平了。

从1920年起，世界书局出版就已经开始出版《连环图画》，后来改称为《连环画》。这个画种好像是将古代长卷市井图，再做成"小册页"来分段表现的，也便于携带和观赏。中国的连环画从那时起，一直延续到上世纪

第五部　日中文化の交流——今と昔

附图 4　《点石斋画报》

附图 5　欧洲风格的幽默讽刺画

附图 6　连环画：《秦香莲》封面

80 年代中期，才逐渐退出主流市场。现在只有《连环画》藏家和拍卖市场上还能见到老版本，但价格非常昂贵。此外，也有少数出版社将著名的老《连环画》再版，供连环画爱好者购买，价格也比较高。《连环画》爱好者俗称"连友"，连友们现在也有自己的连环画交流的圈子和网站。

上世纪 50 年代到 80 年代中国的连环画是 64 开本，横幅，单本或多卷本，用白描画法，配有少量文字，连续描绘一个完整的故事。由于画中绘制的人物，大约 1 寸多高，所以，在北方民间俗称"小人书"，南方称为"公仔书"（附图 6）。

中国的连环画同今天日本的连续故事式的"漫画"非常相似。在上世纪80年代前，中国连环画并不称为"漫画"，而在日本一直称为漫画。那时的中国人主要将单幅的，带有讽刺或嘲笑风格的，人物造型夸张表现的幽默新闻画才称为"漫画"。后来，中国年轻人接受了日本漫画的称谓，将上世纪80年代以后的连环画，也统称为"漫画"了。

中国在上世纪70年代末和80年代初改革开放之后，日本的"漫画"开始影响中国读者，特别是中国年轻的读者群。1984年以手冢治虫《铁臂阿托木》动漫电影在中国电视台播放，引起中国观众的很大兴趣。手冢治虫先生以现实日本生活场景与超现实人物形象结合的动漫作品和漫画，让中国年轻读者眼界和思维活跃起来。超现实人物的眼睛很大，又会飞翔，可以与中国神话中的"哪吒"媲美。中国的哪吒是"神，"日本的阿托木是"机器人"。哪吒体现的是历史文化，阿托木代表科技未来。中国上海动画片电影制片者几乎在同时，将观众喜爱的小动物形象，加上电子科技元素，制作出了动画片《黑猫警长》，一经上映就获得好评。

2．上世纪经典连环画

上世纪中国经典连环画代表作中，优秀作品有很多，优秀画家也有很多，由于篇幅所限，我只能例举其中几位做简要介绍：

张乐平（1910-1992）的《三毛流浪记》（附图7）。这套著名的连环画作品出版于上世纪40年代，最初的版本以"四格联画"的形式面世，当时就获得读者极大好评。1925年张乐平小学毕业，为生活所迫他15岁到上海的一家木器行当学徒。木器行老板喜欢书法，张乐平喜欢绘画，所以，老板支持张乐平的绘画。张乐平在当时的私立美术学校进修过，后来又到印刷厂当练习生，在公司绘制广告画和加工来稿，也为教科书画插图，后来又在三友实业社当绘图员。从他的经历可以看出，张乐平熟悉社会底层生活，他在家兄弟三人中排行第三，在某些地方家长在家里叫大儿子为"大毛"，二儿子叫"二毛"，三儿子叫"三毛"。三毛就成为后来他创作连环画《三毛流浪记》中主要角色的名字了。张乐平的画法用毛笔单线勾画人物，特别善于表达动态，人物表情略带夸张。最为绝妙的一点是，他将"三毛"这个小孩

第五部　日中文化の交流——今と昔

附图 7　张乐平《三毛流浪记》

子的头上，只画三根头发，其他头发都不画。这个形象后来在同名动画片和真人电影中都在使用。而且，著名台湾作家三毛，原名叫陈懋，笔名叫"三毛"。据说陈懋的这个笔名也是因为受到《三毛流浪记》的影响，才取名"三毛"的。

贺友直（1922-2016）的《山乡巨变》（全3册）（附图8）。贺友直先生的出身，与张乐平的相似。他也是因为家庭贫困，从小被送到上海学徒，偷偷用老板的卷烟纸头画画。老板看到后将他开除。他经亲戚介绍来到出版公司做连环画学徒。我在阅读有关他的资料中看到，有一次出版公司要求出版的时间特别紧时，贺友直曾经为了赶工，一昼夜画过200张连环画。

贺友直使用毛笔，在专门的图画纸上作画。他画的尺幅都不大，但数量大。退休以后，他就在家里的一张书桌上作画，直到90多岁以后，他还在作画。他自嘲说他这辈子就是个"画小人的"。由于他熟悉江南农村和上海市井生活，所以，他笔下的人物十分生动，场景生活气息浓厚，所以他作品的读者群非常大。还有一点必须要提到的是，他很长寿，这可能与他乐观豁

附图 8　贺友直《山乡巨变》

达的性格有关。他在生前就将所有画作，无偿捐给上海市的博物馆。他说省得走了以后，让别人惦记。他还很喜欢喝黄酒，现在网上还可以看见他喝酒吃菜的照片。《山乡巨变》是贺友直先生的代表作，文学原著的作者是著名作家周立波先生。这本小说是描写上世纪 50 年代中国农村合作化的故事。出版社要求贺友直改编成为《连环画》。贺友直在画第一稿时，采用带有西洋明暗画法来表现的，效果不是太好。于是他推倒重来，回到他所熟悉的中国绣像人物白描画法，这套画稿一完工，立即得到大家的肯定。这套连环画共三册，一出版就在广大读者中热销。由于这套画稿的艺术性非常高，许多原来不怎么看连环画的成年人都买来观赏。今天如果讲到中国《连环画》的历史，贺友直的《山乡巨变》是一定会在其中的。

　　刘继卣（1918-1983）的《武松打虎》（附图 9）。刘继卣的父亲是天津著名老画家刘奎龄先生。刘老先生还教过两位徒弟，一位是后来天津美术学院花鸟画家孙其峰教授。另一位是后来沈阳鲁迅美术学院国画系花鸟画家钟质夫先生。我小的时候，杨仁恺先生将我领到钟质夫先生家里，拜他为师，跟

附图9 刘继卣《武松打虎》

他学过一段时间的"宋人花鸟技法"。后来，我随父母迁往天津就中断了。

刘继卣继承他父亲的传统花鸟画技法，又融入了西洋透视的方法，在表现动物毛发方面十分有独创性。如他笔下的狮子、老虎、马、羊和猴子都活灵活现，充满生机。而他的父亲则更善于画工笔花鸟，古朴沉稳，寓意吉祥。如刘老先生画的孔雀、锦鸡、松柏、杏花和桃花以及兰草等，成熟老道，风格明显。刘继卣绘制的连环画《武松打虎》，以墨线勾画武松和老虎。古装人物和猛兽都是他绘画的长项，所以，画面上的动态感十足，造型准确，成为古装人物故事题材连环画的经典之一。

徐宏达等数十位画家绘制的《三国演义》（60册）（附图10）等。徐宏达先生是1920年生人，很早就投入连环画创作事业。他创作的《赤壁大战》和《桃园结义》称为《三国演义》连环画中的代表作。他特别擅长画古装武将人物、战马、铠甲和刀枪剑戟等古代兵器，还善于描绘古代的虎帐、旗帜和战船等。在他画的《赤壁大战》中，江水和烟火的画法也非常生动。他的另一本连环画代表作《十三妹》也是"连友"藏家喜爱的藏品。文革十年的政治运动，停滞了他的连环画创作，令人遗憾的是1986年因病去世了。

附图 10　徐宏达等绘制的《三国演义》

（126）关羽也不答话，举刀便砍。张飞亲自打鼓。一通鼓未完，关羽已把蔡阳砍下马来。

中国上世纪的经典连环画与今天日本流行的连续故事"漫画"很相似。在绘画风格上与日本画家井上雄彦（Inuoe Takehiko）相似，那时的中国画家们都使用毛笔和墨汁勾画白描人物。日本的井上雄彦也使用毛笔作画。而日本其他众多漫画家现在更喜欢使用 G 笔或其他硬笔作画。相对毛笔来说，硬笔线条的表现力要单调很多，技法上也少了很多。从美术角度来欣赏漫画，我个人认为，还是中国上世纪经典连环画和日本井上雄彦的风格更具有艺术欣赏价值。

3．上世纪 80 年代前经典漫画

以上是中国上世纪经典连环画情况。我在这里应该再次强调，在中国人的习惯上，并不将连环画称为"漫画"，中国人认为的传统"漫画"，是指具有政治讽刺意味和造型夸张的新闻幽默画。而这种漫画更主要地是来自欧洲。日本人所说的漫画是指，包括井上雄彦《侠客行》风格在内的各种连续故事画。而单幅的政治讽刺新闻画也包括在漫画的范畴。因此，日本的"漫画"

第五部　日中文化の交流——今と昔

附图 11　丁悚（《百美图外集》

是一个非常广的范畴。中国人所说的"漫画"，还是一个比较窄的范畴。

中国的新闻讽刺幽默画，即"漫画"，在上世纪20-30年代是一个高峰。后来在上世纪60年代到文革前，又是一个短暂的高峰。然后，改革开放以后到80年中期前，是最后一个高峰。此后，就逐渐被其他艺术形式，如电视小品，电信段子等替代了。上世纪20年代到80年代中期前，中国比较经典的漫画家也有许多著名人物，还是由于篇幅有限，我只能介绍其中几位。

丁悚（1891-1969），（附图11），字慕琴，他是"大中虎社"的社员，他居住在上海，幼年去上海老北门昌泰当铺当学徒，业余在美术专门学校进修。后加入上海美术学校，主要教授写生画，后来受聘于上海英美烟草公司广告部。他的儿子叫丁聪，笔名"小丁"也是中国著名漫画家。从丁悚的画作，可以看出他还是属于中国传统白描技法画家，构图和造型都符合中国传统绘画的基础，但是，在内容上已经开始表现新生活和社会新变化了。因此，由于当时照相机还不发达，所以，他的画起到了及时反映社会发展的场景，受到都市读者的喜爱。

上世纪中国经典漫画与其特色

附图 12　马星驰　　　　　**附图 13　华君武《误人青春》**

　　马星驰（1873-1934），（附图 12）名驱，字星驰，亦署醒迟、醒迟生等。他是北方人，回族，出生在山东济宁直隶州（今山东济宁市市中区）。他自幼喜爱绘画，因家境贫寒，常以黄泥汤代墨作画。他的漫画已经是用中国式的人物画法，再加上欧洲漫画风格的政治讽刺内容了。而且，画面上的文字，不仅有中文，还有英文。这种双语的表达，很适合当时上海等沿海城市的知识分子读者阅读。

　　华君武（1915-2010），（附图 13）祖籍江苏无锡荡口，出生杭州；他是中国著名漫画家，而且，他还是从丁悚、马星驰老一代漫画家之后，承前启后的人物。他的漫画风格虽然主要尊重中国古代绘画传统，但写意的笔法更多，从而使画面产生了古代与上世纪中期生活人物及场景的"混搭"，因此很有幽默的效果。华君武不仅是漫画家，他还是一位美术界的领导，有很高的政治地位。华君武先生从 1949 年起任《人民日报》美术组组长，后来，他还担任过《人民文学》美术顾问。从 1961 年起，华君武开始在《光明日报》的《东风》副刊上发表"人民内部讽刺漫画"。这里需要解释一点，"人民内部"这四个字来自于当时中国的时代背景，在政治上将人与人之间的矛

附图 14　方成《下海》　　　附图 15　丁聪《下海》

盾分为两大类，一类是"人民内部矛盾"；另一类是"敌我矛盾"。前者是用批评教育的方法来解决矛盾，后者是用斗争消灭的方法解决矛盾。所以，华君武先生用漫画来讽刺"人民内部"的各种可笑，或者扭曲，或错误的现象，由于他的画非常幽默，引人发笑，所以读者喜闻乐见。

但是，后来华君武先生也因为漫画，在"文革"其间被批斗。这种因为政治讽刺漫画"招惹麻烦"的情况，对文革以后中国讽刺漫画的发展造成了很大的阻碍。漫画家因为有"前车之鉴"，而心有余悸。现在《人民日报》副刊《讽刺与幽默》虽然依然在出版，但是已经很难看到"华君武们"那样高度幽默的讽刺漫画作品了。

方成 (1918-)，(附图 14) 原名孙顺潮，杂文笔名张化。祖籍广东中山，生于北京。他是中国老一代漫画家中最长寿者之一，去年已经过了百岁，依然能动笔。他于 1942 年武汉大学化学系毕业，后来在黄海化学工业研究社任助理研究员。1946 年在上海转行从事漫画事业。1947 年夏被聘任《观察》周刊漫画版主编及特约撰稿人。他的漫画风格与华君武相似，但他的作品更多取材于现实生活中的可笑的人物与场景，而华君武的漫画更偏重于政治讽刺。

丁聪 (1916-2009)，(附图 15)，他就是前面介绍过的著名漫画家丁悚

的儿子。丁聪自 1930 年开始发表漫画作品。
1949 年以后,他曾任《人民画报》副总编辑。他的代表作是《鲁迅小说插图》,《丁聪插图》,老舍《四世同堂插图》和《骆驼祥子插图》等。他还在三联出版社的《读书》月刊的封二页,多年连续发表作品,讽刺社会各种搞笑现象,成为中国知识分子非常熟悉和喜爱的漫画家。

附图 16 廖冰兄《十年浩劫》

廖冰兄(1915-2006)(附图 16),广东人。他自 1932 年开始在报刊发表漫画作品。他于 1935 年毕业于广州师范学校(现广州市协和中学)。他曾经当过小学教师和报刊美术编辑。1939 年他担任广西地方建设干部学校宣传画教师,并任《漫画与木刻》月刊编辑。1945 年开始创作连环漫画《猫国春秋》。在这里我还要多介绍一些廖冰兄先生。

廖冰兄先生的漫画讽刺更有力度,笔触硬朗,好似书法领域中的"魏碑"风格,苍老结实。欧洲当代汉学家中,有专门研究廖冰兄漫画作品的学者。我曾经在北京大学接待过一些来自欧洲的汉学家,记得有一次中午,我在学校餐厅,请一位来自挪威的汉学家吃便饭。席间我们谈到廖冰兄漫画作品时,这位汉学家激动地对我说,"在廖冰兄之后,中国的漫画就死了。"我开始以为他是在开玩笑,这位汉学家立即表示他是认真的。这位汉学家的说法也说明,在他们的观察中,从上世纪 80 年代中期之后,中国的政治讽刺漫画确实走下坡路了。

4. 多才多艺的丰子恺先生

现在,我再回到文章开始时说到的丰子恺先生吧。丰子恺(1898-1975),浙江省嘉兴市乡市石门镇人。他的原名叫丰润,又名仁、仍,号子觊。后来他改名为子恺,漫画落款经常用笔名"TK"。他是一位多才多艺的人才。他早年做过中学绘画教师,同时又是音乐教师。他是中国著名的弘一

第五部　日中文化の交流——今と昔

法师出家前最为看重的学生。弘一法师就是李叔同先生（1880-1942）。李叔同先生早年留学日本，在 1917 年前后，他与留日同学一起，将"话剧"引入中国。李叔同回国后在大学任教。当是，丰子恺是他所任教大学的学生。学生时代的丰子恺曾参加进步运动，被警察抓去，学校以违纪要开除他的学籍。是李叔同和夏丏尊（1886-1946）保护了丰子恺，他才得以继续学业。李叔同看到丰子恺多才多艺，鼓励他全面发展。丰子恺后来不仅在绘画，还在音乐教育，散文写作和文学翻译等多方面，都取得了很大的成就。他创作了数量很多的融合中西画法漫画，还在报刊杂志上发表了很多散文和杂文。他还是中国第一位将日本文学名著《源氏物语》翻译成为中文的译者。今田《源氏物语》虽然已经有多个中译本，但是我阅读比较之后，仍然认为，丰子恺先生翻译的中文《源氏物语》最具有古意。特别是其中日文古代和歌的中文翻译，极具有中国古代诗歌的韵味。这里我还要顺带提一句，丰子恺先生也很喜欢喝黄酒，在回忆他的文献资料中有记载：在文革期间，他坐火车时，怕带着黄酒瓶子影响不好，便将黄酒灌在止咳糖浆的药瓶子里，带在身上。在行车旅途中，一会他就要掏出这个药瓶子，喝一口黄酒，过了一会儿，他又喝了一口。火车没有到站，这一药瓶子黄酒就喝光了。邻座的旅客见他喝了一瓶子"药"，就小声议论："这个老人病得不轻啊，一路上都在喝药啊。"

附图 17　丰子恺《护生画集》

丰子恺为了祝贺后来出家的法号为"弘一法师"的李书同老师五十寿辰，画了 50 幅保护圣灵，避免杀生的漫画《护生画集》（附图 17）。李书同先生为每幅漫画都题写了诗词。后来在李先生六十寿辰时，丰子恺又画了 60 幅《护生画集》续集。本来丰子恺还准备在李先生七十寿辰时，再画 70 幅漫画给老师祝寿的，但是令人遗憾的是，弘一法师 62 岁时就圆寂了。

5．中国漫画的特色

在简要回顾了中国上世纪 80 年代前经典漫画的简史之后，我要分析一下中国漫画中的特色。

中国式的第一个特色是含蓄。所谓"含蓄"就是委婉和耐人寻味的意思。天津著名作家孙犁先生在《秀露集·进修二题》写到，"所谓含蓄，就是不要一泻无遗，不要节外生枝，不要累赘琐碎，要有剪裁，要给读者留有思考的余地。

如廖冰兄先生的漫画《十年浩劫》，他画自己被裹在瓮中，由于被束缚的时间太长了，当瓮被打破，解除束缚时，他已不适应伸开手脚。这个自嘲的形象虽然表面上是描绘他缩手缩脚的样子，但却含蓄地表达出：人的精神和思想也是类似的。当思想解放的时代到来了，由于人们的思想长期禁锢，已经僵化得不能放开了。这个画面表面上是可笑的，但看了之后，又让观众感到有一点心酸。这就是含蓄。

第二个特点是自嘲。"自嘲"就是自我讽刺，或自己嘲笑自己的一种艺术。在中国的儒家文化中，提倡修身，即提高自己的修养，其中包括要尊重别人，即"严以律己，宽以待人"。即便看到别人有做得不对的地方，也尽量宽容，不要直接跟别人说出来，要给别人"留面子"，不能"伤和气"。因为批评别人，一方面会让别人感到不舒服，另一方面也使自己没有"宽以待人"。在这种历史文化传统之下，中国画家在借鉴欧洲讽刺漫画的时候，也需要适应本土的文化环境和国情民俗。因此中国画家们采用讽刺自己的方法，间接地讽刺具有同类情况的别人。例如，丁聪的漫画《悼词》，画面上画的就是他本人，他坐在堆满鲜花的灵床上写自己的悼词，上方还挂着自己充满微笑的"遗像"。丁聪先生用自嘲自己的艺术方式，来讽刺去世者的悼词都

第五部　日中文化の交流——今と昔

附图 18　丰子恺《吻》中天空的留白　　附图 19　丰子恺在《小猫亲人》
　　　　　　　　　　　　　　　　　　　　　　　漫画中的三枚印章

是美誉之词，都是说好话，其实不一定符合实际情况。

　　第三个特色是留白。"留白"是中国画中的一种画面布局方式。画面上留出一定空白，不画任何景物，不着一点笔墨。在中国画中，画家以此表现天空，或湖水，或山间的雾色。从观赏的价值上，留白可以给观众一种空灵感。中国文化传统和古人品德修养中，都有"虚怀若谷"的观念。中国文人喜欢用竹子比喻性格，因为竹子中心是空的，不是满的。中国生活习惯中，都希望"留有余地"，不能太满。"满则溢，盈则亏"，"满"还有"自满"的含义，自满就不能取得进步，也不能提高修养了。于是中国画中就有了留白的观念，所以，在中国的漫画中，也有留白。如丰子恺的漫画《吻》中，可以看出画家有意在画面上用"留白"，表现天空（附图18）。

　　第四个特色是诗词、题字和印章。中国的漫画，如果是单幅的画，也应该是一幅完整的作品。所以，中国画的四项内容：诗、书、画、印都应该是齐全的。印章的作用在画面上是很重要的。因为中国的漫画着色很淡，或不着色，画家在画面上盖上一枚大小适当的朱镖红的印章，画面立刻就亮了起来。在丰子恺的漫画中，有时还不止盖一枚印章（附图19）。

　　画面上题的诗词或提款，可以表达出绘画更加引申或复杂的效果。如方

附图 20　方成《武大郎开店》中的成语提款　　附图 21　华君武《杜甫检讨》中的书法

成先生画的漫画，提款是"武大郎开店"（附图 20）。这是一句中国广为人知的成语的前半句，后半句是"不请高人"，这是讽刺妒贤嫉能的部门领导或企业老板。这成语前半句题写在画面上，有画龙点睛的效果。

漫画题款的书法也是画家艺术表现能力的一个重要方面，如华君武先生的《杜甫检讨》（附图 21），有相当完整的书法题款，非常美观。中国是一个崇尚书法的文明古国，书法艺术从古至今，延续数千年不断。中国古代有"书为心画，字如其人"的说法，其意思是说，书法能体现出写字人的审美取向和性格特征。漫画上的书法如果写得好，而且与画的内容配合默契，就可以让漫画的美感大增。反之，将有损于画面。

我在前面例举出的几位中国的前辈漫画家，他们不但画功好，而且，他们的诗词、提款，书法和印章都好。在这些漫画家的作品中，我们都可以看到"诗"、"书"、"画"、"印"多种艺术的完整性。这些细微的艺术要素，如果都要作得好，需要画家多年积累和磨练。所以，在短时间不可能成长出一个《连环画》或"漫画"大师的。无论画《连环画》也好，还是画"漫画"也好，都是一个长期修炼的过程。在长期修炼的过程中，对画家而言，即是他们的艺术水平及修养的提高，同时也是画家人性完美的过程。

第五部　日中文化の交流——今と昔

6. 现今的中国漫画家

今天中国年轻一代的漫画家，多采用电脑技术和网络传播手段，他们也非常勤奋，读者群也很大。他们的新式风格，包括其中很多人直接接受日本漫画的风格，得到广大网民的欣赏和追捧。年轻一代的漫画家们在新的电脑绘图制作技术条件下和网络环境中，已经发展出全新的漫画审美标准。他们的进步速度之快，让我十分惊讶。

今天中国内地市场 21 世纪发展起来的漫画新潮流，主要有四种规模较大的漫画杂志和网站为代表。此外，中国每年还出版将近数百种漫画单行本。这类漫画出版机构之一，例如坐落在广州市中心的《漫友》文化机构（简称"漫友"）。漫友的编辑们联系的数百位青年漫画家，包括画连环画的画家在内，每年大约编辑出版 300 多种漫画书籍和几本漫友期刊杂志。我曾经多次拜访过漫友，并与那里的主要负责人和高层管理者座谈。我还应邀出席过中国文化部艺术司委托漫友主办的全国年度漫画"金龙奖"大赛。现在漫友协助广州市政府举办广州国际漫画节，邀请全球漫画家参展。法国昂古莱姆（Angoulême）节也与"广州国际漫画节"结为合作伙伴。

我在前面所写的内容，主要是上世纪 80 年代中期前的中国连环画和漫画的一些内容，这些画作应该在中国各地的美术馆或艺术博物馆作为收藏的作品了。

宮崎駿アニメのメッセージ
──「環境」・「平和」

太田哲男

　宮崎 駿（1941 年 1 月生）の名前は、彼の作品『千と千尋の神隠し』
（2001 年、以下『千と千尋』）が 2002 年の第 52 回ベルリン国際映画祭の
金熊賞を受賞したことで、認知度も世界的に確固たるものとなった。すぐ
れた映画学者である加藤幹郎は『日本映画論　1933-2007』（岩波書店、
2011 年）のなかで、「アニメーション映画は宮崎駿によって芸術的水準に
達するのである」と書いている。

　本稿の表題に「環境」「平和」を掲げているが、まず日本におけるアニ
メの位置について述べた上で、アニメ作家・映画監督の宮崎駿の作品とそ
の意味について考えてみたい。

1.　日本のアニメの開始時期と歴史

　日本におけるマンガということでいえば、12 世紀か 13 世紀に誕生した
「鳥獣戯画」をマンガの元祖とみる見方もあり得るだろうし、江戸時代の
終わりに活躍した画家・葛飾北斎には「北斎漫画」という作品がある。し
かし「鳥獣戯画」や「北斎漫画」は、その後の時代に継承されていたのか
どうか判然とせず、これら自体が傑作であることはまぎれもないとしても、
これらが日本のアニメの伝統をつくったとまではいえるかどうか。この点

第五部　日中文化の交流──今と昔

は今後の研究にまちたい。

　日本でも第二次世界大戦以前からアニメ映画は作られていたが、アニメがテレビのシリーズものとして登場したのは大戦後であり、なかでも画期的な作品は手塚治虫の『鉄腕アトム』（漫画版 1952 年、テレビモノクロ版 1963-66 年放映、全 193 話）であろう。東京オリンピックの前後で、日本のテレビが多くの家庭に普及していく時期である。60 年代半ばからカラーテレビが一般家庭にも普及しはじめるが、当時の手塚のカラー版テレビアニメ・シリーズ『ジャングル大帝』（1965-66 年放映）もヒットした。

　1950 年代は、観客動員数の点で日本映画の最盛期で、黒澤明、溝口健二、成瀬巳喜男、小津安二郎などが活躍したのもこの時代である。日本で映画館入場者数がピークに達した 1958 年には、年間入場者数が 11 億人強。日本人は 1 か月に一度は映画館に出かけていたことになる。しかし 60 年代に入ると、テレビの普及とともに、人びとが映画館に足を運ぶ回数が急速に少なくなる。その半面、70 年代後半になると、『宇宙戦艦ヤマト』の劇場版アニメなども制作され、劇場でのアニメ上映も一定の人気を集めるようになった。

　紙幅の都合でその歴史に立ち入って述べることはできないが、アニメが 1960 年代以降の顕著な現象であることは理解されたであろう。宮崎駿もこうした流れのなかからアニメを制作するようになったのである。

2.　日本社会におけるアニメの位置

　まず、日本社会におけるアニメの位置について考えてみたい。この点では、日本における興業収入・観客動員数が上位の映画は何なのかが参考になる。

　2016 年秋の時点で、新海誠監督のアニメ『君の名は。』が大ヒットしているが、それ以前の時点で興業収入の歴代 10 位までをみると、1 位が『千と千尋』、5 位が『ハウルの動く城』、6 位『もののけ姫』、10 位『崖の上のポニョ』と、宮崎監督作品が 4 本も入っている。残る 6 作品中ではアメリカ映画が 5 本（第 2 位の『タイタニック』のほか、『アバター』など）

を占めている。次に観客動員数でみてみると、1位が『千と千尋』、6位が『ハウルの動く城』、7位『もののけ姫』であり、これまた宮崎作品が並んでいる。

つまり、上位の映画をみると、日本ではアニメとハリウッド映画が競い合っているという状況にある。興業収入・観客動員数という指標ではアニメが非常に大きな位置を占めていると同時に、そのアニメのなかでも宮崎駿監督の作品は際だっているといえよう。

3. アニメの外国への広がり

1990年代には、タイで『ドラえもん』シリーズが大ヒットしたことに表れているように、アニメは日本の輸出品となり、「日本最大の文化的輸出品」という人までいる。10年ほど前から「アニメ・フェスティバル・アジア」というイベントが行われているが、2014年には9万人を集めており、東南アジアで最大級の日本のポップカルチャー・イベントとなっている。

これには経済のグローバル化の進行という背景があるだろうし、ドラえもんというキャラクターに典型的に示されているように、キャラクターが無国籍的だという事情もあって、アニメには国境を越えて人気を集める条件が整っているのだろう。

日本で人気の『少年ジャンプ』というマンガ雑誌（集英社、1969年創刊）があるが、この英語版がアメリカで2002年から出ている。ただ、紙媒体での『少年ジャンプ』は2012年に終了し、以後は電子版になった。

ヨーロッパにもアニメ人気はあり、パリ郊外で開催された「JAPAN EXPO」は、2015年7月には4日間で24万人を動員したとのことである。ただこれは少なくない日本企業による企画であるし、音楽や日本食のイベントと同時並行的であるから、どこまでがアニメ人気なのかは判然としない部分もある。しかしイタリアでも、フィレンツェに近いルッカという街で「アニメフェスタ」が開催されて人びとの関心を集めていると聞いている。また、あるイギリス人の話によれば、アニメ版のポケモン（ポケット

第五部　日中文化の交流――今と昔

モンスター）はイギリスでは英語に吹き替えて上映しているので、日本発のアニメだと認識していない子どもも少なくないとのことである。

　しかし、なかには日本のアニメを見て日本語を学ぼうとする者もいるようで、イタリア・フィレンツェにある日本語学校では、アニメを見て日本語学習を思い立ったという日本びいきのイタリア人の受講生がかなりいるとフィレンツェ在住の知人から聞いた。他の国でも、多かれ少なかれ同じような事情になっているのではないだろうか。

4.　宮崎駿フィルモグラフィーとその人気

　さて、ここからは宮崎駿監督作品について考えてみたい。まず、宮崎がどのような作品を作ってきたかを簡単にふりかえっておこう。

　宮崎監督作品として最初に興行的に成功したのは、『風の谷のナウシカ』（1984 年、以下『ナウシカ』）である。観客動員数は 92 万人ほどであり、当時としては大ヒットで、関係者一同、大喜びしたという。この作品はいろいろな賞を受けたこともあって、評価は高く、翌 1985 年にはスタジオジブリという名前の会社を創設してアニメの制作に取り組むようになった。そして作られた作品が、『天空の城　ラピュタ』（1986 年、以下『ラピュタ』）である。

　『ラピュタ』や『ナウシカ』も、その公開時点では大ヒットの部類に入るといえようが、1990 年代後半になって宮崎アニメはいわば爆発的に人気が出た。興行収入でみても観客動員数でみても、『もののけ姫』（1997 年公開）が決定的な転換点になっているといえる。『もののけ姫』の日本での観客動員数は 1420 万人だったという。くり返し映画館に出かけた人もいるだろうが、大まかに言って日本人の約 1 割がこのアニメを見に映画館に足を運んだ計算になる。とすると、子どもだけでなく、相当数の大人もみていたことになる。

　ではなぜ、こういうヒット作が生まれたか。観客動員数という点からみて、どこが変わったのか。

　ジブリの代表取締役を務めた鈴木敏夫の回想（『ジブリの仲間たち』新

宮崎駿アニメのメッセージ

潮新書、2016 年）によると、スタジオジブリは、『ナウシカ』『ラピュタ』
『となりのトトロ』（1988 年、以下『トトロ』）の頃は宣伝にあまり関心を
持たなかったが、それ以降は宣伝活動を重視するようになったとのことで
ある。たしかに、この大ヒットの背景に宣伝の力が大きくなかったとはい
えないであろう。

　しかし、1990 年代後半以降の宮崎アニメの人気の背景としては、テレ
ビでの宮崎アニメの放映が恒常化した影響がかなり大きかったのではない
か。宮崎作品はくり返しテレビで放映されたが、その都度の視聴率が高く
なければ何回も放映されることにはならないだろう。したがって、テレビ
放映の恒常化と宮崎アニメの質の高さが相乗作用を起こしたと考えること
ができる。

　このことを示すデータを並べると、あるサイトのデータ（原稿執筆時点
の 2016 年 9 月まで。http://anime.geocities.jp/kingbehenmoth/）を借用す
れば、以下のようである（カッコ内は順に、劇場公開年、テレビでの第 1
回放映年、それ以降 2016 年までのテレビでの放映回数、複数回のテレビ
放映時の平均視聴率を示す）。

　　『ナウシカ』（1984 年、1985 年、16 回、17.7%）
　　『ラピュタ』（1986 年、1988 年、15 回、18.8%）
　　『トトロ』（1988 年、1989 年、14 回、20.7%）
　　『魔女の宅急便』（1989 年、1990 年、13 回、18.8%）
　　『もののけ姫』（1997 年、1999 年、9 回、22.4%）
　　『千と千尋』（2001 年、2003 年、7 回、24%）

　このデータから、宮崎作品の人気の背景をうかがうことができるだろう。

　こうして、テレビによる宮崎人気がかなり高くなっているところに、新
作アニメである『もののけ姫』が劇場にかかる。そうすると、「話題」が
「話題」を呼び、驚くほどの観客を集めた、ということだったのではない
だろうか。

　その『もののけ姫』は鮮烈な映像の作品で、かなりの出来映えであった
から、その次の作品である『千と千尋』は一段と多くの人びとを引きつけ
た。そして、『千と千尋』がベルリン映画祭金熊賞を獲得し、さらにアメ

第五部　日中文化の交流——今と昔

リカのアカデミー賞も獲得したわけで、ここに宮崎駿人気（観客動員数）は頂点に達した。

　宮崎アニメが爆発的な人気を博した要因として、テレビでくり返し放映されたということに加えて、クチコミのあり方の変化という要素もあるかもしれない。1990年代後半になると日本でもインターネットが急速に普及したが、『もののけ姫』の公開は1997年であり、まさしくそのはじまりの時期に当たっている。さらに最近は、映像の閲覧ができるサイト（YouTubeなど）の役割も大きくなっている。世界的な大ヒットとなった『アナと雪の女王』（2013年公開、日本公開は14年）というディズニー・アニメは、日本でもヒットし、興業収入は歴代第3位で「アナ雪現象」といわれ、『アナ雪』の「ひとり勝ち」、「メガヒット」となったが、その背景にはYouTubeでの人気があったようである。

　世紀の変わり目の頃から、映画や書物で「メガヒット」といわれる現象がしばしば起こっている。つまり、「話題」が「話題」を呼び、特定の作品に人気が集中するということであるが、『千と千尋』の場合など、そういう「メガヒット」現象が起きていたといえるであろう。

　2016年秋の日本では、『君の名は。』というアニメが爆発的に人気を博したが、その背景としてはSNSがかなり大きな要因になっているという見方も出ている。

5.　世代を超えた・国境を超えた観客層
——桜美林大学の学生アンケートから

　私は、この原稿の作成にあたり、学生に簡単なアンケートを行ってみた（「宮崎駿監督の長編アニメに関するアンケート」2016年10月実施）。すると、いろいろと興味深いことがわかった（表1〜表4）。

日本人学生は宮崎アニメを実によく見ている

　宮崎駿が監督を務めた長編アニメは11本ある。日本人女子学生（26人）

宮崎駿アニメのメッセージ

表1　宮崎駿監督長編アニメ作品を見た本数

見た本数＼国籍	日本			中国			米国
	女（人）	男（人）	計	女（人）	男（人）	計	計
11 本	7	2	9	1	0	1	0
10 本	6	3	9	1	0	1	3
9 本	4	2	6	1	0	1	1
8 本	5	1	6	0	1	1	1
7 本	1	0	1	0	0	0	1
6 本	1	1	2	0	0	0	1
5 本	1	0	1	2	1	3	0
4 本	1	0	1	2	2	4	0
3 本	0	1	1	5	1	6	0
2 本	0	0	0	3	1	4	0
1 本	0	0	0	1	1	2	0
0 本	0	0	0	0	1	1	2
計	26 人	10 人	36 人	16 人	8 人	24 人	9 人
平均視聴本数	9.0 本	8.7 本	8.9 本	4.4 本	3.4 本	4.0 本	6.7 本

表2　日本人学生が挙げる宮崎駿監督アニメ作品ベスト・スリー

	作品名	女子学生 26 人				男子学生 10 人	
		1 位	2 位	3 位	総計点／順位	総計点／順位	
1	ルパン三世カリオストロの城	2 人（6 点）	1 人（2 点）	4 人	12 点／7 位	4 点	6 位
2	風の谷のナウシカ	2 人（6 点）	2 人（4 点）	7 人	17 点／4 位	2 点	9 位
3	天空の城　ラピュタ	3 人（9 点）	2 人（4 点）	2 人	15 点／5 位	10 点	2 位
4	となりのトトロ	1 人（3 点）	3 人（6 点）	0 人	9 点／8 位	9 点	3 位
5	魔女の宅急便	6 人（18 点）	6 人（12 点）	2 人	32 点／1 位	4 点	6 位
6	紅の豚	1 人（3 点）	1 人（2 点）	0 人	5 点／9 位	5 点	5 位
7	もののけ姫	2 人（6 点）	3 人（6 点）	1 人	13 点／6 位	8 点	4 位
8	千と千尋の神隠し	5 人（15 点）	4 人（8 点）	5 人	28 点／2 位	13 点	1 位
9	ハウルの動く城	3 人（9 点）	3 人（6 点）	4 人	19 点／3 位	4 点	6 位
10	崖の上のポニョ	0 人	0 人	0 人		0 点	
11	風立ちぬ	0 人	0 人	0 人		1 点	10 位

第五部　日中文化の交流——今と昔

が視聴した平均本数は 9.0 本で、男子学生（10 人）の平均本数は 8.7 本である。これはほとんどを見ているといえるような数字である（表 1）。中国人留学生（24 人）とアメリカ人留学生（9 人）にも同じアンケートを実施したが、平均すると 11 本のうち中国人は 4.0 本、アメリカ人は 6.7 本見ているという結果だった（表 1）。

　また、宮崎アニメのベスト 3 を選んでもらった。そして 1 位に 3 点、2 位に 2 点、3 位に 1 点を与えて総得点を算出した結果が表 2 である。1 以下、作品の公開順に並べてある。

宮崎アニメをみるようになったきっかけ

　このアンケート結果で私が着目したことの一つは、宮崎アニメを見るようになったきっかけである。

　日本人学生の約 6 割が、最初のきっかけとして「家族にすすめられたから」という点を挙げている（表 3）。それに対し、アメリカ人留学生の場合はこれが 3 割程度、中国人留学生の場合はこれが 1 人だけである。逆に日本人学生では、「友人にすすめられたから」という理由を挙げている学生は皆無である。このことは、現在の日本人学生はその親世代が宮崎アニメになじんでいるので、幼少期に家庭で見ることが一般化しているからだと解釈できるだろう。

　その点で、中国人学生の場合は様子が異なる。宮崎アニメを最初に見た

表 3　宮崎駿監督アニメ作品をはじめて見たときの理由は

理　　由	日本	中国	米国
家族にすすめられたから	22人	1人	3人
友人にすすめられたから	0人	10人	4人
話題になっていたから	6人	3人	2人
広告・宣伝などを見たから	4人	6人	2人
日本についての知識が得られると思うから	0人	2人	0人
日本語の勉強になるから	0人	2人	1人
その他	9人	3人	3人

（複数回答可）

きっかけとして「家族にすすめられたから」という回答は 1 人だけなのに対し、「友人にすすめられたから」という回答が 10 人となっている。アメリカ人学生の場合は、「家族にすすめられたから」と「友人にすすめられたから」の数がだいたい同じで、3〜4 割程度である。

宮崎アニメを見続けている理由

　このアンケート結果で興味深いのは、宮崎駿のアニメを見ている理由である（表4）。単純に「面白いから」という回答がどの国でも最も多いが、「日本語の勉強になるから」とか、「日本についての知識が得られると思うから」と回答している留学生も多少いる。この割合が高いとみるか低いとみるかは判断が難しいが、「低くない」としておこう。

　2004 年頃、中国から桜美林大学の大学院に来た留学生がいた。私のところで「日本研究」をしたいというので、「なぜ日本研究をしようと考えたのか」と聞くと、「母が日本映画のファンで、ことに高倉健の大ファンです。そのため自分も日本のことに関心を持ったのです」と答えた。彼女のお母さんは、おそらく 1980 年代に日本映画を数多く見たのであろう。ただ、80 年代だとまだ日本のアニメが入っていくということは少なかったと思われる。しかし、この中国人留学生のことばは、私には非常に印象深いものとして残っている。文化は、国境を越えて人と人をつなぐ力があるということを実感したからである。

表4　宮崎駿監督アニメ作品を見続けている理由は

理　　由	日本	中国	米国
面白いから	25人	15人	6人
宮崎監督作品が好きだから	14人	10人	5人
話題になっていたから	7人	6人	1人
日本語の勉強になるから	0人	3人	2人
日本についての知識が得られると思うから	0人	2人	2人
暇つぶしに	13人	2人	1人
その他		2人	

（複数回答可）

第五部　日中文化の交流──今と昔

　また、これも 2004 年頃、アメリカ人の留学生たちと study trip で鎌倉に出かけたことがあったが、そのとき、あるアメリカ人学生が電車のなかで『デスノート』というマンガ（コミック）を読んでいた。「面白いか」と聞くと、「とても面白い」と答えたので、驚いた。

中米日の学生間で宮崎アニメについて語り合う

　私が行ったごく簡略なアンケートは、母集団が少なすぎるといえる。それに、日本に留学してきている外国人で日本に興味がないという学生は少ないだろうから、アンケートの母集団としては偏りがあるともいえるが、宮崎駿のアニメが広く親しまれているという点は、このアンケート結果からうかがうことができよう。

　そうすると、この 3 つの国の学生たちが相互に、宮崎駿について語り合う集まりを実行することが可能ではないかと思う。有意義な文化交流になるのではないかと感じた次第である。

6.　なぜ宮崎アニメが好まれるか

女性が輝いている

　テレビで放映される劇場版アニメは宮崎駿作品に限られるわけではないから、宮崎アニメが注目されるのには、作品自体の特徴もむろん関係しているであろう。その特徴としては、まず、女性が輝いているということが挙げられる。

　『風の谷のナウシカ』のナウシカ、『天空の城　ラピュタ』の少女シータ、『となりのトトロ』のサツキとメイ、『魔女の宅急便』のキキ、『もののけ姫』のサン、『千と千尋の神隠し』の千尋といった主人公、あるいはそれに準じるキャラクターは、いずれも活発な、潑剌とした女性たちである。また、『ラピュタ』の海賊の頭目・ドーラ、『もののけ姫』のたたら場の

リーダー・エボシなどは、男の役割であってもよさそうな人物であるが、いずれも魅力的な女性として描かれている。『もののけ姫』に出てくるエボシのたたら場では、若い女たちが元気に働いている。

こうした女性の活躍の背景を考えると、1970年代以後に影響力を広げたフェミニズム運動の流れの中にあるといえるかもしれない。また、少し別の観点となるが、女性とスポーツということを考えてみると、女子マラソンも女子サッカーも1970年代になってから世間的に認知された競技である。いずれも女性の地位向上のシンボルといえるかもしれない。

女性が輝いているという点で、ここで着目したいのは『魔女の宅急便』（1989年公開）である。このアニメのテレビでの視聴率は、1990年に24.4％という非常に高いものであった。この数字が示しているのは何だろうか。『魔女の宅急便』は「思春期の女の子が親もとから離れ、見知らぬ街で自立していくという物語」（鈴木敏夫）だと把握するのが適切だとするなら、その背景には、1980年代の日本では「親もとから離れ、見知らぬ街で自立していく」若い女性たちが増えていたということが一因としてあり、それがこのアニメの人気の高さにつながっているのだろう。

私が実施したアンケートでも、宮崎アニメ・ベスト3を選んでもらったところ、日本人の女子学生と男子学生との間で差が出たが、そのなかで女子学生25人が選んだベスト1はまさにこの『魔女の宅急便』なのである。女子学生は、自立をめざす、溌剌とした女の子に非常に共感を寄せているのであろう。しかし、男子学生10人では、この作品は6位タイとなっている（表2）。

この『魔女の宅急便』の主人公の少女キキは、一方で「自立をめざす女の子」ではあるが、それと同時に、日本のポップカルチャーを特色づける「かわいい」を体現したようなキャラクターでもあるといえよう。

親の不在の意味——「冒険物語」の条件

宮崎駿のアニメに登場する主人公には、母親の影が薄いという指摘がある。たしかにその通りで、『ラピュタ』の少年パズーは天涯孤独の少年で

第五部　日中文化の交流──今と昔

あるし、シータという少女の母親も死去している。その理由を宮崎の生育歴に求め、宮崎にとって母親はどういう存在だったかなどを論じているような本もある。

　しかし、過去の文学作品を見れば、親がいない少年・少女の話はいくらでもある。チャールズ・ディケンズの『オリヴァー・トゥイスト』などに出てくる主人公は、孤児あるいはそれに近い存在である。シャーロット・ブロンテの『ジェーン・エア』のジェーンも孤児である。これらの作品は主人公の少年・少女時代だけを描いているわけではないが、マーク・トウェインの『トム・ソーヤの冒険』、『ハックルベリー・フィンの冒険』を見ると、トムもハックも母親を亡くしている少年である。ハックの父親は亡くなってはいないが、アル中で粗暴なので、ハックは父親のもとから逃亡し、「冒険」がはじまることになる。マーク・トウェインの作品を見れば、親からの自立の問題が少年少女の冒険物語の基本的な文法だと考えてよいだろう。

　『魔女の宅急便』も、その冒険物語の文法をふまえていると見ることができる。つまり、主人公の女性キキは、親もとを離れ、ひとりで遠い街に行くという設定である。この作品は、若者の「自立」をテーマとしているし、その自立への冒険に対する応援歌になっているといえるだろう。

　「冒険物語の基本的な文法」ということでは、「移動」ということもその一つかもしれない。ハックは、ミシシッピー川をいかだで下って「移動」していく。ディケンズの作品の主人公たちも、ロンドンに「移動」していく。『魔女の宅急便』の少女キキが空を飛ぶのは、魔女だから当然ではあるが、親もとを離れて「移動」していくことの象徴でもあるだろう。それは冒険の旅ともいえるし、解放感・躍動感・爽快感がある。

　「移動」に関連するが、宮崎アニメの特色の一つに、主人公などが大空を飛翔するということがある。ふんわりと飛ぶこともあるが、多くの場合、実にスピード感がある。例えば『ナウシカ』ではナウシカが簡便なグライダーに乗って、自在に空を駆けめぐる。『ラピュタ』ではパズーやシータが飛行艇に乗って、雲海の合間を飛ぶ。『千と千尋』では、川の精であるハクが龍に転成し、千尋を乗せて空に駆け上がる。色彩も素晴らしいが、

320

宮崎駿アニメのメッセージ

圧倒的な解放感があり、冒険的な痛快さが感じられる。宮崎アニメの大きな魅力であろう。

生きることへのはげまし

　前項で「応援歌」と書いたが、宮崎アニメの宣伝ポスターを見ると、「生きる」ことへのはげましを含みとしているものが少なくない。『もののけ姫』の場合は単刀直入に「生きろ。」となっているし、『風立ちぬ』の場合は「生きねば。」である。『千と千尋』のポスターにはいくつかのキャッチコピーがあるが、そのなかの一つに、

　　「もののけ」から4年、宮崎駿の清冽な魂が、

　　一人の少女の"生きる力"を呼び醒ます！

というのがある。また、『魔女の宅急便』のポスターには、「生きる」ということばではないが、「おちこんだりもしたけれど、私はげんきです。」とある。さらに『崖の上のポニョ』の広告には、「生まれて来てよかった」とある。いずれも「生きる」ことへのはげましとみることができよう。それが幅広く受けとめられているところに、宮崎アニメの人気の要因があるのではないだろうか。

　そのことはしかし、現代の若者たちの感じている「生きにくさ」と表裏一体なのかもしれない。手塚治虫の『鉄腕アトム』は、科学に夢と希望を託すことのできた時代の産物だろうが、宮崎アニメはそういった意識を持てなくなった時代の作品だともいえよう。

時代を描く——「環境」・「平和」

　宮崎アニメには、「個人の自立」とか「生きること」への「はげまし」のほかに、時代と向き合うという特色もあり、このことがまた、宮崎作品の質に関わっているものだと思われる。

　『ナウシカ』『トトロ』『もののけ姫』『千と千尋』『ポニョ』では、環境問題がテーマだとまではいえないとしても、重要な要因となっている。

321

第五部　日中文化の交流──今と昔

『ナウシカ』『もののけ姫』では「森」が大きな意味を持っているし、『トトロ』でも同じである。

東京の近郊にある埼玉県の所沢では、『トトロ』の舞台になった場所とされていることもあり、森の一部を買い取って、樹木の無秩序な伐採を防ごうという運動が行われている。一種のナショナル・トラスト運動である。また、『崖の上のポニョ』の舞台になったのは、広島県の鞆の浦というところである。瀬戸内海に面したこの街では、海岸に海をまたぐような橋の建設（架橋）が計画されたため、鞆の浦景観訴訟が起こり、住民の訴えが認められた。宮崎監督の存在がこうした運動や訴訟に、環境問題への取り組みに刺激を与えていることは確かであろう。

『ナウシカ』では、未来の核戦争後の、汚染に満ちた世界が舞台となっている。そこでは森が汚染を防ぐ意味を与えられていて、森を守ろうとするオームという巨大な虫が登場する。また『もののけ姫』では、山犬やイノシシ、そしてもののけ姫と呼ばれるサンという娘が森を守ろうとする。森を破壊しようとするのは、製鉄に従事するエボシ御前と彼女の率いるたたら場である。この『もののけ姫』の原型になったのは、宮崎駿によれば、古代のメソポタミアにおける『ギルガメシュ』叙事詩だという。これは、フンババという森の守り神と、森の木を大規模に伐採しようとするギルガメシュ王の争いの物語である。『もののけ姫』は、『ギルガメシュ』の物語を、中世の日本に移したものだともいえる。その意味で『もののけ姫』は、中世の日本を舞台としつつも、普遍的な、現代的なテーマにふれるものとなっているのである。

もう一つのテーマは、戦争と平和である。『ナウシカ』では、トルメキアという大国が、ナウシカの住む「風の谷」を襲撃するという形で戦闘が描かれる。『ラピュタ』でも、政府軍と海賊との戦闘が描かれている。『もののけ姫』では人間と動物の戦争が描かれ、「戦争」と「環境」がつなげて描かれているといえるし、『紅の豚』や『風立ちぬ』でも戦争が描かれている。

20世紀後半には、世界戦争という規模の戦争は生じなかったし、日本が直接に関わる戦争はなかった。しかし、『もののけ姫』公開の時点で考

宮崎駿アニメのメッセージ

えれば、ユーゴスラヴィアの内戦などがあった。宮崎駿は、平和を望んで
いるからこそ、手を替え品を替えて戦争を描いたともいえる。宮崎駿は
1941 年生まれで、日本の敗戦のときには 4 歳であるが、その時期や終戦
直後の記憶が反戦的な発想の原型になったともいえるであろう。それは戦
後民主主義といわれた精神に連なっているといってもよいだろう。

　しかし、反戦ということ、あるいは戦後精神という点は、アニメの中で
明瞭なメッセージとなっているようにはみえないかもしれない。その理由
の一つは、宮崎アニメが必ずしも大人向けに制作されたのではないという
点にあるだろう。もう一つの理由は、問題そのものの難しさという点に関
わると思われる。先に述べた「生きにくさ」と関連している面があるとも
いえるのではないだろうか。

　例えば『もののけ姫』の結末を考えると、一種の戦争が起きている。そ
の戦争を通じて森を破壊していた「たたら場」は破壊されるのだが、やが
てそれが再建されるような含みを持っている。森を守ろうとした動物たち
は累々たる死の山を築くのに対し、動物たちを殺した男たちは相も変わら
ず生きているわけで、森の保全というだけでは話は済まない。これは、地
球規模の環境問題を人間の力で解決することの困難さを示しているかのよ
うである。

　その困難さは、『ラピュタ』ですでに明瞭に現れている。このアニメの
最後の場面を見ると、天空に浮かぶ「ラピュタ」には木々が生い茂り、鳥
のさえずりもあって、「平和」が訪れたように見えなくもない。しかし、
この「ラピュタ」という天空の城は、一種の廃墟、しかもこのアニメにお
ける争いを通じて一段と荒廃の度を強めた廃墟に他ならない。加藤幹郎は、
この「逆説のうちに宮崎駿の文明批判とエコ・クリティシズムがある」と
述べているが、同感である。それは、陰鬱な文明批判のように思われる。

　環境問題とか平和の問題は、アニメが解決策を提示するような性格のも
のではなく、大人たちに投げかけられた課題というべきであろう。

323

日本の茶文化

高橋静豪

　筆者は 25 年間、桜美林大学の中文科の教授として、書道の実技とその歴史の講座を担当してきた。大学を卒業するときには「卒業論文」という学生にとっては大きなハードルがあるが、その卒業論文のテーマを学生が選ぶなかに、「中国の茶と歴史」という論題を選択する学生が毎年 2、3名はいる。書道とは別な課題ではあるが、筆者をその主査の指導教員として申し出る学生とともに、多くの研究の時間を持った。

　筆者は書道家として、書道を主として研究してきているが、幼少の頃から日本伝統の「茶道」「茶の湯」を極めてその道の最高位である「十段位」という称号を受けているので、学生たちはそのことを知って、その指導の願い出をしてくるのである。しかし「中国の茶」と「日本の茶道」とはその起源においては同一であっても、その発展、展開はお互いの文化により異なっているので、筆者も図書館で学生とともに研究を続けてきた。本稿は、そうした筆者の研究の一端を紹介するものであり、今後の糧となればまことに幸いである。

1.　茶の歴史（茶の起源）

　「茶」は木の名称である。もとは「檪」と書いたと日本では教えている。

第五部　日中文化の交流——今と昔

　茶の木は佳木といわれ、樹高30メートルもあり、中国の南方にあると書かれている。一説には、インド、ジャワ、南米のブラジルにもあり、日本では、熊野、伊豆、四国、九州など至るところにあったといわれるが、今ではその確証はない。

　その茶の起源については、中国の唐代の陸羽（763-804）の「茶経」3巻によって知ることができる。その上巻によると、

① 茶　ちゃ　　　早く取るのを茶という。
② 檟　か　　　　周公は苦茶を檟という。
③ 蔎　せつ　　　揚雄（漢代の人）によれば蜀の西南の人は茶を蔎という。
④ 茗　めい　　　晩く取るものを茗という。
⑤ 荈　しゅん　　茶と茗とを一つにして荈という。

　また、斐淵の「廣州記」では、皐蘆といい、その原産地はインドの貴物で、それが廣州に伝わったという。

　さらに「南越志」には過羅茶とあり、過羅は皐蘆と同じ音を写したと考えられ、周公の檟はこれを略したものと考えられる。過羅は「苦渋」という意味で、茶の苦味をあらわし、苦味なるがゆえに、諸味の中の上味であって、これが万病にも功能があるといわれている。

　ともかく、中国では南方が茶の原産地で、それを初めは薬用として飲んだものと思われるが、漢の時代（紀元前205-紀元219）になって茶として一般に飲むようになったと考えられる。

2.　日本の喫茶の歴史

　日本の禅宗の開祖といわれる栄西禅師は「喫茶養生記」2巻を書いたが、その上巻に次のような記述がある。

① 茶の名字

② 茶の樹の形、華葉の形
③ 茶の功能
④ 茶を採る時節
⑤ 茶を採る様
⑥ 茶を調うる様

⑥の茶を調うる様に、「宋朝にて茶を焙る様を見るに、則ち朝に採って即ち蒸し、即ちこれを焙る。懶倦怠慢の者は為すべからさる事なり。焙る棚には紙を敷く、紙の焦れざるように火を誘い、工夫してこれを焙る。緩めず怠らず晝夜眠らずして夜のうちに焙り畢すべきなり。即ち好き瓶に盛り、竹葉を以て瓶の口を封じて入れしめざれば、即ち年歳を経ても損せず」として茶の製造法を述べている。茶は立春の後に採るのが最も良い時節で、雨降りの時は採らず、雲のあとは採らないほうが良いと記している。そのとった茶を蒸して、それを焙り、調製して瓶に入れ、その口を堅く封ずるようにと「栄西の喫茶養成記」は説いている。

　中国の唐代に淹茶の法といって、よくかわいた茶の葉を臼でひいて粉にし、それを練りかためて団茶にしておく、団茶は磚茶とも書き、丸く固めた茶を必要に応じてほぐし、煮だして飲んだといわれる。宋の時代になると団茶から抹茶の法が広まった。茶の葉を茶臼でひいて粉末にして、湯をそそぎ、茶筅でかきまわして飲む技法で、中国南方の禅寺の僧侶の間に、一種の茶礼として喫茶法がはじめられた。元の「馬瑞臨」の書いた「文献通考」には、「宋人の茶を造るに二種あり、片と曰い散と曰う。片とはすなわち竜団の旧法で、散とはすなわち蒸さずしてこれを乾かす、今時の茶の如きものなり、始めて知る、南渡の後に茶が漸く蒸さざるを以て貴しと示すことを」とある。

　この2種の喫茶の法が、明の時代に九州の嬉野（佐賀県嬉野町）に、明代の製茶法として日本に伝えられたもののようである。

第五部　日中文化の交流──今と昔

3.　茶の功能

　　宋西の「喫茶養生記」の書名には「養生」という言葉が使われているが、現代医学からいっても、茶には多量にアスコルビン酸が含まれていて薬効があるといわれている。アスコルビン酸を茶の中に保存させることは茶の製法上大切なことで、天気晴朗な日に葉を採り短時間のうちに造り上げることが、酸を失うことのない茶の巧みな製法といわれる。その茶の功能として挙げられるのは、まず心臓を強くすること、茶の苦味が心臓に良いということで、これは「陰陽五行説」にも取り上げられ、日本の真言密教の立場からもそのことが説かれている。茶を飲めば酒を醒まし、眠りを少なからしめるということで、唐代の禅僧雲厳（－841）、潙山（771－853）、仰山（804－890）、趙州（778－897）等が知られ、眠る僧に茶を飲ませ、喫茶の問答をしたことが、茶の功能として日本にも伝えられている。

　　このように禅僧が茶を喫したことが、その意思を強くしまた精神を整え、内心がすがすがしくなって禅の悟境が得られるといわれたことから、茶と禅とが自然に結びつき、このあと生まれてくる日本の茶道と密接なものとなって発展してくることになる。

4.　日本の茶道

　　日本には仏教の伝承とともに、行茶の儀も伝えられたようである。仏教の最盛期、聖武天皇（在位724－745）の時代にも行茶の儀は行われていたというが、確たる記録はない。嵯峨天皇（在位809－823）のときの「類聚國史」の記事が茶の始まりともいわれているが、これにも具体的な記載はなく、宋西が1168年と1187の2度の入宋によって、福岡県筑前の背振山に茶の木を植え、その地が地質に適って日本で最初の茶園として「岩上茶」を産したことが実質的な茶の始まりとされている。

　　その後宋西は、京都栂尾の明恵上人（1173－1232）に茶種を贈り、上人が京都宇治に出て茶の実を蒔いたことが伝えられており、これが日本の茶の原点といわれている。

328

日本の茶文化

　嵯峨天皇の近江國韓崎行幸の折の記録では茶は淹茶（団茶）の法であったが、宋西「喫茶養成記」から扶茶の作法と代わり、茶の立てる仕方、茶を差し出す仕方、それをいただく作法と、こまごまのことがこのときを起点として成立し、後の時代になるに従って作法が発達し、日本文化の中の「茶道」という形の整った作法が次第に発展してくることになる。

5.　茶礼と茶儀の流れ

　日本の禅宋の寺院では煎点といって茶の礼儀がある。中国では「禅苑清規」が最も古く存在するようであるが、日本のそれは「永平清規」「小叢林略清規」などがあり、その中には煎点法によって正しい礼儀作法が堅く守られるべく事項が書かれ、形式的なことよりも、むしろ精神的、内面的に充実した茶道の真の道を提唱することを目的としていた。

　日本の禅宗は、臨済、曹洞、黄檗の三宗に分かれているが、特に臨済宗大徳寺派が戒律が厳しく、茶道の礼法と呼応して切っても切れない密接な関係が長くつづいてきている。

　1300 年代、将軍足利義満（金閣寺）・足利義政（銀閣寺）等によって、その庇護のもと禅宗の茶礼の儀式が盛んに行われ、寺域内に茶室を設け、中国から名物道具を取り寄せ茶道に心酔していた。その道具の鑑識顧問として、能阿弥、相阿弥、芸阿弥の三同朋を命じ、その中で能阿弥が台子飾りを考案し、台子の上に名物道具を並べて台子点前として、上流社会、貴人向の茶道として定着させていった。

　1423 年、村田珠光の出現により、それまでの貴族向けの茶道から、文人、武士の間で行われていた茶道を庶民化して、簡素なものに工夫し、奢侈（あるいはおごり）に流れないように、世間一般にも親しまれて、近づくことのできる茶道にした。

　その精神は「鹿相」といい「上を鹿相に下を律義に」といって、鹿相は外面を持つことと、心のうちは律義であることを提唱している。

　この鹿相の精神を取り入れた茶道の理念が普及したのは高僧一休和尚の指導によるものである。一休は少しも外面を飾らない、ありのままの姿を

329

第五部　日中文化の交流——今と昔

具現することを授けたのである。

　また、中国の高僧圓悟（-1135）の著した「碧巌録」に基づき、それまでの茶席の掛物は唐絵が主流であったが、簡素を旨とする墨蹟によって茶席の趣を変えていった。

　一休は応仁の乱を避けて各地を転々とし、泉州堺（現大阪府堺市）で豪商の帰依を受けた。そこで武野紹鴎を経て、京都、奈良風の茶道から、堺流の茶道になってゆくが、その流れが、日本の茶道の歴史上に燦然と輝く千利休へと継がってゆくのである。

　「釈迦は人を仏にし、仲尼は人を仁にし、利休は何ぞ天下を茶にする」

6.　そして今日へ

　千利休（1522-1591）によって受け継がれた日本の茶道、わびを極めた美意識の徹底した簡素による革命的茶道は、家元制度という型になって、その子息が続いてゆくという型になり今に至っている。嗜好品として、ねむ気をさました禅寺の茶から、それに精神性を加え、内面の充実をはかり、外形的な茶でなく、総合的文化を目指し、茶室、茶庭、茶掛、茶懐石、茶花、茶仕立とあらゆる文化芸術を網羅した。おおくの人の求める内面のすべての総括として発展してきているが、コーヒー、紅茶、ウーロン茶の昨今、その普及の減速から、日本人の精神性の中から薄らいでゆくように思われる。

　日本の中の伝統文化の大きな茶道が、薄らいでゆこうとしている現在、その内包する評価が、再確認される日のあることを望む昨今である。

论中国茶文化的精神起源

中国茶文化の発生とその心

滕　軍

【日本語要約】世界の二大飲料の一つ、中国飲料の王者であるお茶。ただの植物であったはずの「茶」がいかにして中国飲料の王者の座に上り詰めたのか。そして、なぜお茶はあまたある飲料の中から選ばれて精神文化の一つとなったのか。このいずれもが問われるべき疑問であろうが、本稿では第一の疑問について考察を試みる。茶が「苦寒」をその味の特徴とすることに注目し、「気」の思想を中心に、伝統医学や養生思想との関係から茶が最も愛飲される飲み物となった要因の解明を試みた。

第五部　日中文化の交流——今と昔

　　茶作为一种植物有喜阴的习性。世界最古老的茶书《茶经》指出，最适合茶树生长的环境是"阳崖阴林"；韩鄂在《四时纂要》中把适于茶树栽培的环境描写为："树下或北阴之地"；中国的古谚中有"高山云雾出好茶"的说法；当今的日本使用有"覆盖栽培"的农业技术。[1] 现代科学也证明，经树阴或雾气遮掩过滤后的漫射阳光有利于茶的有效物质和芳香物质的积累。事实上，茶的原产地云南地区正是一个亚热带森林茂密、雾气多发的地方。不难想象，在茶的原产地，在云南的原始森林里，在文明的大浪尚未波及那里之前，茶树被其他高大的树木遮掩着、被诸多其他植物簇拥着静静地经营着生命活动的景象。

　　然而，在如今，茶成为了世界两大饮料之一、中国饮料之王。茶不仅是中国、日本、韩国等亚洲国家的人们的日常必需品，也被欧美及全世界的人们推崇。更引人关注的是，茶引伸出了卓越的精神文化，成为了表现哲学、宗教、艺术的载体。日本的茶道、韩国的茶礼、中国的茶艺就是其文化成果。如今，茶文化正越来越成为东方文明的代表性文化向世界传播，越来越受到世界的瞩目。但是，当我们回眸望去，这一切的发生全在于几株普通的植物——茶。

　　那么，茶这一植物是怎样从原始森林里走出，成为中国饮料之王的？并且又怎样从诸多的饮料里脱颖而出成长为精神文化的呢？这是两个需要探讨的问题。本文将就第一个问题展开论述。

1. 气与传统医学

　　首先，需要通过《左传》、《国语》、《荀子》、《老子》、《管子》中有关"气"的记述，来整理古代中国人如何认识"气"与人体的关联性的学说。

　　《左传》曰：六气曰阴阳风雨晦明也。[2] 这是关于"气"的最早的记录。这里所说的"气"在关联于自然界的同时，也与人体相关联。《左传》接下来说：阴淫寒疾，阳淫热疾，风淫末疾，雨淫腹疾，晦淫惑疾，明淫心

---

1)　韩鄂，《四时纂要》，山本书店，1961 年，第 46 页。

2)　所谓六气指阴阳风雨晦明。引自《左传·昭公元年》，第 1225 页（1977 年，明治书院，新释汉文体系《左氏春秋传》三）。

疾。[3]我们应该注意到：在《左传》初次论及"气"的思想时就已经表述了"气"与人体的关系。

《国语》将"六气"归整为"阴阳二气"，进一步明确了"气"的思想。

《孟子》主张在人的体内存在有"浩然之气"：（其浩然之气）至大至刚，以直养而无害，则塞于天地之间。[4]看来，孟子也把"气"看作是人与天地共有的物质。

《荀子》提出"自然之气"，主张"气"共存于自然现象、植物、动物、人体之中：水火有气而无生，草木有生而无知，禽兽有知而无义，人有气有生有知，亦且有义，故最为天下贵也。[5]

《老子》把"气"归纳在"道"的范畴里：道生一，一生二，二生三，三生万物，万物负阴而抱阳，冲气以为和。[6]老子的有关"气"的论述，把"气"归纳于"道"之下，但仍：承认"气"是天地万物共有的物质。这一点与其他的有关"气"的理论是一致的。

《管子》主张"气"中有"精"，其"精"可变身为万物之状：下生五谷，上为列星，流于天地之间，谓之鬼神，藏于胸中，谓之圣人。[7]

以上例举了中国先秦时期的有关"气"的论说。先秦时期是中国思想界的大变革时期，在百家争鸣的社会环境下，各家都力求提出与他人不同的观点。但即便如此，如上所述，不论儒家或道家，在有关"气"的论述上各家得出了一致的见解。即"气"是宇宙万物共有的物质本源。

这一"气"的思想还成为了中国文、史、哲、医学的理论基础。西汉时

3） 阴气过度则患寒疾，阳气过度则患热疾，风气过度则患末疾，雨气过度则患腹疾，晦气过度则患惑疾，明气过度则患心疾。同上，第1225页。

4） 所谓浩然之气，可以无限强大，可以无限刚毅，只管培养而无害，可充满于天地之间。引自《国语·周语上》第198页："气无滞阴，亦无散阳"（1977年，明治书院，新释汉士体系《园语上》）。

5） 水、火有气而无生命，草木有生命而无知性，禽兽有知性而无仁义，只有人有气、生命、有知性、也有仁义。所以，人是天下最尊贵的存在。引自《荀子·主制》第237页（1977年，明治书院，新释汉文体系《荀子》）。

6） 道生一，一生二，二又生三，三生万物，万物各自背负着阴性，怀抱着阳性，阴阳两气和合而形成这个多彩的世界。引自《老子·四十二》第78页（1977年，明治书院，新释汉文体系《老子·庄子》）。

7） 其精，降在地上，变身为五谷，升到天上，变身为群星，流于天地之间，变身为鬼神，若藏在某人的胸中，某人便被称之为圣人。引自《荀子·主制》第237页（1977年，明治书院，新释汉文体系《荀子》）。

第五部 日中文化の交流——今と昔

期形成的《黄帝内经》把人的生命起源论述为"人以天地之气生"，并强调自然界的"气"与人体内的"气"的相通一致性：天气通于肺，地气通于嗌，风气通于肝，雷气通于心，谷气通于脾，雨气通于肾。[8]《皇帝内经》在描述了阴阳二气在大宇宙中的运转规律后指出人体内存在一个小宇宙，即：阴气从足上行至头，而下行循臂至指端，阳气从手上行至头，而下行至足。[9]若阴阳二气能正常地在体内循环，则生命成立。

《黄帝内经》还导入了五行的思想作为阴阳二气升降运动模式的补充：

东方生风、风生木、木生酸、酸生肝、肝生筋、筋生心……
南方生热、热生火、火生苦、苦生心、心生血、血生脾……
中央生湿、湿生土、土生甘、甘生脾、脾生肉、肉生肺……
西方生燥、燥生金、金生辛、辛生肺、肺生皮毛、皮毛生肾……
北方生寒、寒生水、水生咸、咸生肾、肾生骨髓、骨髓生胆……[10]

在这里，《黄帝内经》提出了五味对五脏的影响作用。并有更明确的表述：

五味所入，酸入肝、辛入肺、苦入心、咸入肾、甘入脾。[11]

这一关于五味的论说对中国本草学、对茶的选育与利用起到了绝对性的理论支撑作用。

根据《黄帝内经》的观点，人体的各个部分绝对不是孤立的存在，而是相互作用的：

心之合脉也、其荣色也、其主肾也、
肺之合皮也、其荣毛也、其主心也、

8）嗌：咽喉。引自《黄帝内经》"素問五"。
9）阴气从脚上升至头，然后沿着手臂游至指尖。阳气从手上升至头，然后向下至脚。引自《黄帝内经》"素問二十九"。
10）引自《黄帝内经》"素問五"。
11）引自《黄帝内经》"素問二十三"。

肝之合筋也、其荣爪也、其主肺也、

脾之合肉也、其荣臂也、其主肝也、

肾之合骨也、其荣发也、其主脾也。[12]

以心脏为例，心脏在被肾脏控制的同时，又控制着肺脏。就同宇宙由阴阳五行的运转而成为一个整体一样，人体也因"气"的运行而被统一成一个整体。身体的某个部位所患疾病决不是局部的问题而是整个人体的问题，甚至可以说，是自然界这一大宇宙和人体这一小宇宙之间的"气"的循环出现了滞留不畅所致。

《黄帝内经》的这一观点即中医学的根本理念之一 --- 整体观念。[13]

2．气与养生思想

根据中医学的"整体观念"，可以把中国养生学的宗旨归纳为"顺天守时"。四时阴阳的变化是天地万物变化的基本规则，正确地遵从这一规则是人们生活的最高基准。

春生、夏长、秋收、冬藏，是阴阳五行之盛衰消长的必然走势，人们也须循之"生长收藏"的轨道运行。《黄帝内经》曰：

四时阴阳者，万物之根本也。所以圣人春夏养阳、冬秋养阴，以从其根，故与万物

沉浮于长生之门。……逆之则灾害生，从之则苛疾不起，是谓得道。[14]

这里强调，养生无需作人为的努力，只须与万物沉浮于生长之门。

有关具体的养生法，

---

12)　心脏合于血脉，表现在面色，主肾脏。肺脏合于皮肤，表现在毛发，主心脏（下略）。引自《黄帝内经》"素问十"。

13)　《中国医学史》，中医古籍出版社，1987年，第10页："整体观念也是中医理论的基本特点之一"。

14)　四时与阴阳是万物的根本。因此圣人在春夏养阳，在秋冬养阴。通过这种方式，服从这个根本。因此，与万物一起在生长之门沈浮。……逆之，则灾害发生，顺之，则苛疾不发，这就是所谓的得道。引自《黄帝内经》"素问二"。

第五部　日中文化の交流——今と昔

《黄帝内经》指出：

　　春三月，此谓发陈，天地俱生，万物以荣。夜卧早起，广步于庭。披发缓行，以
使志生。生而勿杀，予而勿夺，赏而勿罚。此春气之应，养生之道也。逆之则伤肝，夏
为寒变，奉长者少。[15]

　　即在植物发芽、向上生长的春季，人们也应该打开束发、解开衣带，与春气应和。在春季，动物进入繁殖期，人们应避免杀生。总之，人们不管在物质层面还是在精神层面，都应顺应季节的变化。并且，所谓春生、夏长、秋收、冬藏并不是孤立的事物，春天若养生不利，其后果会影响夏季，夏季的会影响秋季，秋季的会影响冬季，冬季的还会影响到第二年的春季。人的养生以一年为单位，呈螺旋状一直持续。

　　只有很好地理解这一伟大的运行、严守这一规律，才算"得道"：人能应四时者，天地为之父母。知万物者，谓之天子。[16]当然，人们都希望成为天子，但能成为天子的人毕竟是少数，病魔每天都在威胁着人们。中国医学认为：病的发生是由于阴阳二气的平衡遭到破坏所致。来自外部的"邪气"

15)　春季的三个月是谓发陈。天地生机勃勃，万物竞相生长。晚睡早起，在庭院里缓步
行走，披散头发，放松形体，以便生志。既生勿杀，既予勿夺，既奖勿罚。这样与春气
相应和，方是养生之道。逆之，则肝受损，夏为寒变，（夏天）奉长为少。夏秋冬的原
文为：
　夏三月，此谓蕃秀，天地气交，万物华实，夜卧早起，无厌于日，使志无怒，使华英
成秀，使气得泄，若所爱在外，此夏气之应，养长之道也。逆之则伤心，秋为痎疟，奉
收者少，冬至重病。
　秋三月，此谓容平。天气以急，地气以明，早卧早起，与鸡俱兴，使志安宁，以缓秋
刑，收敛神气，使秋气平，无外其志，使肺气清，此秋气之应，养收之道也。逆之则伤
肺，冬为飧泄，奉藏者少。
　冬三月，此谓闭藏。水冰地坼，无扰乎阳，早卧晚起，必待日光，使志若伏若匿，若
有私意，若已有得，去寒就温，无泄皮肤，使气亟夺，此冬气之应，养藏之道也。逆之
则伤肾，春为痿厥，奉生者少。引自《黄帝内经》"素問二"。
16)　能够经常顺应四时者，天地为其父母；知晓万物者，谓其为天子。引自《黄帝内
经》"素問二十五"。

或产自内部的"逆气"扰乱了体内"气"的正常循环，有时阳气过盛，有时阴气过盛，即生病。《黄帝内经》日：

> 百病生于气也。……[17]
> 阳气有余，阴气不足，则热中善饥；
> 阳气不足，阴气有余，则寒中肠鸣腹痛；
>
> 阴阳俱有余，若俱不足，则有寒有热。[18]

阴阳二气的失调不仅会生病，阴阳二气的完全失调即是生命的结束：

> 阴气太盛，则阳气不能荣也，故曰关；
> 阳气太盛，则阴气不能荣也，故曰格；
> 阴阳俱盛，不得相荣，故曰关格，
> 关格者，不得尽期而死也。[19]

根据如上的推理，中国医学的治疗思想即以调整体内的阴阳平衡为最终目的。例如《伤寒杂病论》中就把疾病的种类归纳为八纲：

> 阴、阳、表、里、寒、热、虚、实。[20]

"阴阳"即指阴阴阳不调引起的疾病；"表里"即指表现于外部或隐藏于内部的疾病；"寒热"即指发热或发冷的疾病；"虚"指体内的精气被夺走的疾病；"实"指自然界的邪气侵入体内的疾病。要治疗以上八

---

17) 百病由气而生。引自《黄帝内经》"素問三十九"。
18) 阳气有余而阴气不足的话，则体内产生异热，常有空腹感。阳气不足而阴气有余的话，则体内产生异冷，肠鸣响，且腹痛。阴阳两气都有余，或都不足的话，则生寒病或热病。引自《黄帝内经》"灵枢二十"。
19) 阴气过盛的话，阳气的功能便变得不足，因而谓之为"关"。阳气过盛的话，阴气的功能便变得不足，因而谓之为"格"。阴阳两气俱盛的话，彼此相互阻碍，因而谓之为"关格"。患有"关格"，则无法寿终正寝。引自《黄帝内经》"灵枢十七"。
20) 参照注13所列文献，第14页。

第五部　日中文化の交流——今と昔

类疾病，需要以下八种方法：

汗、下、吐、和、清、温、补、消。[21)]

"汗"即指用发汗的方法使体内的病气发散；"下"即把体内的不良物排泄掉；"吐"即把体内的不良物吐出；"和"即中和内脏之气；"清"即清除体内污物；"温"即巩固体内的有益物质；"补"即补充不足之物；"消"即减少多余之物。

这八种治疗法具有不同的特性，但都具有"调整"这一共同的理念。医者的责任不是从患者的体外加力施以治疗，而是调动患者体内本身具有的生命力，让患者自身奋力，来调整其自身体内的不调，以驱走疾病。《黄帝内经》的治疗思想虽然与《伤寒杂病论》大体一致，但更有高度的概括，即补虚泻实[22)]……补泻勿失，与天地如一，得一之清，以知死生[23)]。

以上，本节参照中国古代文献，梳理了"顺天守时"这一中国古代养生思想的理念、"阴阳失调"这一病理病因观、"补虚泻实"这一治疗思想的理念。那么，茶在中国古代思想中处于什么位置呢？笔者将在下一节中阐明。

3．气与茶

中国方药学将自然界的万物看作是药物。矿石、金属、草木、露水、土壤且不用说，刀鞘等器物也不例外。这是由"整体观念"引导的必然结果。即人体摄入保持阴阳平衡的自然物以及自然物中包含的"正气"，以此来扶正失去阴阳平衡的人体，驱走"病气"。不用说，茶也是万千种自然物中的一种。

众所周知，中国药的大半是草木类，方药学也被称作本草学。中国本草学的最高经典《神农本草经》[24)]因一年的天数是 365 天而收录了 365 种药，并

---

21)　参照注 13 所列文献，第 14 页。

22)　李经纬等《中国古代文化与医学》，湖北科学技术出版社，1990 年，第 126 页。

23)　补与泻均不可失去时机。如此方可与天地合而为一。与天地应和的情况是决定生死的关键。引自《黄帝内经》"素问十七"。

24)　有关《神农本草经》的著书时间存在诸多争论。据注 22 提到的《中国医学史》第

338

论中国茶文化的精神起源

将其按天、地、人分为上、中、下三等。这种极力依托自然的时间与空间的设计思想，体现了《神农本草经》之思想背景是以"气"为中心的中国古代人的世界观。

如前所述，中国医学的病理病因观是阴阳失调，这也被表述为阴阳的"偏盛"或"偏衰"。于是，各种药的治病机制就在于各种药的"偏性"。以其"偏性"来调整各种"偏盛"或"偏衰"。中国医药学把各种药的偏性从四个方面来断定论述。即1、四气五味2、生降浮沉3、归经4、毒性。[25]以下就从四个方面阐述茶的药物性能。

四气五味与茶。四气指"寒热温凉"，五气指"辛甘酸苦咸"。四气中的寒凉属阴性；温热属阳性。具有寒凉性之偏性的药物可以清热、泻火、解毒，用于治疗热病；具有温热性之偏性的药物可以散寒、助阳，用于治疗寒病。《神农本草经》曰：疗寒以热药，疗热以寒药。[26]其五味中的辛味有发散、行气的作用；甘味有补虚、缓急、润燥的作用；酸味有收敛的作用；苦味有燥湿、泻降的作用；咸味有软坚的作用。[27]对于茶的四气五味，古人是这样归纳的：

1、槚、苦茶。---《尔雅》

2、苦茶久食、益意思。---《食论》[28]

3、苦茶、久食羽化。---《食忌》[29]

4、茗、苦茶。茗味甘苦、微寒、无毒。---《唐本草》[30]

12页称，该书是由1世纪的许多医药学者合作编写的。原本已于早期逸失，现有的《神农本草经》是《证类本草》与《本草纲目》等编辑而成的。清朝的顾观光编辑的版本与孙星衍编辑的版本比较常见。

25）《中药学》第3页有如下叙述："疾病的发生和发展，都意义着人体阴阳的失调、邪正的消长，脏腑功能失常所反映出来的偏盛、偏衰状态。各种药物都具有各自的偏性。药物所以能治病，就是因为能利用药物的偏性来调整阴阳、扶正、祛邪、恢复脏腑功能的协调、消除偏盛衰的病理现象。四气五味、升降浮沈、归经及毒性即是从不同方面说明药性之偏。"（1989年，中医古籍出版社）。

26）以热药治寒，以寒药治热。"神农本经名例"（《本草纲目》第2卷）。

27）参照注37所列文献第二章"药性理论"。

28）《食论》由东汉的名医华佗所著，原本已失。本文转引自《茶经》。（本书引用的《茶经》即《茶道古典全集》卷一（淡交社），下同。）

29）《食忌》是壶居士的著作，原本已失。本文转引自《茶经》。

30）唐•苏敬《唐•新修本草》第334页："茗"。（本书引用的《唐•新修本草》为

第五部　日中文化の交流──今と昔

5、茶之为用、味至寒。---《茶经》[31]

6、茗、苦茶、寒、破热气、除瘴气。---《本草拾遗》[32]

7、茗茶气寒味苦。---《汤液本草》[33]

8、茶苦而寒、阴中之阴、沉也降也、最能降火、火为百病、火降则上清矣。

　　--《本草纲目》[34]

据以上古文献记载，茶气寒味苦。属于苦寒的茶有治疗火热病的效果。但是，这种治疗火热病的药物是否适合每天服用呢？这是一个很容易产生的疑问。但据历代医书的记述：火热病远远多发于寒凉病，且对人体的威胁性亦高出许多。例如，在《黄帝内经·素问》第八十一卷中，对火热病的专论有三篇[35]，而对寒凉病的专论只有一篇。并且，在《黄帝内经·素问》七十四卷中列举了十九种类的疾病，其中有九种是火热病，另有五种因五脏的疾病，还有三焦病两种，湿病一种，风病一种，寒凉病只有一种。以下列出原文并在火热病因项目后作了标识：

1、诸风掉眩，皆属于肝。

2、诸寒收引，皆属于肾。

3、诸气膹郁，皆属于肺。

4、诸湿肿满，皆属于脾。

5、诸热瞀瘛，皆属于火。√

6、诸痛痒疮，皆属于心。

7、诸厥固泄，皆属于下（下焦）。

1981 年安徽科学技术出版社出版、尚志钧辑校。下同。）

31)　陆羽《茶经》"一之源"。

32)　原书仅余残本，引自《重修政和经史证类备用本草》第 13 卷"茗苦茶""今按"（1957 年，人民卫生出版社，影印本，第 7 册）。

33)　《四库全书》，第 745 册第 909 页。元 • 王好古撰《汤液本草》，台湾商务印书馆，影印本，1983 年。

34)　李时珍《本草纲目》第 32 卷第 46 页："茗""发明""时珍曰"。（本书参照 1954 年商务印书馆版本。下同。）

35)　热论篇、刺热篇、评热病论篇。

8、诸痿喘呕，皆属于上（上焦）。

9、诸禁鼓慄，如丧神守，皆属于火。√

10、诸痉项强，皆属于湿。

11、诸逆衡上，皆属于火。√

12、诸胀腹大，皆属于热。√

13、诸躁狂越，皆属于火。√

14、诸暴强直，皆属于风。

15、诸病有声，鼓之如鼓，皆属于热。√

16、诸病附肿，疼酸惊骇，皆属于火。√

17、诸转反戾，水液浑浊，皆属于热。√

18、诸病水液，澄澈清冷，皆属于寒。

19、诸呕吐酸，暴注下迫，皆属于热。√

关于火热病的起因，《黄帝内经》曰：热病者，皆伤寒之类也。[36] 即体外的邪气侵入了体内，其邪气与体内的正气进行争斗，进而引起发热性的疾病。火热病的别名也称伤寒。

东汉末年，张仲景著《伤寒论》继承了《黄帝内经》的重视火热病的传统。张仲景把外感热病的发生与发展过程分为六个阶段，并针对各个阶段提出了不同的治疗方案。北宋末金初，刘完素创立"六气化火"[37] 说，指出"风燥湿寒火热"六气都会化生火热。刘完素主张用大量投入寒凉药的方法来治疗火热病，因此被称作"寒凉派"。活跃于元代的朱震亨提出"阳常有余、阴常不足"之说，进一步深化了火热病理论。[38] 其后，明清时代的温病学者们继续提倡重视火热病的学说。当然，在悠久的中国医学史上，不乏有反对火热病学说的出现，但从整体上来说，重视火热病的学说始终占据着中国医学史的主流。[39]

既使从人们的实际生活中观察也可得知，高血压之类的火热病高发于低

36）　热病都是由于被寒邪所伤。引自《黄帝内经》"素问三十一"。

37）　鲁兆麟《中医各家学说》，中医古籍出版社，1987 年，第 71 页。

38）　同上，第 218 页。

39）　同上，第 6 页：《医学流派的划分与发展》。

第五部　日中文化の交流──今と昔

血压之类的寒凉病，火热病更多地威胁着人们的生命。由此，在中国医药史上，寻找能治疗火热病的药物就成为了最重要的事情。茶气寒味苦，降火祛热，可使体内清气上扬，保证气血正常循环，是治疗热病的灵药。唐朝陈藏器在《本草拾遗》中指出："诸药为各病之药，茶为万病之药。"[40]此主张从预防医学的角度论述了茶的重要性。即为预防"火为百病"[41]之"火"，在日常生活中饮茶，便可以起到防病健身的作用。

升降浮沉与茶。在中国医学中有关于病势的学说。如果"气"下行至足部后很难上行被称作"下陷"，子宫下垂、胃下垂、手脚发冷症属于此类病势；如果"气"上行至头部后很难下行被称作"上逆"，目眩、呕吐、咳嗽属于此类病势；如果"气"从身体里跑出来停留在身体的表面不肯回去被称作"表"，疹子、痤疮等属于此类病势；如果"气"集结在身体的中心不肯运行被称作"里"，消化不良、肿瘤等属于此类病势。

为治疗下陷、上逆、表、里这四种病势的疾病，便形成了具有升、降、浮、沉四种药势的中草药群。对下陷病势的疾病用升药势的药；对上逆病势的疾病用降药势的药；对表病势的疾病用浮药势的药；对里病势的疾病用沉药势的药。也可以归纳为：用具有升浮药势的药可以提高下陷、表的病势；用降沉药势的药可以压下上逆、里的病势。

那么如何定义药的药势呢？将升降浮沉的理论与四气五味理论结合起来解释，便是：气温热、味辛甘的药具有升、浮的药势；气寒凉、味苦酸咸的药具有降沉的药势。[42]

如前所述，茶的气为寒、味为苦，正具备有降沉的药势。以下是古文献的佐证：

1、主下气、消宿食。---《唐·新修本草》[43]
2、令人瘦、去人脂。---《本草拾遗》[44]

---

40)　《本草拾遗》。
41)　李时珍《本草纲目》第 32 卷第 46 页 "茗" "发明" "时珍曰"。
42)　本部分参照注 25 所列文献《中药学》第二章 "药性理论"。
43)　参照注 30 所列唐·苏敬《唐·新修本草》第 334 页 "茗"。
44)　参照注 32 所列文献第 13 卷 "茗苦茶" "今按"。

342

3、苦以泄之、其体下行。---《汤液本草[45)]》

4、茶苦而寒、阴中之阴、沉也降也。---《本草纲目[46)]》

5、茶能平息忧虑。---《本草拾遗[47)]》

6、滋饭蔬之精素、攻肉食之膻腻。---《茶赋[48)]》

但是，呈沉降药势的茶是否适合每天饮用，其理论根据值得探讨。首先，根据古代医学文献的记述，属于上逆、里的病势的疾病较之属于下陷、表的病势的疾病多发。《中国养生学》把影响人体气的升降浮沉运行的疾病分为四类：

1、气血瘀滞

2、痰饮停留

3、饮食停滞

4、糟粕蓄积[49)]

其中第一项属于下陷的病势，其它三项属于上逆的病势。更有在日常生活中，属于里病势的暴饮暴食的事情天天都在发生。《中国养生学》对此提出了严重的警告：

> 起居时，饮食节，寒暑适，则身利而寿命益；起居不时，饮食不节，寒暑不适，
>
> 则形体累，而寿命损。[50)]

---

45) 参照注 33 所列文献第 745 册第 909 页。

46) 参照注 34 所列文献第 32 卷第 46 页："茗""发明""时珍曰"。

47) 参照注 40 所列文献。

48) 唐·顾况《茶赋》(《中国历代饮食货典》，影印本，中文出版社，1970 年，第 1413 页)。

49) 《中医养生学》第 105 页如下记载："祖国医学从宏观角度认为，人体阴阳运动的基本形式是升降出入。不论是"六淫"所伤，还是"七情"致病，只要人体升降出入的运动发生障碍，人体就要患病，换言之，人体病后所出现的一切病理变化，如气血瘀滞、痰饮停留、饮食停滞、糟粕蓄积等，都是机体脏腑运动失常所造成的结果。"

50) 起居有时，饮食有节，寒暑相适时，则于身体有利，寿命见长。起居无时，饮食无节，寒暑不适时，则形体受累，有损寿命。引自《管子》，《汉文体系》二一，台湾新文

第五部　日中文化の交流——今と昔

　　　饱食，筋脉横解，肠澼为痔。[51]
　　　肥肉厚酒，务以自疆，命之曰，烂肠之食。[52]

　　尽管如上的警告很是严厉，但抑制食欲是古今人类的特大难题。于是，能够分解酒精、除脂融脂的茶便逐渐受到中国古人的重视。总之，茶是因中国养生思想被遴选出的饮品。

　　归经与茶。按照中国医学的分类，人体有十二大器官。即心、肝、脾、肺、肾、小肠、胆、胃、大肠、膀胱、心包络、三焦。这十二器官又分别配有十二经络。各种中草药对人体的作用是通过这十二经络起作用的，每一种中药都有不同的入经，称"归经"[53]。"酸入肝、辛入肺、苦入心、咸入肾、甘入脾"，其中提出"苦入心"。心脏无疑是身体最重要的器官。《黄帝内经》指出：

　　　心者，君王之官也……主明则下安，以此养生则寿……主不明则十二官危，使道
　　闭塞而不通，形乃大伤，以此养生则殃。苦可养心经。[54]

　　苦味虽然可以养心脏。但是在日常饮食中，甘、咸、酸、辛味常有且招人喜爱，苦味常无并遭人疏远。日本荣西禅师在《吃茶养生记》中也指出：

　　　其辛、酸、甘、咸四味恆有之，食之，苦味恆无，不食之，是故四脏恆强，心脏
　　恆弱，故恆生病。[55]

丰出版公司，1989 年，第 20 卷"形势解第六十四"第 5 页。

51)　饱食，则肌脉横遭拆解，肠膨胀，生痔疮。引自《黄帝内经》"素问八"。

52)　不要无节制地大肉大酒，将此命名为烂肠的饮食。引自《吕氏春秋》第 1 卷"孟春纪""本生"第 101 页（1976 年，明德出版社《中国古典新书》、《吕氏春秋》）。

53)　参照注 25 所列文献《中药学》第二章"药性理论"。

54)　心脏是君主的器官。……君主明智，则下方安定，以此养生则得长寿。……君主不明智，则十二器官有危，经络不通，身体受到巨大伤害。以此养生则灾祸横生。引自《黄帝内经》"素问八"。

55)　经常食用辣、酸、甘、咸四味的食物。但一直不吃苦味。因此，四脏总是很健壮，

344

于是，当人们由于不食苦味导致生病的时候，就必须在短时间内摄取大量的苦味。这就是中草药的百分之九十都是苦味药的原因，"良药苦口"[56]这一谚语也就诞生在了中国医学理论形成的汉代。中国古代人在中国医学思想的指导下曾寻找在日常摄取少量且美味的苦味食品，茶就因此逐渐显现，走上了中国饮品之王的舞台。茶之所以被遴选为饮品之王，除了其具备苦味之外，还有以下三个优势：

1、茶具有五百种以上的化合物质，居任何植物之首。
2、茶除了有苦味之外，还有十余种芳香物质化合物，居任何植物之首。
3、茶味虽苦，但先苦后甜，回味无穷[57]。

总之，茶不但具有补充苦味的功能，同时是一种极其美味的食品，人们乐于接受它，并且会成为嗜好。在享受美味的同时达到养生健身的目的。茶能成为中国饮品之王，绝不是人为提倡确立的结果，而是中国古代医学、养生学自然选择的结果。

毒性与茶。在中国医学里，药效也称毒性。《神农本草经》将其所收录的 365 种药进行了如下的分类：

> 上药一百二十种为君，主养命以应天，无毒，多服久服不伤人，欲轻身益气不老延
> 年者，本上经。
> 中药一百二十种为臣，主养性以应人，无毒有毒，斟酌其宜，欲遏病补虚羸者，本
> 中经。
> 下药一百二十五种为佐使，主治病以应地，多毒，不可久服，欲除

而心脏一直脆弱。所以总是生病。荣西，《吃茶养生记》"上卷"，淡交社《茶道古典全集》卷二，1956 年，第 6 页。
56）《三国志》"吴书""孙奋传"，中华书局，1973 年，第 1374 页。
57）该部分引自谭真的《常见病饮茶疗法一〇〇方》（1991 年，中国轻工业出版社）。

第五部　日中文化の交流——今と昔

寒热邪气破积聚

愈疾者、本下经。[58]

　　以上论述在中药学史上具有重要的意义，即当代人追求的短期见效药、好药，在古人看来是下等的药。而把服不服无所谓、服用后也不会短期见效的药被当成上等的药。这是因为，主张尽量靠调动人体内部的机能来战胜疾病的中国医学，不赞成从体外一下子投入大量的有毒性的药。并且提倡"治未病"[59]，把具有预防疾病作用的茶，分小量的每日服用，以防止疾病的形成。

　　那么，从毒性的视角来看茶是如何的呢：

1、茶味甘苦，微寒，无毒。(《唐·新修本草》[60])
2、茶味甘苦，微寒，無毒。(《重修政和证类本草》[61])
3、茗，苦茶，苦甘，微寒，無毒。(《汤液本草》[62])
4、(茗) 苦甘，微寒，無毒。(《本草纲目》[63])

　　以上，历代本草都将茶性记述为"无毒"。现代科学还证明，茶不仅无毒，而且还有解毒的作用。就此，历代本草中也有记述：

1、主瘘疮。(《唐·新修本草》[64])
2、治泄痢甚效。(《重广补注神农本草》[65])

---

58)　120 种上药为药中的君主。主寿命，以此应天。无毒，大量长久服用也于身体无害。欲改善体质、延年益寿者当服用此类药。120 种中药为药中的大臣。主养性，以此应人。无毒或有毒，斟酌适宜用之。欲治病补虚者当服用此类药。125 种下药为药中的佐使。主治病，以此应地。多有毒，不应长期服用。欲去除寒气病、破解气郁积、治愈疾病者当服用此类药。引自《神农本草》"序"。李时珍《本草纲目》第 1 卷。

59)　《黄帝内经》"素问二"中记载："是故圣人不治已病治未病，不治已乱治未乱"。

60)　参照注 30 所列文献·苏敬的《唐·新修本草》第 334 页："茗"。

61)　宋·唐慎微，《重修政和经史证类备用本草》，影印本，人民卫生出版社，1957 年，第 13 卷第 7 册"茗"。

62)　参照注 33 所列文献第 909 页。

63)　李时珍《本草纲目》第 32 卷第 46 页"茗""叶""气味"。

64)　参照注 30 所列文献唐·苏敬的《唐·新修本草》第 334 页："茗"。

65)　宋·陈乘《重广补注神农本草》。

3、解酒食之毒。(《本草纲目》[66])
4、解灸煿毒、酒毒。(《本草通玄》[67])

但是，茶如何在无毒的性质下又能解毒呢？其关键在于茶具有五百余种微量化合物，其化合物之间有极好的调和作用。即茶自身具有很好的自我中和机制，化解自身的毒性，整体呈现无毒的性质。安徽农学院编著《茶叶生物化学》中对上述的五百多种化合物的成分进行了详细的分析。指出：茶的主要成分是蛋白质、脂肪、维生素、茶多酚、咖啡因、脂多糖等[68]。虽说茶的成分非常丰富，但每种成分的量都十分少，且呈现平衡的分布态势。具有如此优秀性质的茶对人的健康非常有益。将自古至今的有关论点归纳如下：1、分解油脂帮助消化。2、扩张血管降血压。3、分解脂肪延缓衰老。4、刺激肾脏利尿。5、有杀菌力治痢疾。6、缓解疲劳镇定精神。7、预防龋齿。8、消毒外伤。9、解消困倦。10、预防癌症缓和症状。11、清除放射性物质。12、预防中暑。13、分解酒精降解尼古丁。14、防治糖尿病。15、强健心脏。16、化痰。17、缓和妊娠反应[69]。

唐代诗人刘贞亮将饮茶的好处归纳为《饮茶十德》：以茶散郁气、以茶驱睡气、以茶养生气、以茶除病气、以茶利礼仁、以茶表敬意、以茶尝滋味、以茶养身体、以茶可行道、以茶可雅志[70]。

以上，本文就"气"这一古代中国人的核心宇宙观与茶的精神起源进行了较系统的考察。从中国古代哲学的观点来看，宇宙万物是一个统一体，使之成为统一体的是"气"。人不过是这个统一体中万物之中的一物。立足于这种宇宙观的中国古代医学认为：人生命的起源来自于天地的合气；人体的构成来自于对照万物的构成；人生命的运行来自于阴阳五行的正常运转；养生的最高理念是"顺天守时"；形成疾病的原因是"阴阳不调"；治疗原则是

---

66)　李时珍《本草纲目》第 32 卷第 46 页 "茗" "发明" "时珍曰"。
67)　明·李中梓《本草通玄》
68)　参照注 57 所列文献《常见病饮茶疗法一○○方》第 20 页。
69)　根据尹桂茂《茶通》"茶功赞"第 154 页（1989 年，天津科技翻译出版公司）与程丽等《茶酒治百病》第 2 页（1991 年，上海科学技术文献出版社）整理而得。
70)　茶可以驱散阴郁，茶可以驱逐困意，茶可以滋养生气，茶可以去除病气，茶可以培养礼仁，茶可以表达敬意，茶可以品味滋味，茶可以补养身体，茶可以行道雅志。引自尹桂茂，《茶通》，天津科技翻译出版公司，1989 年，第 162 页。

第五部　日中文化の交流——今と昔

"补虚泻实"。中国本草学以自然界的所有植物为药，旨在用自然界的正气来调整人体内的"邪气"。茶就是在这些理念下被利用为饮品的。茶味苦寒，对于多发的火热病有特别的疗效；茶气沉降，对于对于多发的上逆病势有很好的控制效果。茶能补充人体常缺乏的苦味来强健人体最重要的心脏。茶无毒，男女老少、春夏秋冬均可饮用。

　　总之，茶在中国哲学、医学、养生学思想的背景下，经过漫长的岁月，由智慧的中国古代人选育成中国饮品之王的。茶为调整人体的阴阳两气之正常循环、促进人体与自然的交流、为实现人类的"与万物沉浮于生长之门"的理想作出了巨大的贡献。

　　总而言之，茶是实现天人和一的重要媒介。

桜美林大学・北京大学シンポジウム◎プログラム

第 13 回　新しい視点で見る日中交流と協力：文化・教育・環境
2013 年 12 月 21 日（於：北京大学）

第 1 部：教育
報告 1「遠隔教育/e ラーニング MOOC の国内外の
　　　動きと桜美林大学の取り組みについて」
　　　…佐藤東洋士　桜美林大学教授
報告 2「中国の大学の「地元資源」」
　　　…呉志攀　北京大学教授
第 2 部：文化
報告 3「日本の茶の文化について」

　　　…高橋静豪　桜美林大学名誉教授
報告 4「中国の茶の文化とその心」
　　　…滕軍　北京大学教授
報告 5「日本の大気汚染の改善の歴史」
　　　…秀島武敏　桜美林大学教授
報告 6「伝統的環境文化の現代的意義」
　　　…宋豫秦　北京大学教授

第 14 回　環境と人間の営み―日中の新しい取り組み―
2014 年 12 月 6 日（於：桜美林大学）

特別講演「大学の起業支援システムについて―北京
　　　大学創新創業支援プランを事例に―」
　　　…呉志攀　北京大学教授
第 1 部：日中における環境保全の課題と新しい取り
　　　組み
報告 1「持続可能な社会にむけた日本の取り組み―
　　　不法投棄対策を例に―」
　　　…藤倉まなみ　桜美林大学教授
報告 2「中国農村水環境問題および保全技術」
　　　…籍国東　北京大学教授
第 2 部：環境保全と大学教育の取り組み

報告 3「大学と東京都との連携による環境保全及び
　　　環境人材の育成」
　　　…小礒明　桜美林大学特任教授
報告 4「中国大気汚染の現状と特徴」
　　　…謝紹東　北京大学教授
第 3 部：伝統文化における日中の自然観
報告 5「前近代日本における自然環境と人間社会：
　　　歴史学や関連分野から何が言えるのか」
　　　…ブルース・L・バートン　桜美林大学教授
報告 6「中国古代詩歌にみられる自然観」
　　　…程郁綴　北京大学教授

桜美林大学・北京大学シンポジウム◉プログラム

第 15 回　中日交流の回顧と展望：文化・教育・環境
2015 年 11 月 7 日（於：北京大学）

第 1 部：教育
報告 1「高等教育と日中の相互理解」
　…佐藤東洋士　桜美林大学総長
報告 2「中国の大学の改革―学生の成長を中心に―」
　呉志攀　北京大学教授
第 2 部：環境
報告 3「都市の水資源の管理と汚水の再利用」
　…温東輝　北京大学教授

報告 4「地球温暖化と気候変動―その考え方と理解
　　増進活動―」
　…坪田幸政　桜美林大学教授
第 3 部：文化
報告 5「漢字・漢語の現状と将来」
　…寺井泰明　桜美林大学教授
報告 6「日本版漢籍と北京大学図書館」
　…王燕均　北京大学図書館研究員

第 16 回　グローバル時代の大学における教育・環境・文化
2016 年 12 月 17 日（於：桜美林大学）

第 1 部：大学の変貌―実践的職業訓練と学問のディ
シプリン
報告 1「学問探求と職業訓練―転換期の大学教育と
　　質の確保―」
　…林小英（北京大学準教授）
報告 2「ビジョン（Vision）の交代―今、大学の責
　　務とは何か？　あらためて大学の質保証を考え
　　る―」
　…田中義郎　桜美林大学教授
第 2 部：公共施設の建材と人体への影響
報告 3「教育施設の建材に含まれる難燃剤の人体へ

　　の影響」
　…張剣波　北京大学教授
報告 4「日本の公共施設における建築材料の安全性
　　に関する配慮の歴史と現状」
　…片谷教孝　桜美林大学教授
第 3 部：ポップカルチャーであるアニメの伝えるも
の
報告 5「中国アニメのユーモアとアイロニー」
　…呉志攀　北京大学教授
報告 6「宮崎駿アニメのメッセージ―環境・平和―」
　…太田哲男　桜美林大学教授

執筆者紹介（掲載順）

＊所属、役職等はシンポジウム発表当時のものに基づいています。

佐藤東洋士（さとう　とよし）

1944 年中国北京生まれ。学校法人桜美林学園理事長・桜美林大学総長。世界大学総長協会（IAUP）会長、日本私立大学協会副会長、日本高等教育評価機構理事、日中協会理事他。専門はアメリカ地域研究、高等教育。
主要論著：『新しい日中関係への提言——環境・新人文主義・共生』（共著、はる書房、2004 年）、『東アジア共同体の可能性——日中関係の再検討』（共著、御茶の水書房、2006 年）、『日本と中国を考える三つの視点——環境・共生・新人文主義』（共著、はる書房、2009 年）、『教育・環境・文化から考える日本と中国』（共著、はる書房、2014 年）。
学会：日中関係学会、大学教育協会、アメリカ学会。

呉　志攀（ご　しはん）

1956 年生まれ。北京大学常務副学長、北京大学アジア太平洋研究院院長、北京大学金融法研究センター主任。専門は国際金融法。
主要著書：『金融法概論』（北京大学出版社、2000 年）、『金融のグローバリゼーションと中国金融法』（広州出版社、2000 年）、『資本市場と法律』（中国政法大学出版社、2000 年）、『上場企業法律問題』（中国石油出版社、2000 年）、『中国人民銀行法課程』（金融出版社、1995 年）、『国際金融法』（法律出版社、1999 年）、『商業銀行法』（中国人事出版社、1994 年）、『香港商業銀行と法律』（中国法制出版社、1994 年）、『金融法の「四色定理」』（法律出版社、2003 年）等。

林　小英（りん　しょうえい）

1976 生まれ。博士、北京大学教育学院准教授、北京大学教育質的研究センター執行主任、北京大学教育学院 ELP（Educational Leadership & Policy）学部副学部長。専門は教育政策、大学教育。
主要論著：『教育政策の変化における戦略空間』（北京大学出版社、2012 年）、『教育政策研究基礎』（共著、人民教育出版社、2011 年）、「大学教員の教育の質の向上をめざして：行動主義から反省的認証へ」（『北京大学教育評論』2014 年）、「分析帰納法と連続比較法：質的研究の 2 つのアプローチ」（『北京大学教育評論』2015 年）、など。

呉　霞（ご　か）

1988 年生まれ。中国医学科学院北京協和医学院のアシスタント研究員。専門は高等教育研究。
主要論文：「教育者の成長に関わる制約要因と政策提案——「教育者の成長に関する政策支援」に基づく調査分析」（『中国教育学刊』2013 年 2 月）、「中国の留学生教育と管理についての研究——「来華留学生教育管理満足度」に基づく調査分析」（『教育学術月刊』2014 年 2 月）。

田中義郎（たなか　よしろう）

1955 年生まれ。学校法人桜美林学園常務理事（教育・研究担当）、桜美林大学特命副学長（大学院・研究担当）、桜美林大学総合研究機構長、大学院アドミニストレーション研究科教授。1985 年、UCLA（カリフォルニア大学ロスアンゼルス校）大学院博士課程修了。教育学博士（Ph. D.）。専門領域は、比較・国際高等教育学。大学カリキュラムの分析、開発、運用、評価の問題や大学入試の制度設計の研究をしている。

近共編著：*Access, Equity, and Capacity in Asia Pacific Higher Education*（New York: Palgrave Macmillan Publisher, 2011）、『新しい時代の大学入試』（金子書房、2014 年）。

宋　豫秦（そう　よしん）

1953 年生まれ。北京大学環境科学と工学学院教授、中国持続可能な発展研究会常務理事。専門は都市の生態、持続可能な発展。

主要論著：『駐馬店の楊荘』（科学出版社、1998 年。中国考古学最高賞「夏鼎考古学優秀成果賞」受賞）、『西部開発の生態反応』（四川教育出版社、2003 年。四川省優秀図書一等賞受賞）、「歴史時期におけるわが国の砂嵐の東漸の原因についての分析」（『中国砂漠』2002 年 6 月。中国地理学会砂漠分会一等賞受賞）、『我が国大都市群計画と建設の問題に関する研究』（「我が国大都市群計画と建設の問題に関する研究」プロジェクトグループ著、中国建築工業出版社、2014 年。2012 年度華夏建設科学技術賞一等賞受賞）、『生態文明論』（編著、四川教育、2017 年。「国家出版基金テーマ別出版プロジェクト」）。

籍　国東（せき　こくとう）

1973 年生まれ。北京大学環境科学と工学学院教授、北京大学環境技術研究センター副主任。専門は水質、土壌の保全と修復に関する研究。

主要著書：『農村生活汚水処理技術研究とモデル』（副編集責任者、中国水利水電出版社、2010 年）、『都市河川生態修復マニュアル』（副編集責任者、社会科学文献出版社、2008 年）、『汚水多媒質生態処理技術の原理』（共著、科学出版、2012 年）。

張　岩（ちょう　がん）

1986 年生まれ。北京大学環境科学と工学学院ポストドクター、中国科学院アモイ都市環境研究所アシスタント研究員。専門は水生態工学。

Water Research、Bioresource Technology に関する論文 10 編余（SCI 掲載雑誌）。

王　紅雷（おう　こうらい）

1983 年生まれ。北京大学環境科学と工学学院ポストドクター、西北農林科学技術大学アシスタント研究員。専門は環境生態研究。

Bioresource Technology、Ecological Engineering などに関する論文 10 編余（SCI 掲載雑誌）。

秀島武敏（ひでしま　たけとし）

1947 年生まれ。桜美林大学教授。専門は化学。

主要論著：『現代物理化学講義　化学熱力学と反応速度』（培風館、1997 年）、『非平衡系の科学Ⅵ　生体の振動反応』（講談社、2002 年）、"Nonlinear Oscillatory reaction of

catalase induced by gradual entry of substrate," *Biophys. Chem.*, 63, 81（1997）、"Oscillatory reaction of catalase wrapped by liposome," *Biophys. Chem.*, 124, 100（2006）。
学会：日本化学会、生物物理学会、大学教育学会。

謝　紹東（しゃ　しょうとう）
1963 年生まれ。北京大学環境科学と工学院教授。専門は都市と大気汚染対策の理論と技術、地域汚染の総合対策と環境影響評価、およびエネルギーと環境。
主要著書：『酸性降下物臨界負荷量評価とその応用』（共著、清華大学出版社、2001 年）、『環境影響評価の技術と方法』（編集責任者、中国建築工業出版社、2006 年）。

坪田幸政（つぼた　ゆきまさ）
1956 年生まれ。桜美林大学教授。専門は気象学，科学教育。
主要論著：『インターネット気象学』（共著、クライム気象図書出版部、2002 年）、「道路環境モデリングに基づく効果分析」（共著、『国際交通安全学会誌』Vol. 28（3）, 28-36, 2003 年）、『地球システムの基礎〜地球環境変動と人間活動〜』（編訳，成山堂書店，2008 年）、「ラウンドテーブル STEM 教育改善とアクティブラーニング」（共著，『大学教育学会誌』38（2）, 90-94, 2016 年）、「町田キャンパスの気象 2017」（桜美林論考『自然科学・総合科学研究』Vol. 9, pp. 1-30, 2018 年）。
学会：日本気象学会、米国気象学会、日本科学教育学会。

張　剣波（ちょう　けんは）
1961 年生まれ、北京大学環境科学及び環境工学学院教授。専門は環境汚染の観測と抑制、世界環境問題など。
主要論著："Adsorption Properties for Urokinase on Local Diatomite Surface," *Applied Surface Science*, Vol. 206: 20, 2003、"Degradation of chlorophenols catalyzed by laccase," *International Biodeterioration & Biodegradation*, Vol. 61: 351, 2008、"Removal of 2,4-dichlorophenol by chitosan-immobilized laccase from Coriolus versicolo," *Biochemical Engineering Journal*, Vol 45: 54, 2009、"Removal Of Dicofol From Water By Immobilized Cellulase And Its Reaction Kinetics," *Journal of Environmental Management*, Vol. 92: 53-58, 2011、"Chlorofluorocarbons, hydrochlorofluorocarbons, and hydrofluorocarbons in the atmosphere of four Chinese cities," *Atmospheric Environment*, 75：83-91, 2013、"Airborne Trifluoroacetic Acid and Its Fraction from the Degradation of HFC-134a in Beijing, China," *Environ. Sci. Technol.*, 48（7）: 3675-3681, 2014、"Effects of metal ions on the catalytic degradation of dicofol by cellulase," *Journal of Environmental Sciences*, 33: 163-168, 2015、"Levels and Profiles of Polybrominated Diphenyl Ethers in Breast Milk During Different Nursing Durations," *Bull. Environ. Contam. Toxicol.*, 97: 510-516, 2016。

片谷教孝（かたたに　のりたか）
1956 年生まれ。桜美林大学教授。専門は環境化学、大気科学、環境リスク学、環境アセスメント学、環境システム学など。
主要論著：『循環型社会入門』（オーム社、2001 年）、『環境統計学入門』（オーム社、

2004 年）、『環境化学の事典』（担当：化学物質問題ほか、朝倉書店、2007 年）、「工学・情報・環境の切り口からみた東日本大震災」（桜美林大学国際学研究所編『東日本大震災と知の役割』勁草書房、2012 年）。

学会：大気環境学会、日本気象学会、環境科学会、安全工学会、土木学会、日本リスク研究学会、環境アセスメント学会、ほか。

藤倉まなみ（ふじくら　まなみ）

1960 年生まれ。桜美林大学教授。専門は環境政策、環境システム科学。

主要論著： "Japan's Efforts Against Illegal Dumping of Industrial Waste" (*Environmental Policy and Governance*, 21, 325-337, John Wiley & Sons, Ltd., 2011)、「建設発生土の不適正処理事例と移動の実態からみる課題と対策の提案」（『土木学会論文集 G〈環境〉』68 (6)、Ⅱ _177-Ⅱ_188 頁、土木学会、2012 年）、『環境汚染現場の修復～実務者のための新しいアプローチ～』（共著、オーム社、2013 年）、『文系のための環境科学入門』（共著、有斐閣、2010 年）。

学会：廃棄物資源循環学会、土木学会、環境アセスメント学会、におい・かおり環境学会、環境放射能除染学会、環境科学会。

小礒　明（こいそ　あきら）

1952 年生まれ。桜美林大学客員教授。専門は国際政治、地方政治論、環境政策論。

主要論著：『TOKYO 環境戦略――自然を育む首都再構築に向けて』（万葉舎、2002 年）、『新 TOKYO 環境戦略』（アートヴィレッジ、2015 年）、「玉川上水の現状とその復活について」（『水循環　貯留と浸透』Vol. 85、2012 年）、「オリンピックを迎える東京の河川と東京湾の水質」（『水循環　貯留と浸透』Vol. 95、2015 年）、「2020 年真夏の東京オリンピック冷却作戦」（『水循環　貯留と浸透』Vol. 101、2016 年）。

学会：廃棄物資源循環学会、日本生態学会。

Bruce L. Batten（ブルース・L・バートン）

1958 年生まれ。桜美林大学教授、大学院部長。専門は日本前近代史。

主要論著：『日本の「境界」：前近代の国家・民族・文化』（青木書店、2000 年）、『国境の誕生：大宰府から見た日本の原形』（日本放送出版協会、2001 年）、*To the Ends of Japan: Premodern Frontiers, Boundaries, and Interactions* (University of Hawai'i Press, 2003)、*Gateway to Japan: Hakata in War and Peace, 500-1100* (University of Hawai'i Press, 2006)。

学会：日本史研究会、九州史学会、Association for Asian Studies。

程　郁綴（てい　いくてつ）

1950 年生まれ。北京大学アジア太平洋研究院副院長、中国俗文学学会副会長、北京大学中文科教授。

主要著書：『唐詩宋詞』（北京大学出版社、2008 年）、『徐燦詞新釈集評』（中国書店、2003 年）、『歴代詞選』（人民文学出版社、2005 年）、『唐宋詞研究』（訳著、北京大学出版社、1995 年）、『日本填詞史話』（訳著、北京大学出版社、2000 年）、等。

執筆者紹介

寺井泰明（てらい　やすあき）
1946 年生まれ。桜美林大学教授。専門は中国語学・文学、和漢比較文学。
主要論著：「楊、柳、やなぎ」（桜美林大学『中国文学論叢』第 22 号、1997 年）、「『椿』とツバキ」（桜美林大学『中国文学論叢』第 23 号、1998 年）、『花と木の漢字学』（大修館書店、2000 年）、『植物の和名・漢名と伝統文化』（日本評論社、2016 年）。
学会：日本中国学会、日本中国語学会、和漢比較文学会。

王　燕均（おう　えんきん）
1958 年生まれ。北京大学図書館古籍館研究館員。専門は書誌学、古籍の整理と研究。
主要論著：『国学名著 200 種』（編著、上海文化出版社、1992 年（中国語版）、芸文書苑、2000 年（韓国語版））、『中国歴史蔵書論著読本』（四川大学出版社、1990 年）、『北京大学図書館蔵日本版漢籍善本萃編』（副主編、西南師範大学出版社、2014 年）等。

太田哲男（おおた　てつお）
1949 年生まれ。桜美林大学教授。専門は日本思想史。
主要論著：『若き高杉一郎　改造社の時代』（未來社、2008 年）、『清水安三と中国』（花伝社、2011 年）、『「断念」の系譜　近代日本文学への一視角』（影書房、2014 年）、『吉野作造』（清水書院、2018 年）、『高杉一郎　あたたかい人』（太田哲男編集、みすず書房、2009 年）。
学会：日本思想史学会、日本ピューリタニズム学会。

高橋静豪（たかはし　せいごう）
1934 年生まれ。桜美林大学名誉教授。毎日書道会参与、日本書道院参与。
主要論著：「蘭亭敍小考」（『桜美林大学紀要』1992 年 3 月、主要系統本と現時点における疑問のあれこれ）、「李文田、郭沫若の「蘭亭」偽作説をめぐる一小論」（『桜美林大学紀要』1994 年 3 月）、「書表現における収束と発散の両極性についての一考察」（『桜美林大学紀要』1996 年 3 月）、「明、清の書の流れと「揚州八怪」小考」（『桜美林大学紀要』2004 年 3 月）、『傘寿記念　静豪書作品集図録』（修美社、2014 年、毎日顕彰の芸術部門賞を受賞）。

滕　軍（とう　ぐん）
1955 年生まれ。北京大学教授。北京大学担当講座：日本文化芸術、中日文化交流史、日本芸道文化論、日本美術史論、日本伝統文化芸術研究、日本社会、日本民俗学、日本語。
主要著書：『中日茶文化交流史』（人民出版社、2004 年）、『19 世紀までの日本芸術』（高等出版社、2007 年）、『中日文化交流史考察と研究』（北京大学出版社、2010 年）、『悠々天地の中　茶文化の旅』（共著、河原書店、2011 年）。

編集後記

　2013 年から 2016 年までの 4 年間にわたる桜美林大学と北京大学との交流成果をまとめた、4 冊目の論集がいよいよ編集の最終盤に入りました。ご多用中にもかかわらず、ご協力いただいた執筆者の皆さんには心より深謝申し上げる次第です。

　日中平和友好条約の締結以来 40 周年を迎えた今年、日中関係の改善に向けた動きが見られました。激変する国際情勢の中で日中関係の改善はまだ予断を許さぬ状況にあると言わなければなりませんが、喜ばしいことです。日中関係の改善は日中両国民の共通する願いです。本学と北京大学との学術交流も、学術進歩への寄与はもとより、微力ながらも日中間の相互理解と関係改善に貢献するものと考えます。

　本論集がより多くの方々に読まれることを強く願うとともに、この交流がより一層の発展を見るよう、これからも皆さんのご協力をお願い申し上げる次第です。

　　2018 年 10 月

　　　　　　　　　　　　　　　　　　　編集委員を代表して　張平

日中新時代の基本的視座——教育・環境・文化から

桜美林大学・北京大学学術交流論集編集委員会 編
編集委員：佐藤東洋士／呉　志攀
李　玉／張　平

2018 年 12 月 10 日初版第 1 刷発行

発行所　株式会社はる書房
〒 101-0051　東京都千代田区神田神保町 1-44 駿河台ビル
Tel. 03-3293-8549/Fax.03-3293-8558
振替 00110-6-33327
http://www.harushobo.jp/

落丁・乱丁本はお取替えいたします。　印刷・製本　中央精版印刷／組版　閏月社
©J. F. Oberlin University. Printed in Japan, 2018
ISBN 978-4-89984-181-4　C0030